Apalaanchi

Santiago Harker

Apalaanchi

Pescadores wayuu

Dirección y edición

Benjamín Villegas

Textos

Weildler Guerra Curvelo

Miguelángel López-Hernández

Villegas editores

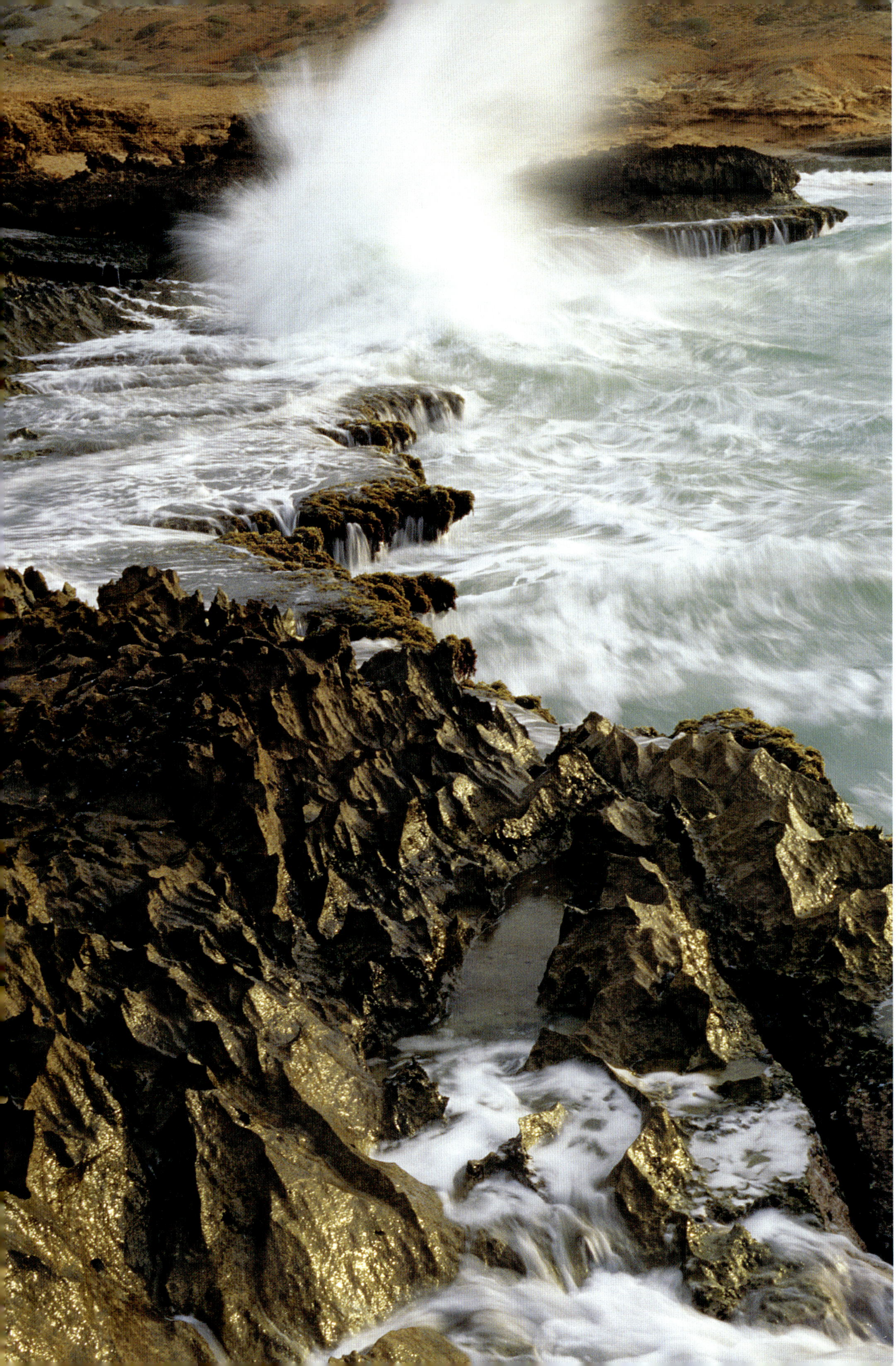

Cabo de la Vela

Presentación

Este es el cuarto libro que Villegas Editores publica de Santiago Harker, y el segundo sobre un tema que hace parte de los más caros afectos del artista: la población wayuu, sus modos de vida y su entorno natural en la península de La Guajira.

En esta ocasión la lente de Harker se ha centrado en el grupo que los mismos Wayuu llaman *apalaanchi*, un sonoro vocablo para designar, no sin cierta connotación despectiva, a los habitantes de los terrenos aledaños a las playas, considerados desde tiempo atrás como los menos favorecidos de la comunidad. Integrantes de un grupo humano donde uno de los factores para medir la riqueza es el número de chivos que se tenga, los discretos rebaños de los *apalaanchi* no han contribuido a su prestigio.

Pero, paradójicamente, desde hace un tiempo, cuando las lluvias que bañaban regularmente la península a lo largo del año se tornaron escasas e inconstantes, afectando el tamaño de los grandes rebaños, las aparentes desventajas de este grupo se han convertido en puntos a su favor. Las posibilidades de movilidad que les otorga su ubicación sobre la costa y el hecho de tener a mano alimento fresco, que les evita el sacrificio de sus animales, los deja mejor librados que al resto.

Los invito entonces a acompañar a Santiago Harker en este recorrido fascinante, por las costas de la media y alta Guajira, en busca de los *apalaanchi*, esa comunidad libre y generosa que, sin olvidar su pasado, vive intensamente su presente.

"Este es el mundo de hombres y mujeres que reconocen en *palaa*, el mar, un ser vivo, antiguo y mitológico del que derivan su sustento, pero que al igual que sus hijos, los *apalaanchi*, es también indómito y libertario", como señala Weildler Guerra en el ensayo que escribió para este libro.

BENJAMÍN VILLEGAS

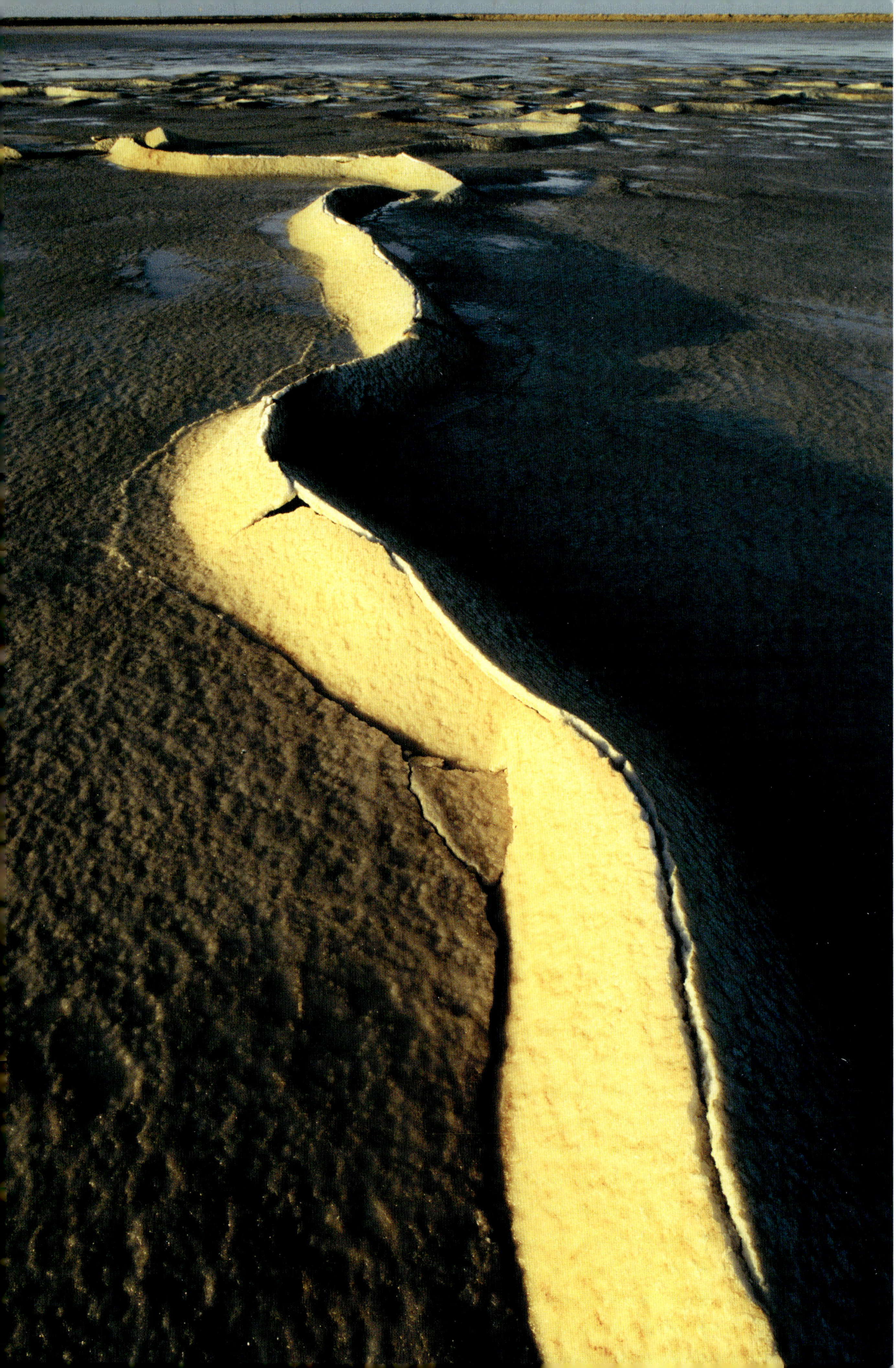

Manaure

Apalaanchi
Las gentes del litoral wayuu

Weildler Guerra Curvelo

El universo *apalaanchi* existe en las comunidades de la costa oriental de la península de La Guajira. Su vasto territorio comprende no solo las rancherías indígenas ubicadas en el litoral, sino también sus caladeros de pesca en las aguas y fondos de un Caribe primigenio y aún no domesticado. Desde Bahía Honda hasta Camarones los *apalaanchi* —gentes de playa— que perciben el mar como su territorio, han vivido de los recursos naturales presentes en el entorno costero. En aguas abiertas encuentran peces, crustáceos y moluscos; en lagunas litorales capturan lisas y camarones; aglomeran conos de sal en las salinas naturales y de las arenas de la playa extraen diversos bivalvos.

A lo largo de la costa encontramos a los pescadores de Camarones, conocedores de relatos marinos; a los diestros lanceadores de Las Delicias, a los hábiles musicheros navegantes nocturnos y conocedores de estrellas y a los buzos de cabeza de Carrizal, otrora dueños de los bancos de perlas. El histórico asentamiento de indios de Carrizal es la reserva más auténtica del universo *apalaanchi,* donde aún resuenan los nombres de Baltasar y Pacho Gámez, los caciques del siglo XVIII a quienes la Corona española dio un trato especial. Aún se guarda la memoria de tres de sus buceadores más famosos del siglo pasado: Tuto, Foliaco y Sharetao del clan Uliana, arquetipos del hombre *apalaanchi*.

La tradición oral de las comunidades costeras wayuu es fértil en elementos propios del entorno marino. Bien se trate de fenómenos atmosféricos u oceanográficos, de conjuntos de estrellas, crustáceos, peces o aves del litoral, numerosas narraciones sobre estos seres se expresan en forma de mitos, cuentos, leyendas o relatos humorísticos, algunos de los cuales tienen connotaciones eróticas que los Wayuu disfrutan al narrar y escuchar.

Los habitantes indígenas del litoral guajiro tienen un conocimiento del entorno costero mediado por el afecto. Perciben la dimensión temporal y espacial de eventos naturales que son a la vez importantes y frágiles, tales como las migraciones, los lugares donde se concentran para el desove, el apareamiento y la cría, o los sitios que albergan especies raras o en peligro de extinción. La cosmogonía *apalaanchi* se expresa a través de ricas metáforas y manejos simbólicos que recrean su propio mundo.

Cuando aún no existían los seres humanos en el universo, *Yolija*, el pelícano, era ya un avesado pescador que ansiaba apoderarse de las redes que empleaba la estrella *Simiriyuu* en sus faenas marinas; para ello le pidió en préstamo sus instrumentos de pesca con la promesa de devolverlos muy pronto. La ingenua estrella cedió sus redes al sagaz *Yolija*, quien huyendo de *Simiriyuu* viajó con ellas desde la Alta Guajira hasta las playas de *Kari Kari*, cerca a Camarones. La angustiada *Simiriyuu* lo buscó hasta encontrarlo en los confines del territorio wayuu. Sin embargo, el audaz pelícano, al verse descubierto, ocultó las redes en su pico para evitar que su dueña se las quitara. Desde entonces los pelícanos tienen abultada la parte inferior de su pico, pues allí esconden las redes hurtadas. En la época del año en que esta estrella aparece para anunciar los vientos, los pelícanos caen derribados en su vuelo por las ráfagas de viento y sufren los piojos que la ofendida estrella les envía como castigo por haber robado sus redes.

El viento es fundamental para la navegación a vela a la que aún recurren en La Guajira muchos pescadores. Para los Wayuu los vientos alisios del nordeste, dominantes en la península, provienen de *Jepira*, su mundo sobrenatural cuya entrada está en el Cabo de la Vela. Por tal motivo los llaman con el nombre emblemático de *jepirachi.* Según su procedencia mencionan a *palaapajat,* el viento del norte, que viene del mar; a *palaijatu,* el viento del noroeste; a *wopujetu,* el de los caminos del oeste; a *aruleshi,* el viento pastor del sureste; a *joutai*, el viento ardiente y fuerte del este que suele traer el hambre. Llaman *mimitshi* al viento apacible de la bonanza y *wawai* al viento aullador de tormentas y huracanes. A través de la práctica y los relatos, los niños playeros aprenden la importancia de los vientos para la navegación y la pesca; saben que *jepirachi,* viento amoroso, es uno y varios, femenino y masculino a la vez. Deben, además, aprender que un falso viento llamado *jepira lujut* simula ser *jepirashi* y puede meterse dentro de éste para confundir a los ingenuos navegantes que se aventuran en el mar confiando en su impulso.

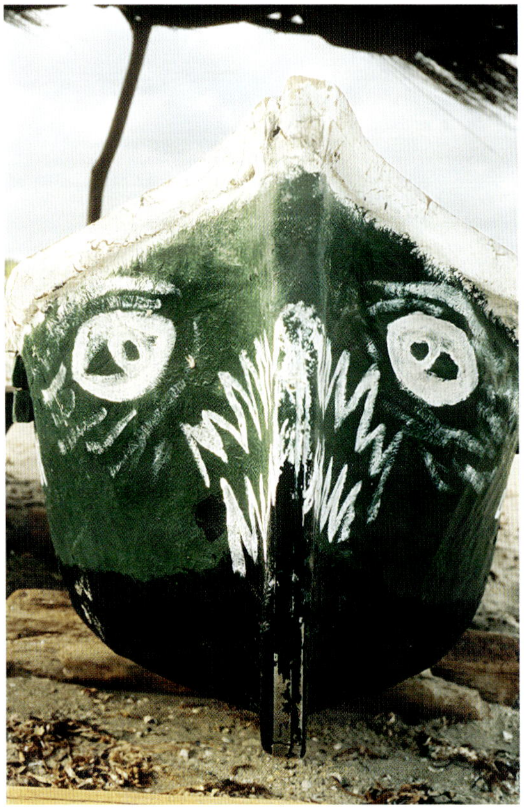

Los pescadores wayuu cuentan que cuando no hay brisa deben silbar para que ésta llegue y llene las velas de su embarcación. En tiempos antiguos tocaban el *ulupu* o caracol gigante para llamarla. Hoy llaman al viento diciendo: "ven, viento; ahí viene el viento; corre viento, ¿qué vas a hacer con nosotros?, estamos con hambre y queremos regresar a casa". El pescador canta para no dormirse. Canta historias de guerras y de combates con tiburones; le canta a una mujer playera de la que está enamorado y le canta también a su canoa, a la cual compara con un caballo veloz.

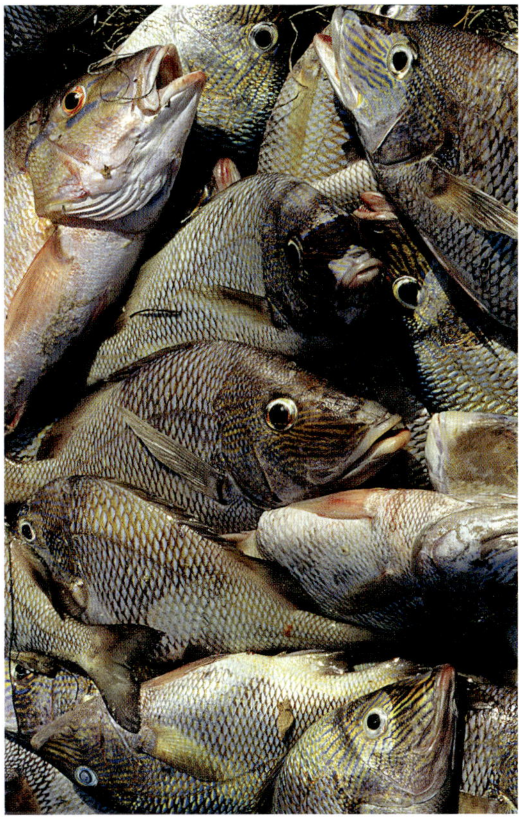

Conocer los astros es indispensable para la navegación nocturna y para organizar las tareas según los ciclos estacionales. Los pescadores wayuu distinguen varios tipos de astros: llaman *joroots* a los planetas y las estrellas más luminosas, mientras asignan nombres específicos como *Pamo* o *Jichí*, asociados a seres míticos, a los astros titilantes que corresponden a estrellas comunes. Llaman *alwuasu* o "caminos de embarcaciones" a conjuntos de astros tales como la Osa Mayor, en los que se apoyan durante la noche para encontrar el rumbo de la navegación y facilitar la pesca. Igualmente, las "estrellas despertadoras" les sirven para determinar el inicio de la pesca vespertina y nocturna. Encuentran también en el firmamento arroyos-camino llamados *luopu,* que permiten el paso de una constelación a otra, a semejanza de los cauces subacuáticos que atraviesan los densos jardines coralinos y las extensas praderas marinas.

Algunos cantos chamánicos mencionan las estrellas empalizadas, *Kalawa,* que actúan como las trampas que los *apalaanchi* colocan en las bocas de las lagunas litorales para atrapar a los peces. En los rituales de curación, la mujer *ouutsü* ayuda a las almas de las personas gravemente enfermas a saltar esas trampas para evitar caer en las redes de la muerte.

Ocupan lugar protagónico en el singular universo *apaalanchi*, tan diferente al de los pastores wayuu, el cangrejo *jemeipa* que cuida las nidadas de las pequeñas tortugas hasta la eclosión de los huevos; *jepirashi,* el viento del nordeste, padre amoroso de los pescadores que refresca las duras condiciones del desierto guajiro; *warutta,* el caracol que pastorea y encorrala los peces haciéndolos inaccesibles a los pescadores, y el grotesco *wakuko,* pez escorpión que vigila con celo las langostas y arroja flechas a los buceadores que merman las riquezas marinas.

Simaluuna palaa, el mar primigenio, es considerado el espacio cimarrón por excelencia. Los términos cimarrón y *simaluuna* hacen alusión a lugares antiguos, inhóspitos

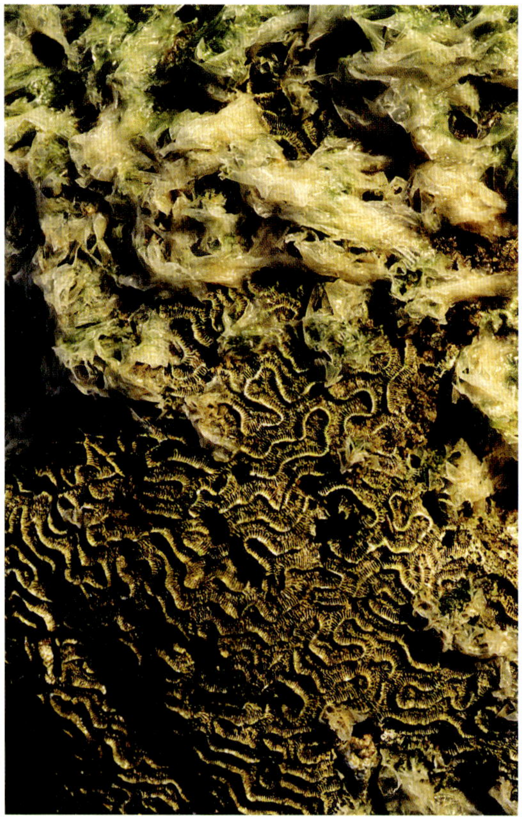

y desconocidos, donde habitan seres no domesticados. Se asocian en la tierra a zonas boscosas y en el mar a zonas de oleaje que conllevan riesgo para el cazador-pescador. Allí todavía habitan mamíferos como los jaguares, reptiles como las serpientes, peces como el tiburón, insectos como las abejas o aves de rapiña como el gavilán. Un auténtico *apalaanchi*, pescador tradicional, incursiona en *Simaluuna palaa*, donde se percibe a sí mismo como cazador de peces. Sin embargo, los recursos que utiliza para seguir la huella son diferentes de los que emplea un cazador cuando acecha su presa en tierra.

El *apalaanchi* pone el canalete en su oreja para rastrear a sus presas en los fondos y enfrentarlas con el *chuus* o el *jatpuna,* los arpones habituales wayuu. Sabe, como buen cazador, que tanto él como su presa tientan la muerte. Sabe que *puyui* el tiburón, el jaguar del mar, acecha en las aguas custodiando el ganado de *Pulowi,* ese ser hiperfemenino dueño de los animales marinos, a quien deberá ofrecer infusiones de malambo para acceder a sus rebaños sin recibir castigo. Los habitantes del litoral conocen de cerca la incertidumbre asociada a la pesca en un ambiente tan complejo y azaroso.

Las mujeres y niños *apalaanchi* extraen de la arena de la playa diversos bivalvos como el erótico *pichipichi,* capaz de fecundar a las mujeres que extienden sus piernas sobre la arena. En las aguas de *palaa* aguardan al *apalanchi* sus mujeres acuáticas, las tortugas que seduciéndolo coquetean alrededor de su embarcación. En la playa le esperan, al retornar de su faena, sus mujeres de tierra.

Mientras los hombres limpian el pescado sus mujeres de tierra lo descaman y preparan para su venta en los mercados locales, organizando los peces plateros o pequeños en "ensartas" con la misma destreza con que arman los collares de oro, de tumas o de coral. Las ensartas se clasifican según el número de peces que las componen y el color del pescado. Las hay amarillas de las mojarras amarillas, blancas de los diversos peces blancos, rojas de los pargos y las habría verdes si las armaran con peces loros.

Los mercados de los centros urbanos guajiros a donde los *apalaanchi* llevan su pesca son espacios de diálogo —y en ocasiones de controversia— entre mujeres wayuu y mujeres blancas, *alijunas,* con sus diferentes visiones del mundo.

Un ama de casa criolla manifestaba a una vendedora indígena su indignación por el alto precio del pescado. Como única respuesta, la mujer wayuu le preguntó con quién había dormido la noche anterior. Más ofendida aun la compradora contestó: —Con mi legítimo esposo. Entonces la vendedora le replicó: —En cambio yo estuve sola toda la noche porque mi marido estaba pescando. ¿Quién paga entonces mi soledad y el frío de mis noches?

El *apalaanchi* es completamente libertario. *Palaa*, el mar, le asegura alimento en abundancia, pues entre las riquezas que ofrece y las necesidades del pescador solo median su conocimiento y su destreza. Sabe que toda riqueza material esconde una trampa que conduce a la pérdida de la libertad; por lo tanto, ni el vanidoso pastor ni el astuto comerciante, *alijuna,* pueden confundirlo. No lo seducen ni el dinero que obsesiona a los blancos ni la acumulación de animales que desvela a los pastores. Compadece al pastor que padece los rigores del verano buscando satisfacer la sed y el hambre de sus ovejas y pregunta en tono de burla acerca de esa mutua relación: ¿quién es ahí realmente el dueño de quién?

Esta actitud libertaria del *apalaanchi* viene de siempre. El general riohachero Francisco Pichón describió en su *Geografía de la península de La Guajira (*1947) la vida en los campamentos temporales de pesca de perlas que levantaban los buceadores indígenas durante la estación primaveral:

> ...Para los buzos de cabeza guajiros la pesca de perlas es libre y la hacen sin compromiso que coarte su primitiva libertad. Se embriagan por el regocijo que les produce una faena productiva; imponen su voluntad a los mercaderes que les rodean y frecuentemente alarman al vecindario con los escándalos que forman sus orgías.

Este es el universo cosmogónico de la playa wayuu, donde desaparecen las barreras que separan lo humano de lo no humano.

Allí vive el mero, manso y trabajador como los miembros del clan *pushaina;* también el jurel, migrante andariego como las gentes del clan *apûshana* y el pargo pluma, zorro del mar, del clan *wariliyuu*. En sus aguas se encuentran los cardúmenes de bonitos que marchan apretujados hacia los velorios del mar, como lo hacen los Wayuu en los funerales de tierra. Este es el mundo de hombres y mujeres que reconocen en *palaa,* el mar, un ser vivo, antiguo y mitológico del que derivan su sustento, pero que al igual que sus hijos, los *apalaanchi,* es también indómito y libertario.

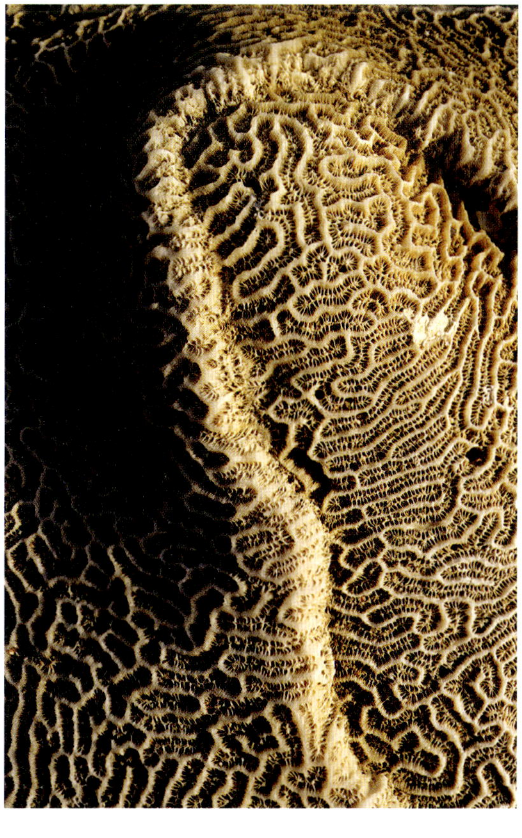

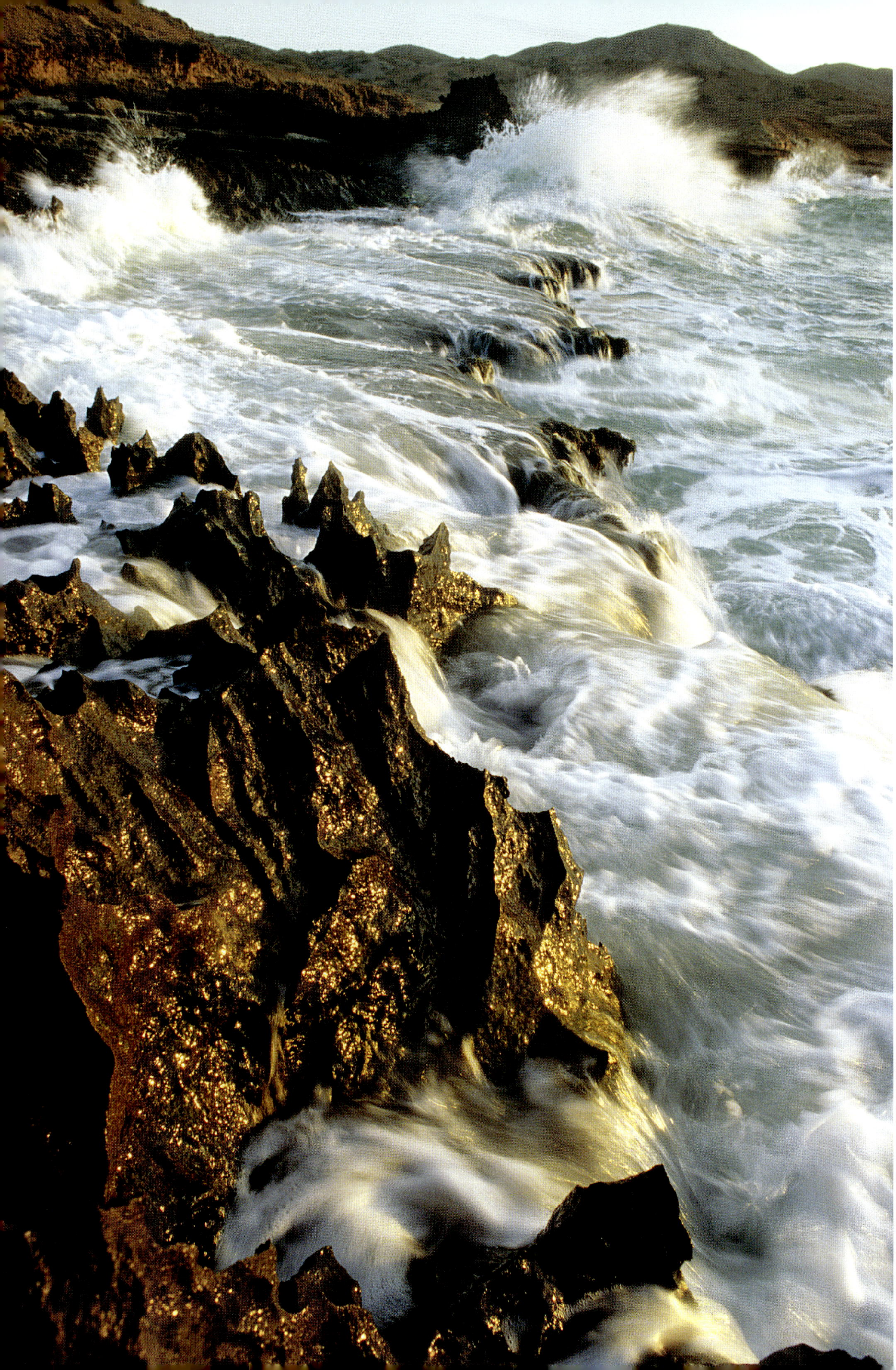

Cabo de la Vela

Introducción

Miguelángel López-Hernández
(Vito Apüshana)

En la transición de la tercera generación (mundo *Wuchiirüa*: animales) a la cuarta generación (mundo *Wayuu* gente) se logró el lenguaje de la trans-formación... y sus primeros representantes fueron los hombres-peces (*Wayuu-Jimee*)... los hombres de la palabra de sal y agua... los pastores del mar: los *Apalaainshi*. Salen antes de la primera luz del día... amparados por las velas de la espuma despejada... y advertidos de los poderes de *Pülowi* (encanto femenino del misterio)... llevan aceite de malambo regado en sus embarcaciones...; así van rumbo al encuentro con los frutos del cielo de abajo... van hacia la orilla húmeda del sueño, hacia el diálogo de las dimensiones de lo secreto, hacia la transmutación de la piel-escama... hacia el núcleo escarlata engendrador de la vida:

el horizonte de lo invisible y lo sagrado (*Pülasü*).

Al regresar a la orilla de lo visible, las familias de las playas reviven... y, junto al nuevo sol, celebran lo recibido: la carne del rebaño del mar.

Al medio día el sopor los duerme... y emergen sueños de aleteos y burbujas:
Tü pütchiikalü ajaapülaasü sa'aka tü asirajaakalü otta tü koutawaakalü... *"la palabra crece entre la risa y lo callado"*, dicen.

Y el *apalaainshi* introduce su palabra en un mar de silencios sonrientes.

Woummainpa'a (la península de La Guajira) no es posible configurarse sin ellos... son parte consubstancial de sus accidentes geográficos, son: *cabos, puntas, bahías, ensenadas, estuarios, deltas*... son las transparencias de los abismos del mar... sus sudores son sustancias bivalvos, yodo moluscos... sus fibras son nervios tortugas, vértebras rayas...

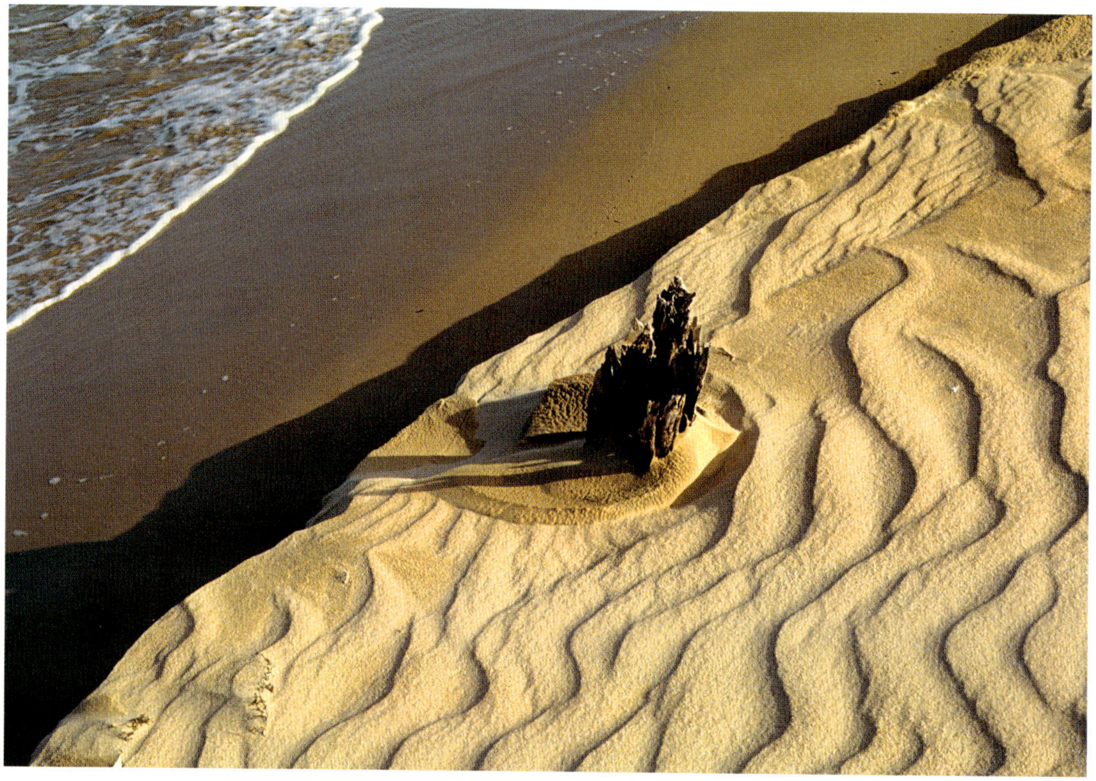

Los *Apalaainshi* son la libertad de las orillas, son los depositarios de la sabiduría de las fronteras líquidas... y se especializan en su naturaleza, ahí el *Apalaainshi-Sawainrü (tortuga)*... como nadador del tiempo... el *Apalaainshi-Jerüi (caracol)*... como cantor de las profundidades... el *Apalaainshi-Piyüi (cazón)*... como baquiano infantil... el *Apalaainshi-Ichinchua (raya)*... como hombre-horizonte... el *Apalaainshi-Ounolü (langosta)*... como labrador de surcos marinos...

Todo se hace nuevo desde la antigüedad de los poseedores del mar: *colores, sabores, olores, sonidos, temblores*... todo en el instante circular de la pesca hecha a mano, como lo dice el *apalaainshi* Miguel Samuel Uriana de la playa *Cangrejito*:

Süpüshuwaa watsin sünainjeesü süpüshuwaa wa'ain... "toda nuestra fuerza depende de toda nuestra vida".

Y el *apalaainshi* introduce su palabra en un mar de silencios sonrientes.

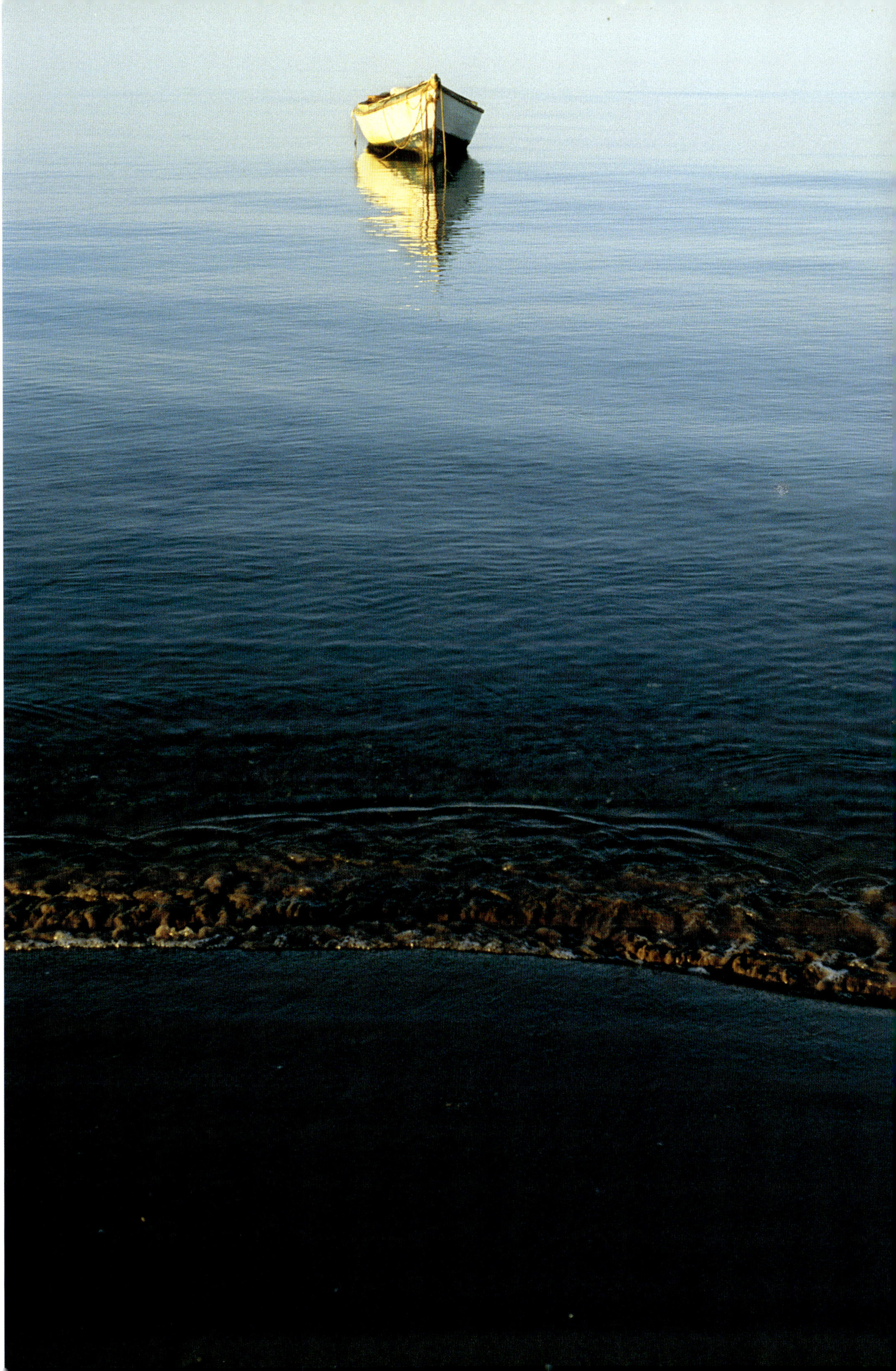

Cabo de la Vela

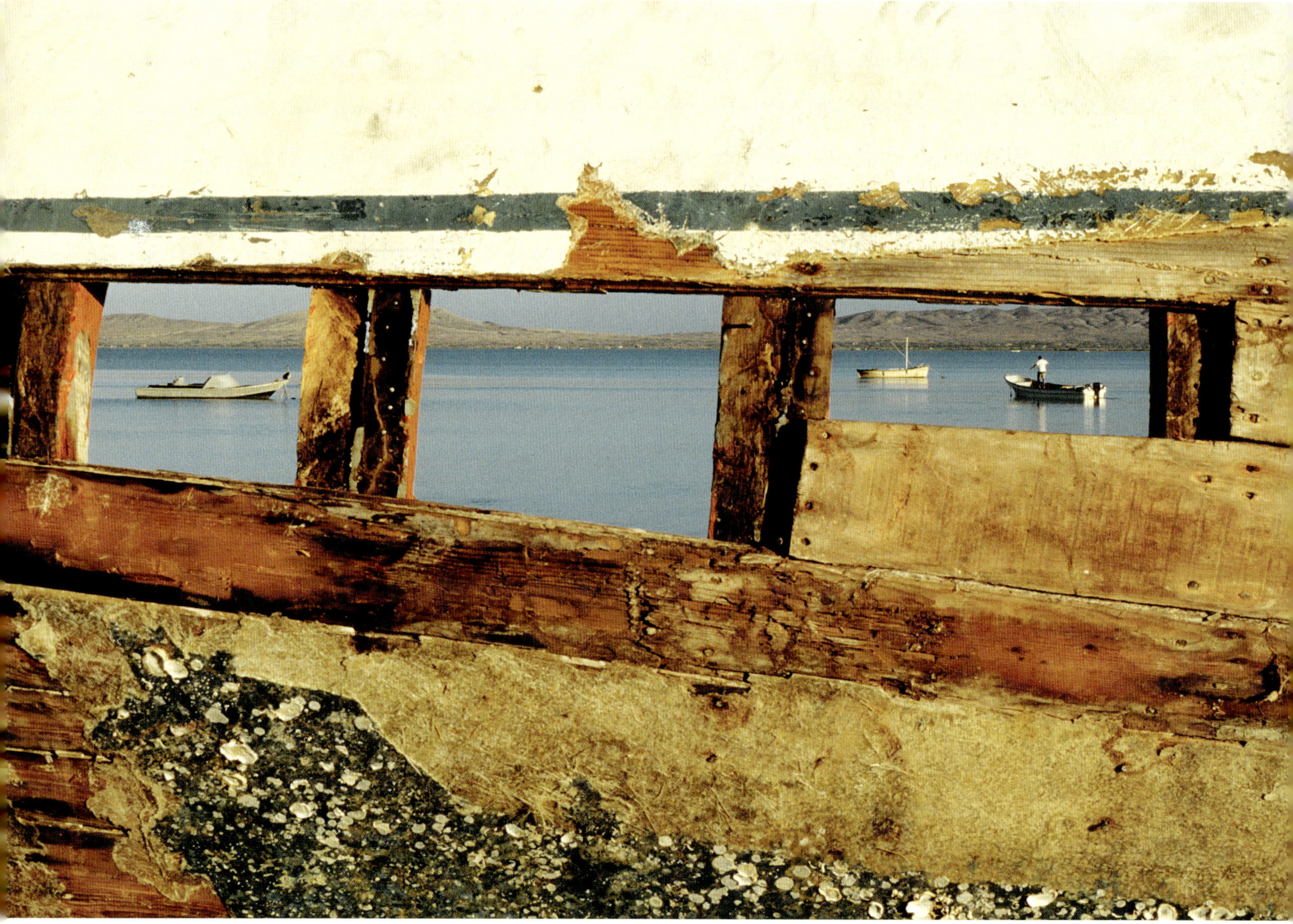

Cabo de la Vela

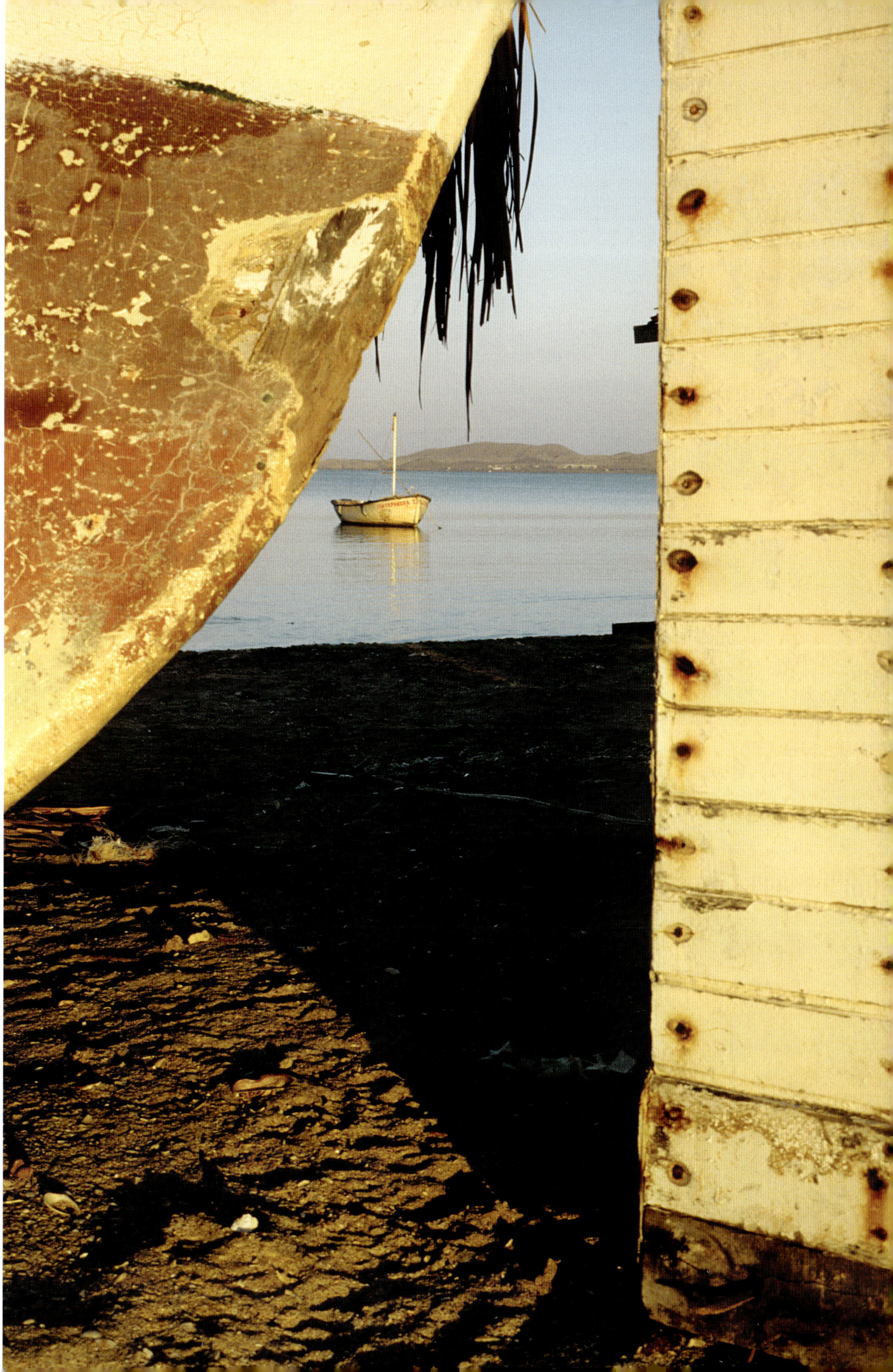

Cabo de la Vela

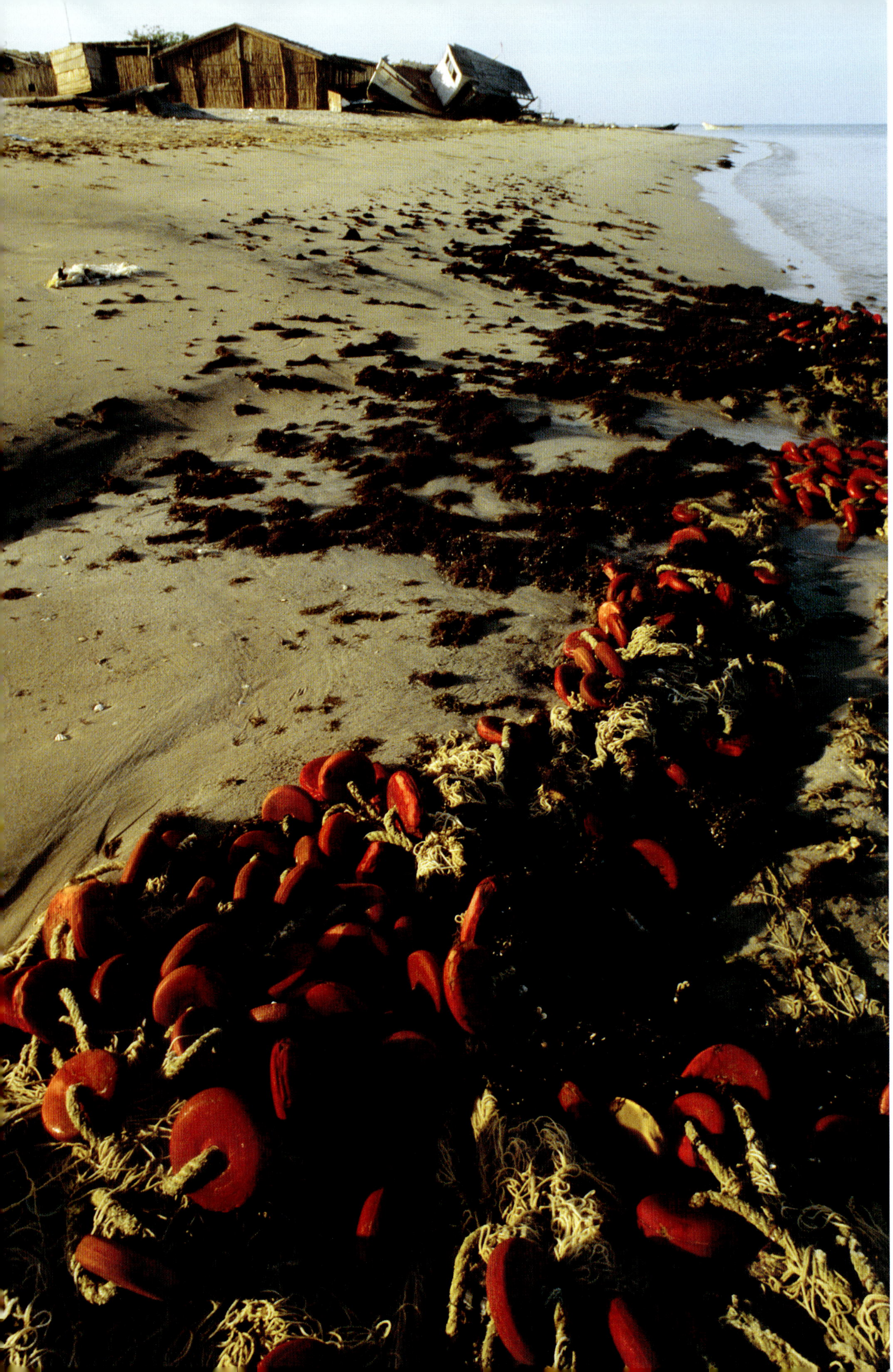

Cabo de la Vela

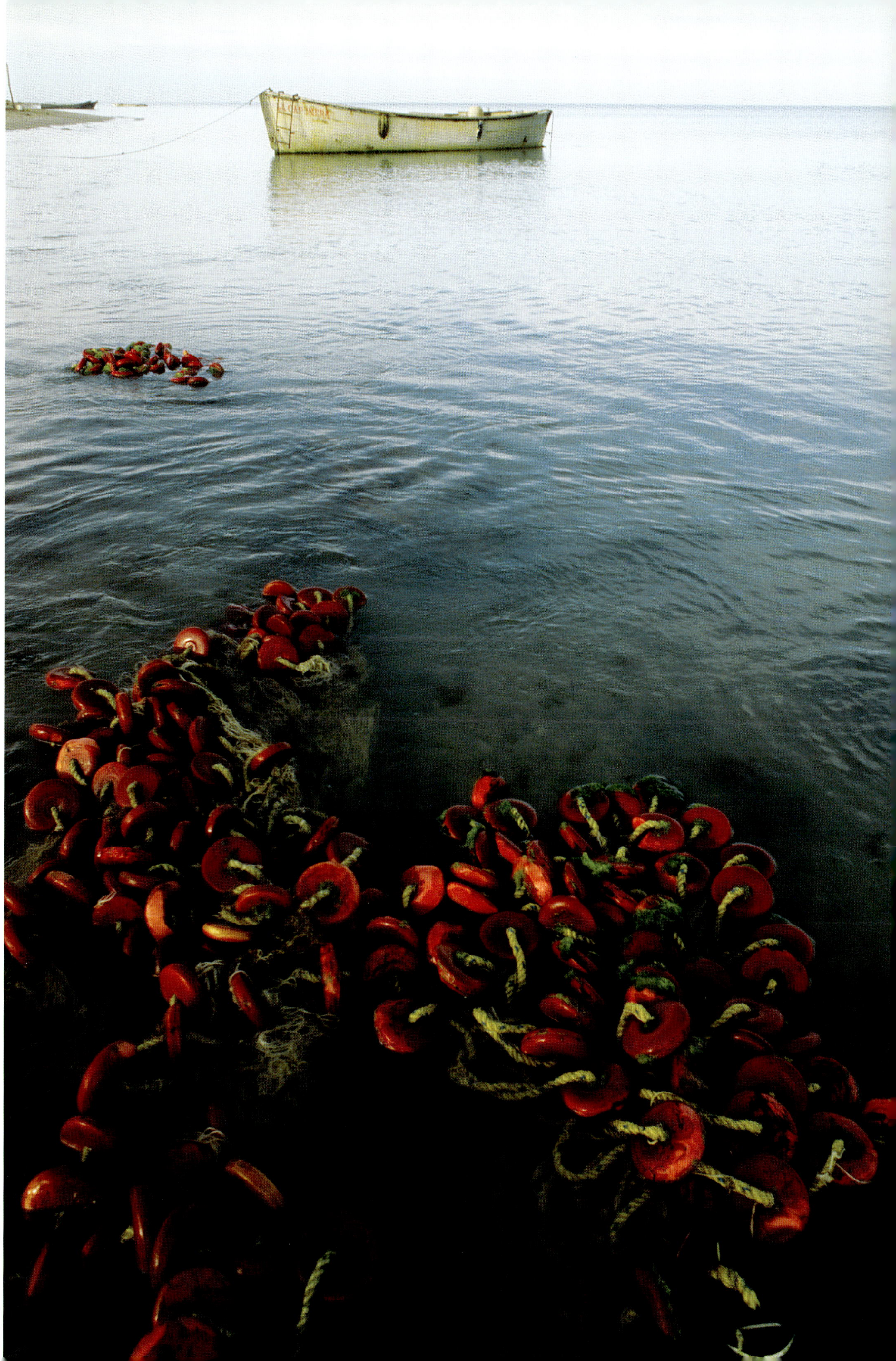

Cabo de la Vela

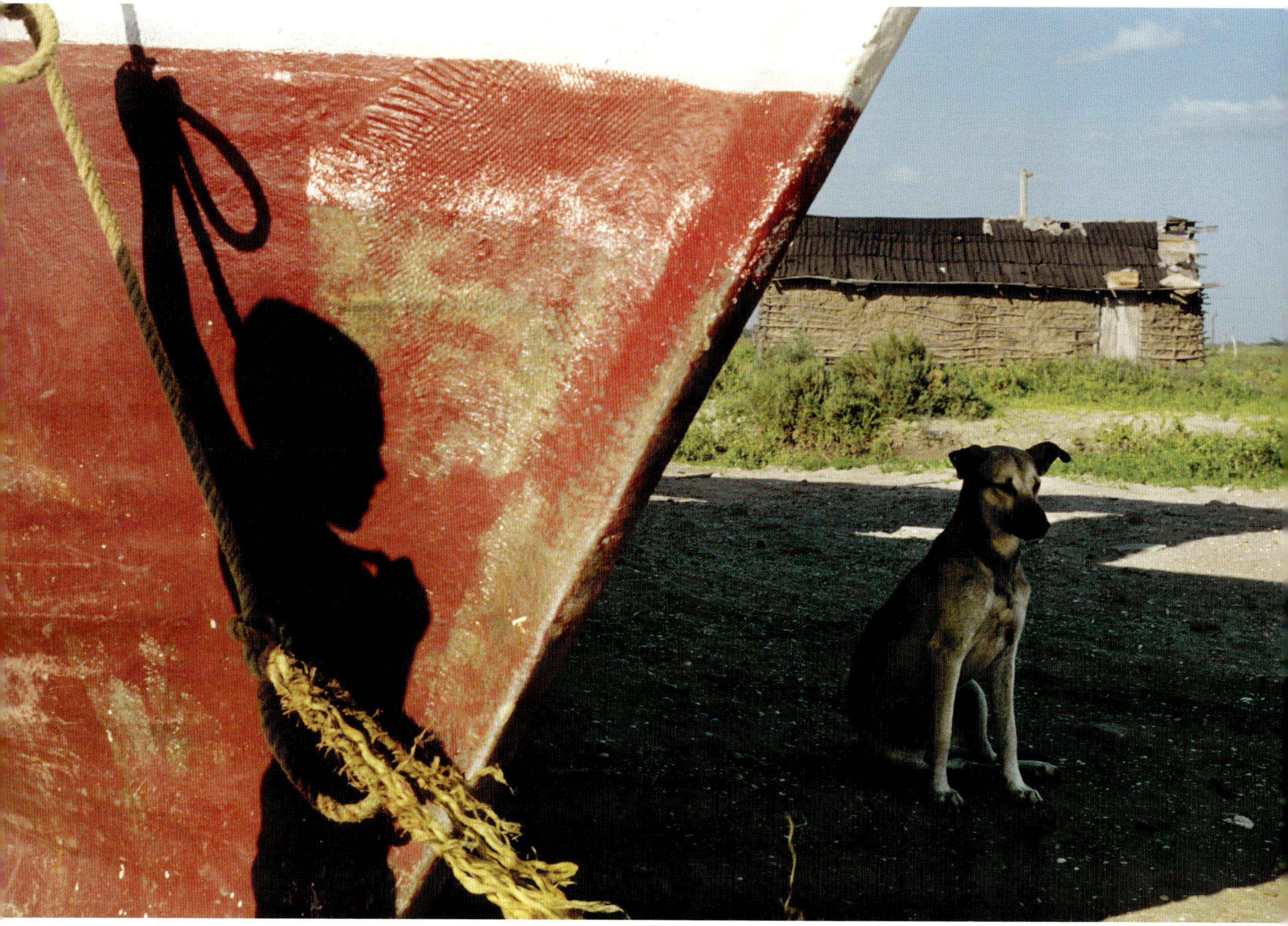

Cangrejito

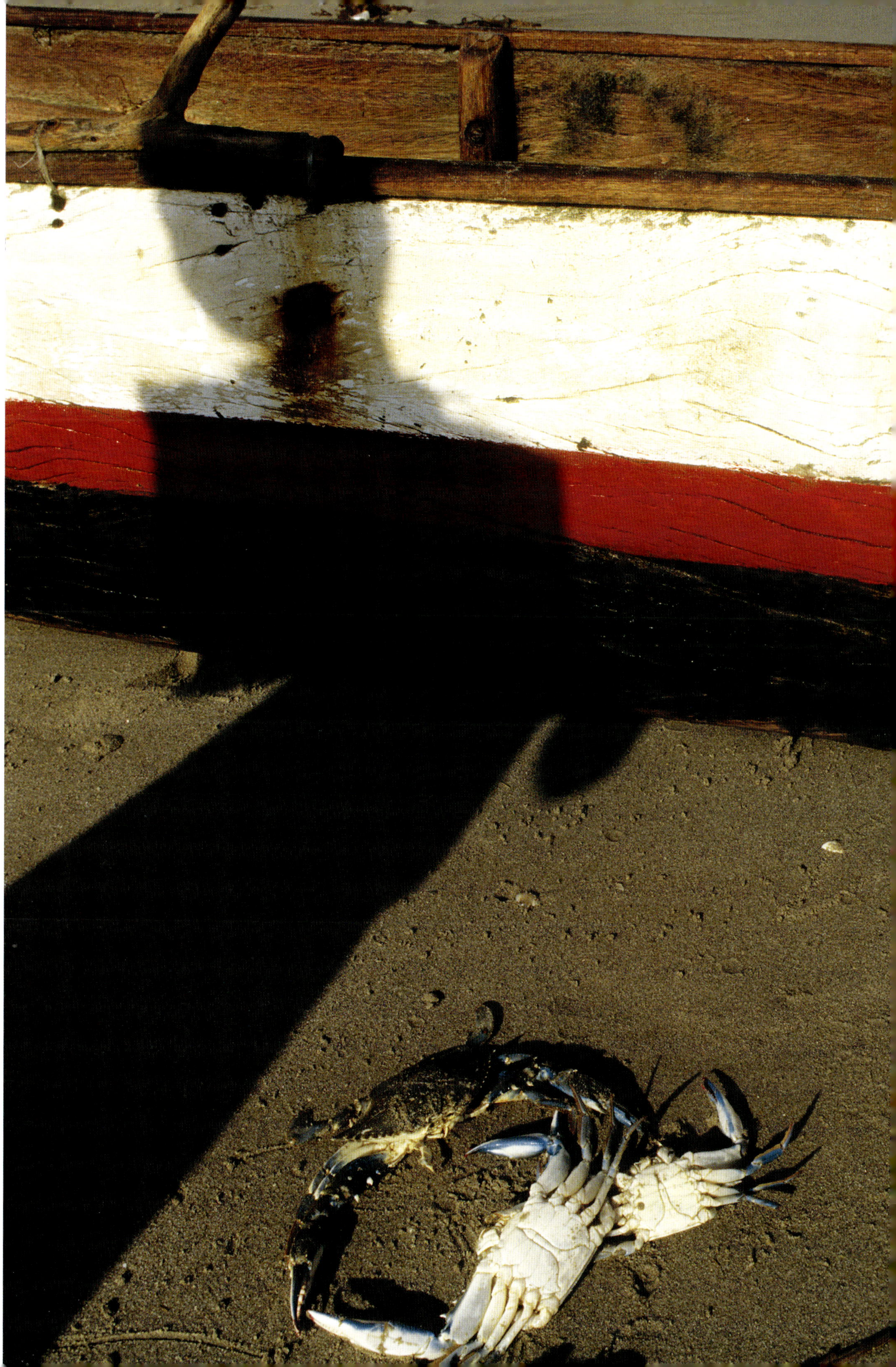
Cangrejito

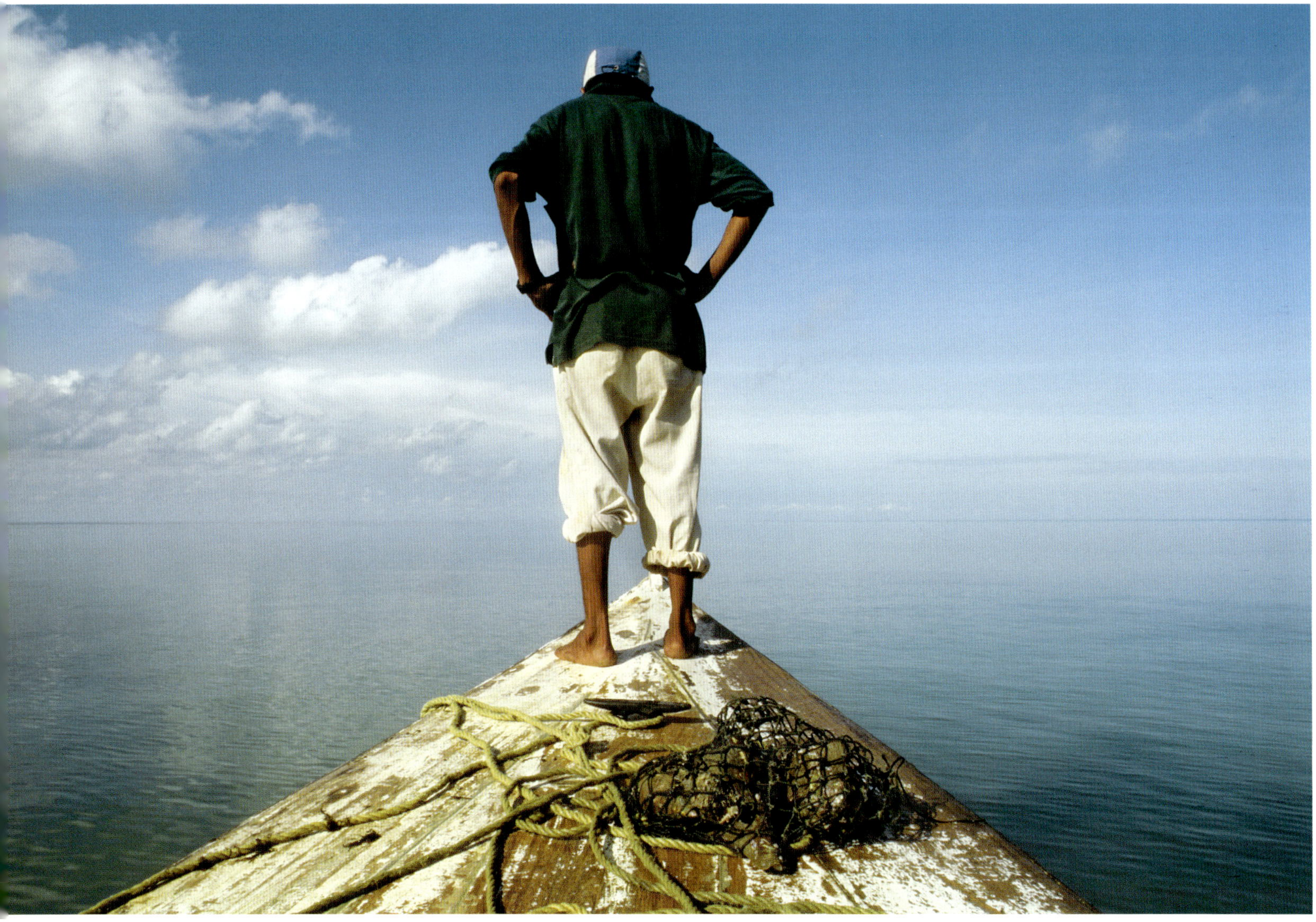

Cabo de la Vela

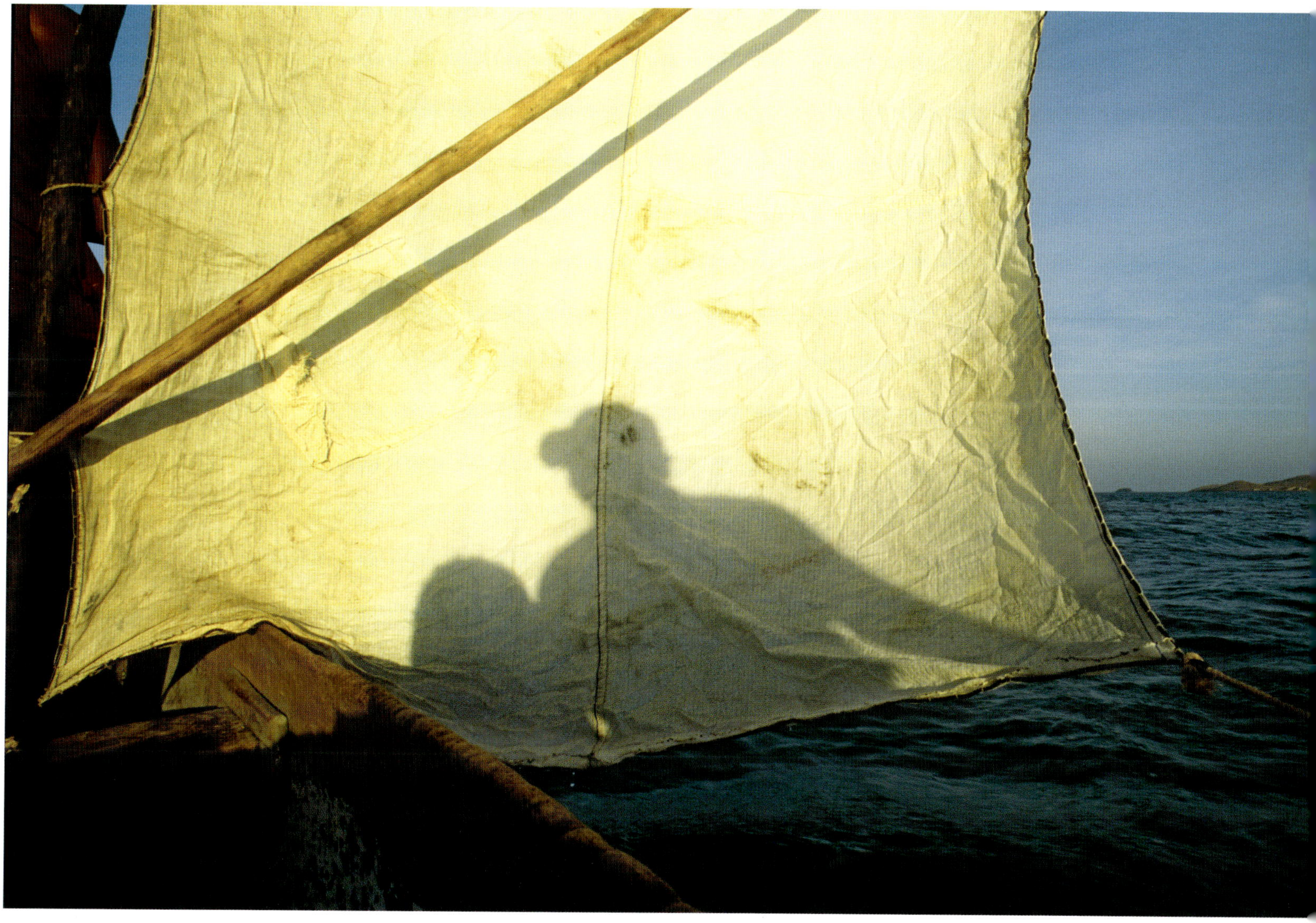

Cabo de la Vela

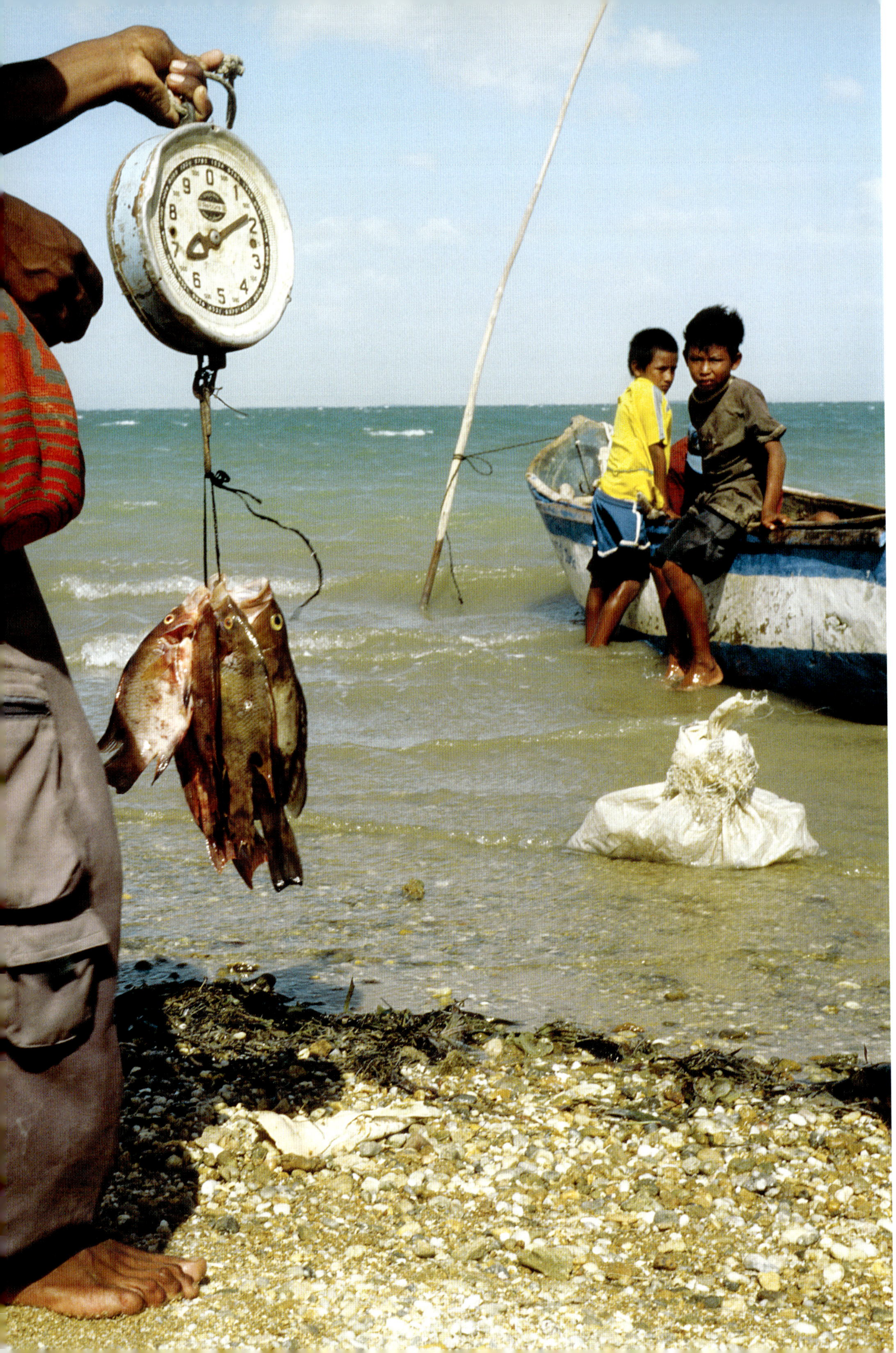

Puerto Wareo

Páginas siguientes
Puerto Wareo

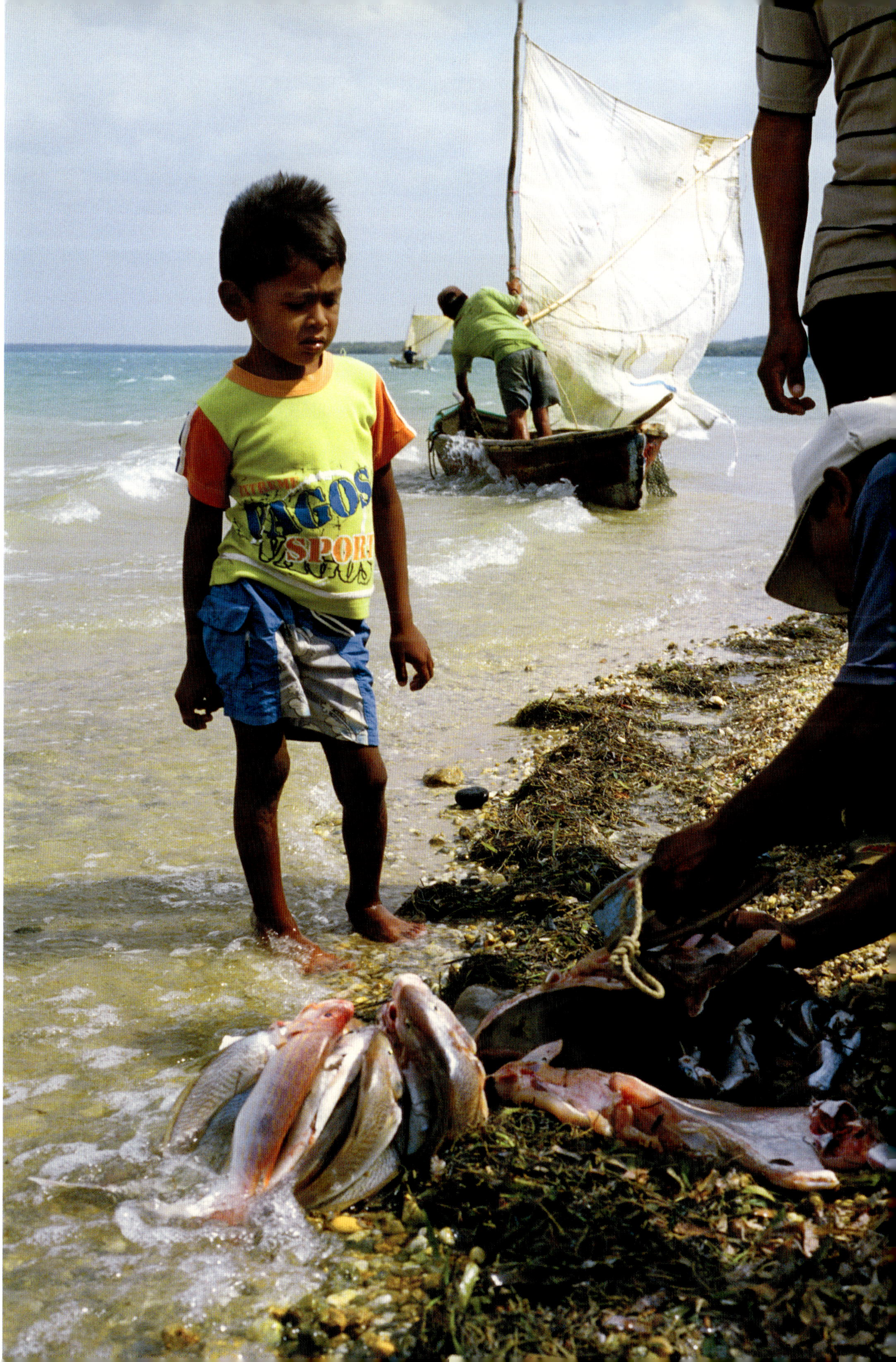

Puerto Wareo

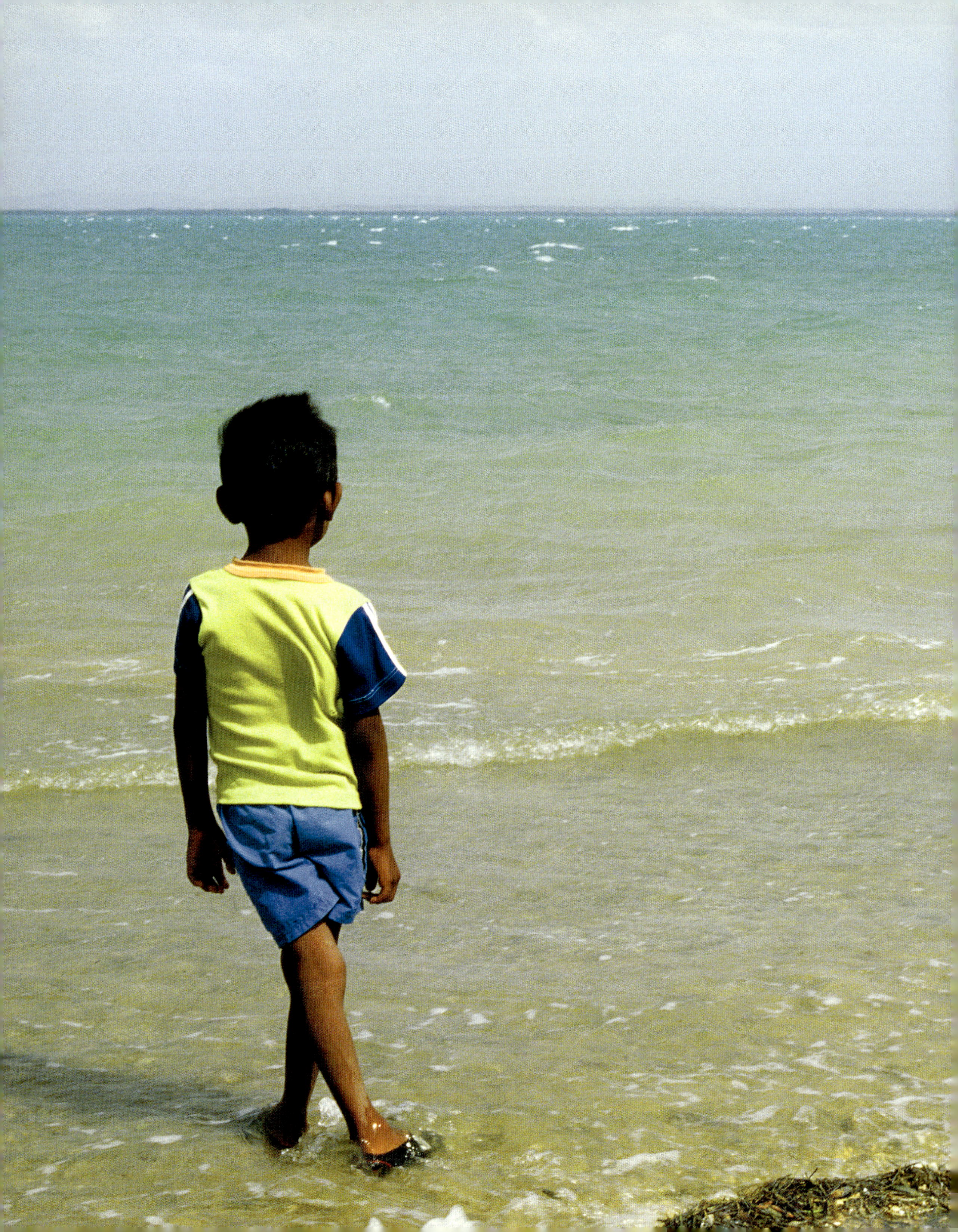

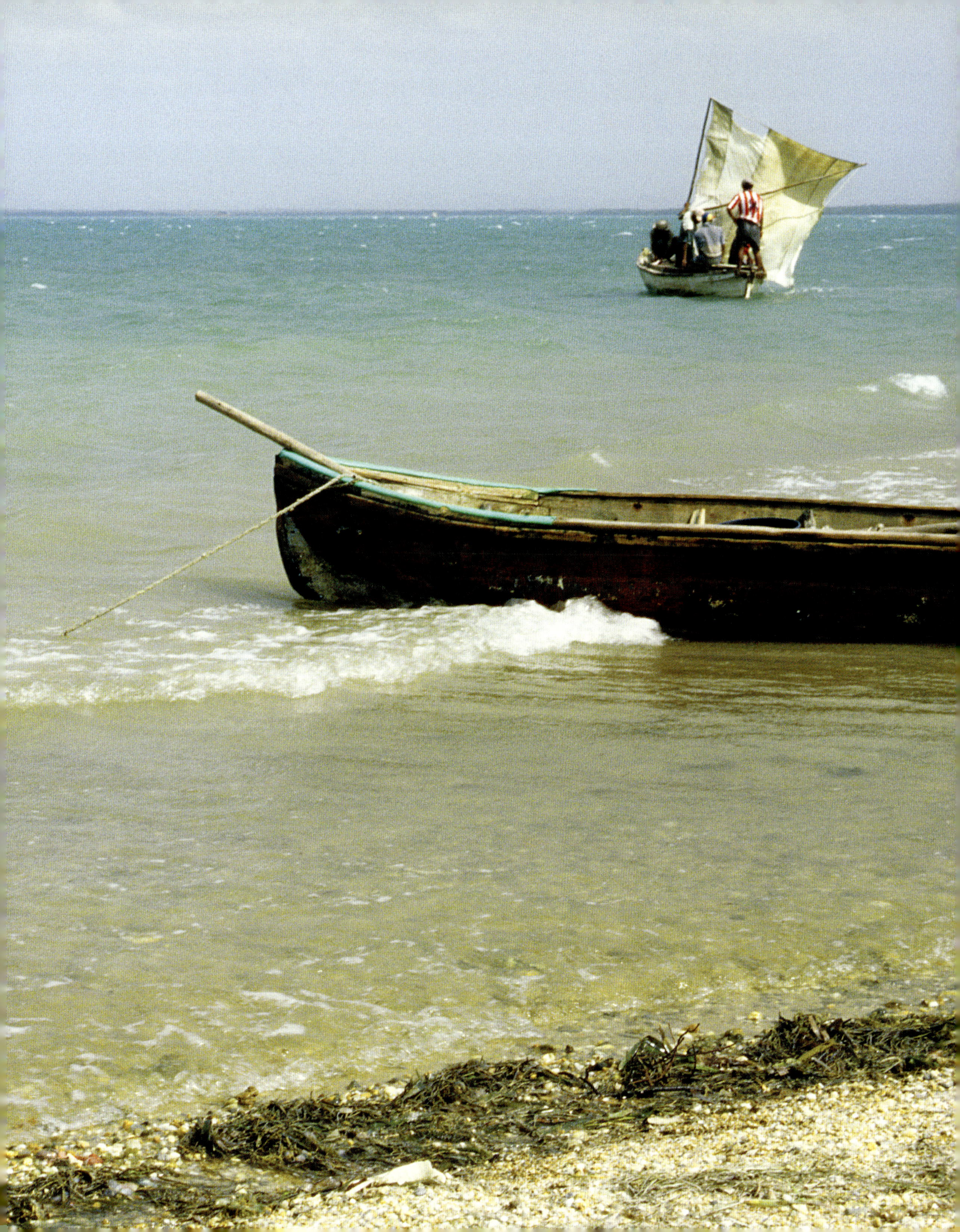

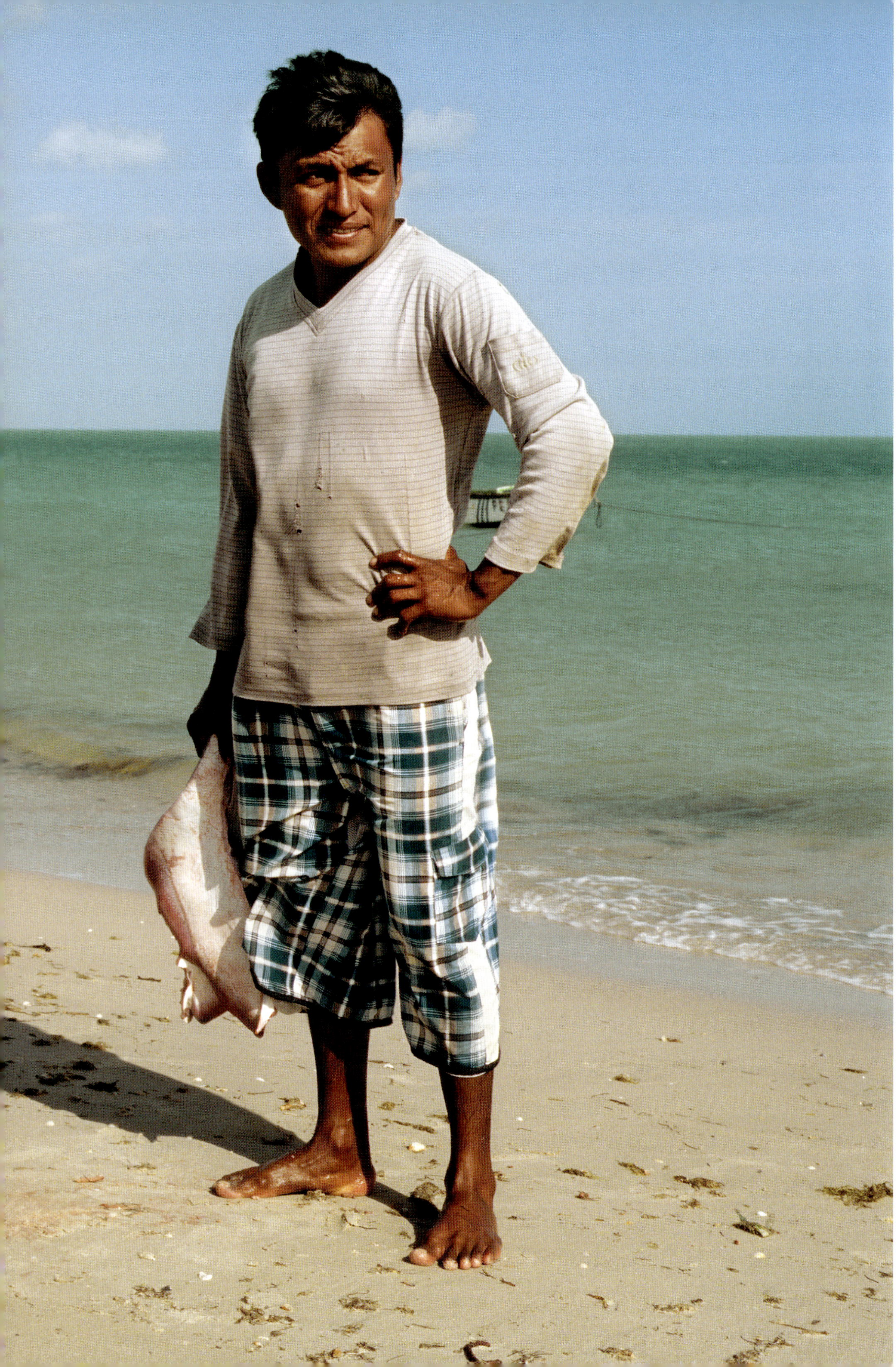

Mayapo

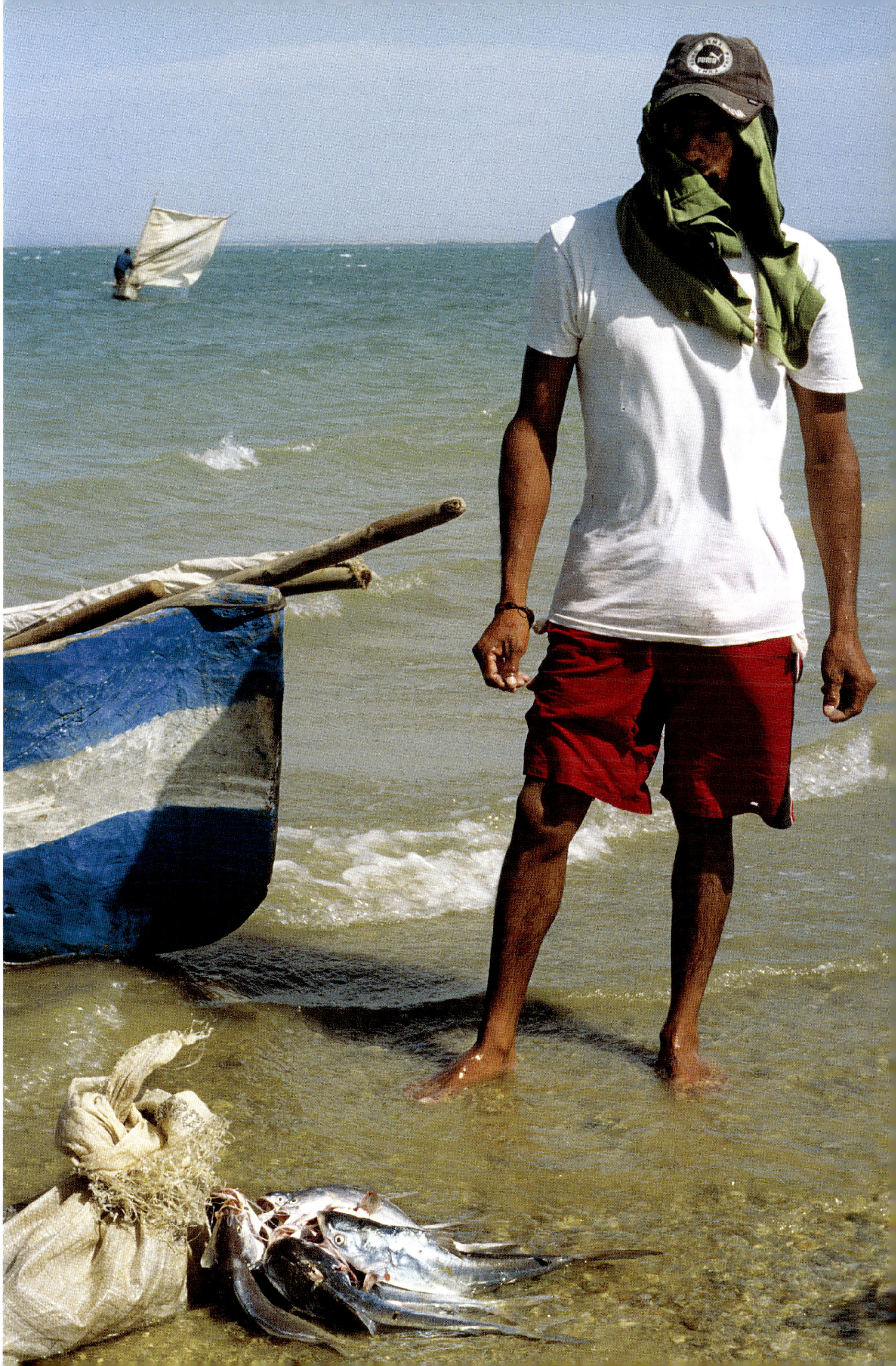

Puerto Wareo

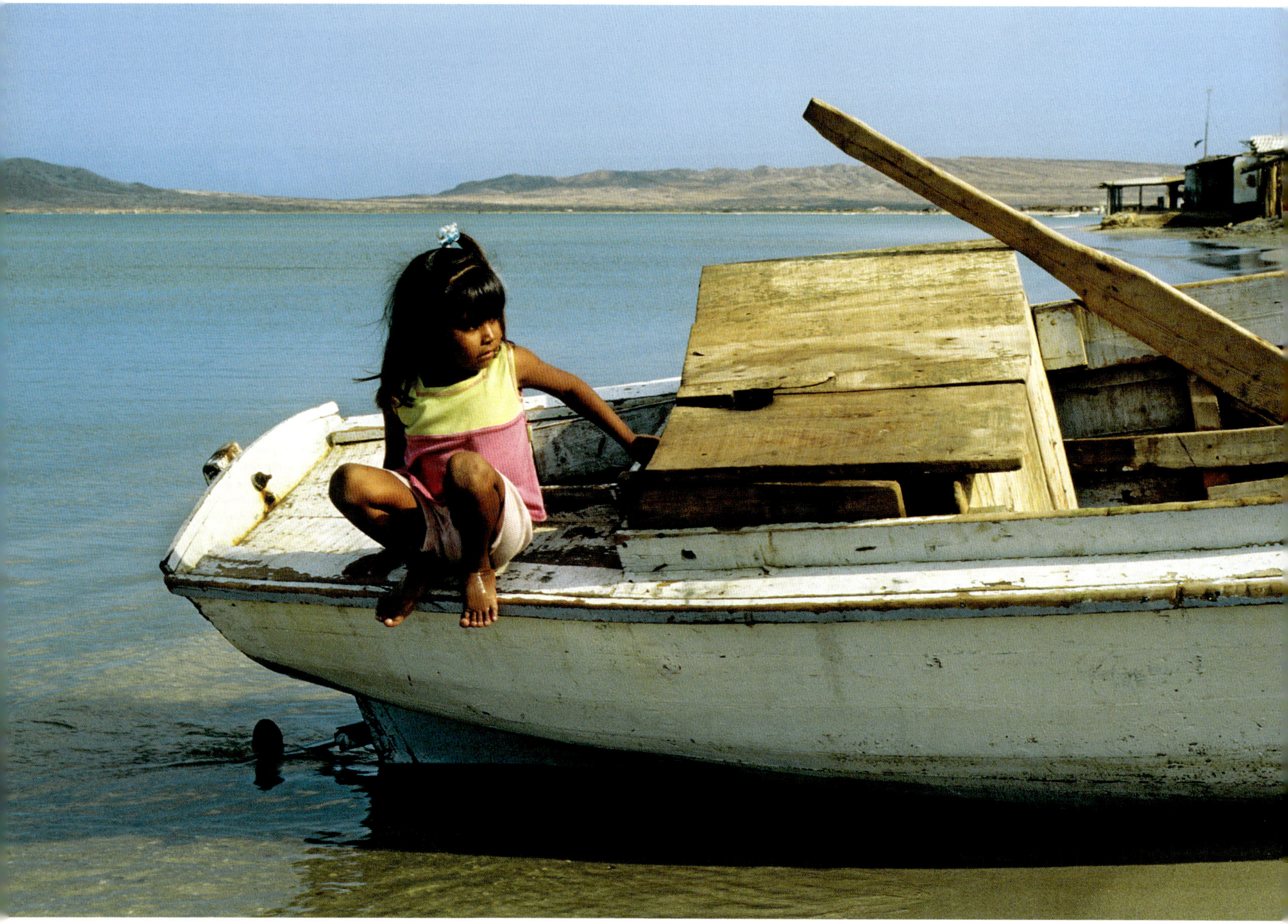

Cabo de la Vela

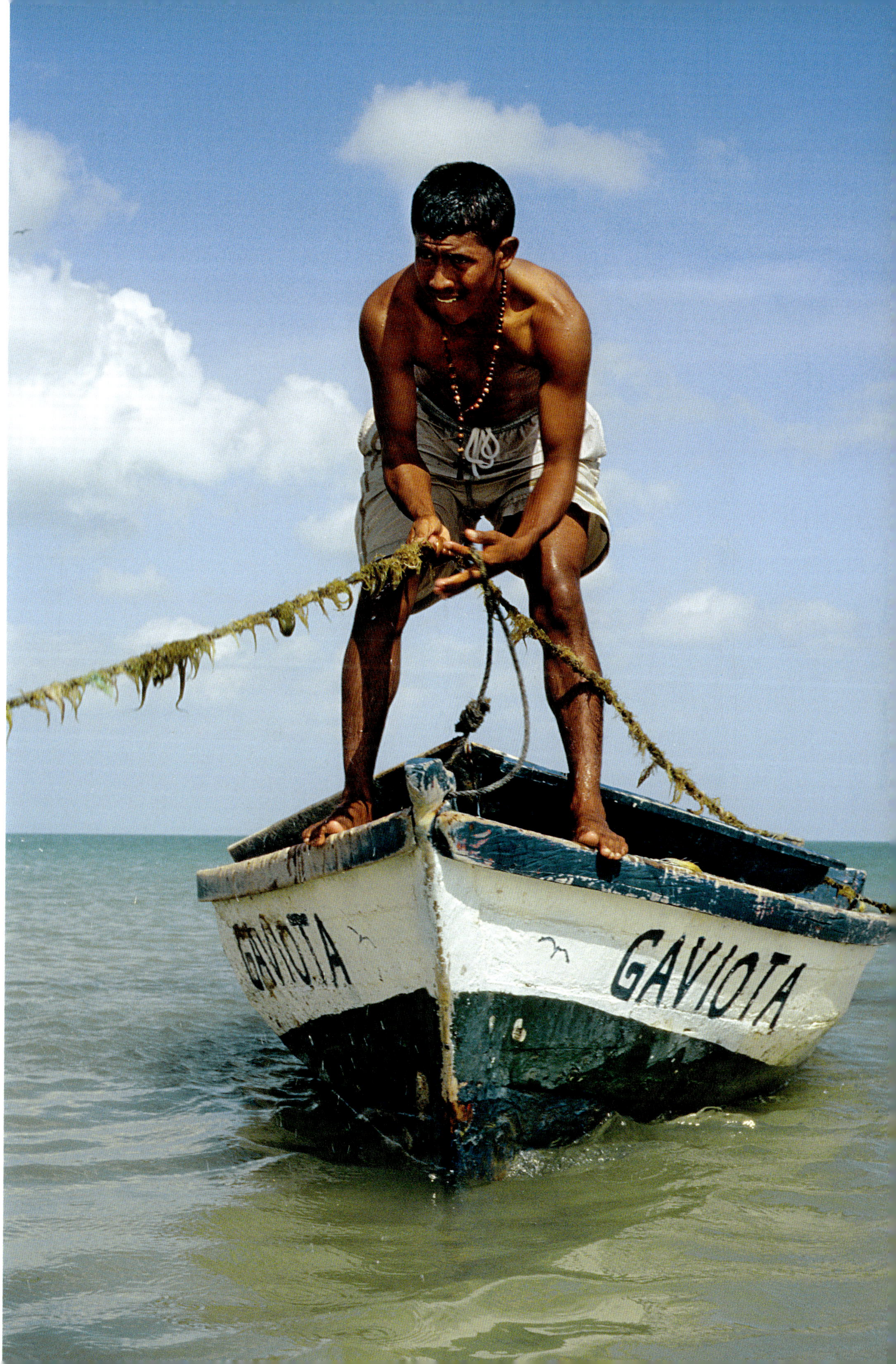

Mayapo

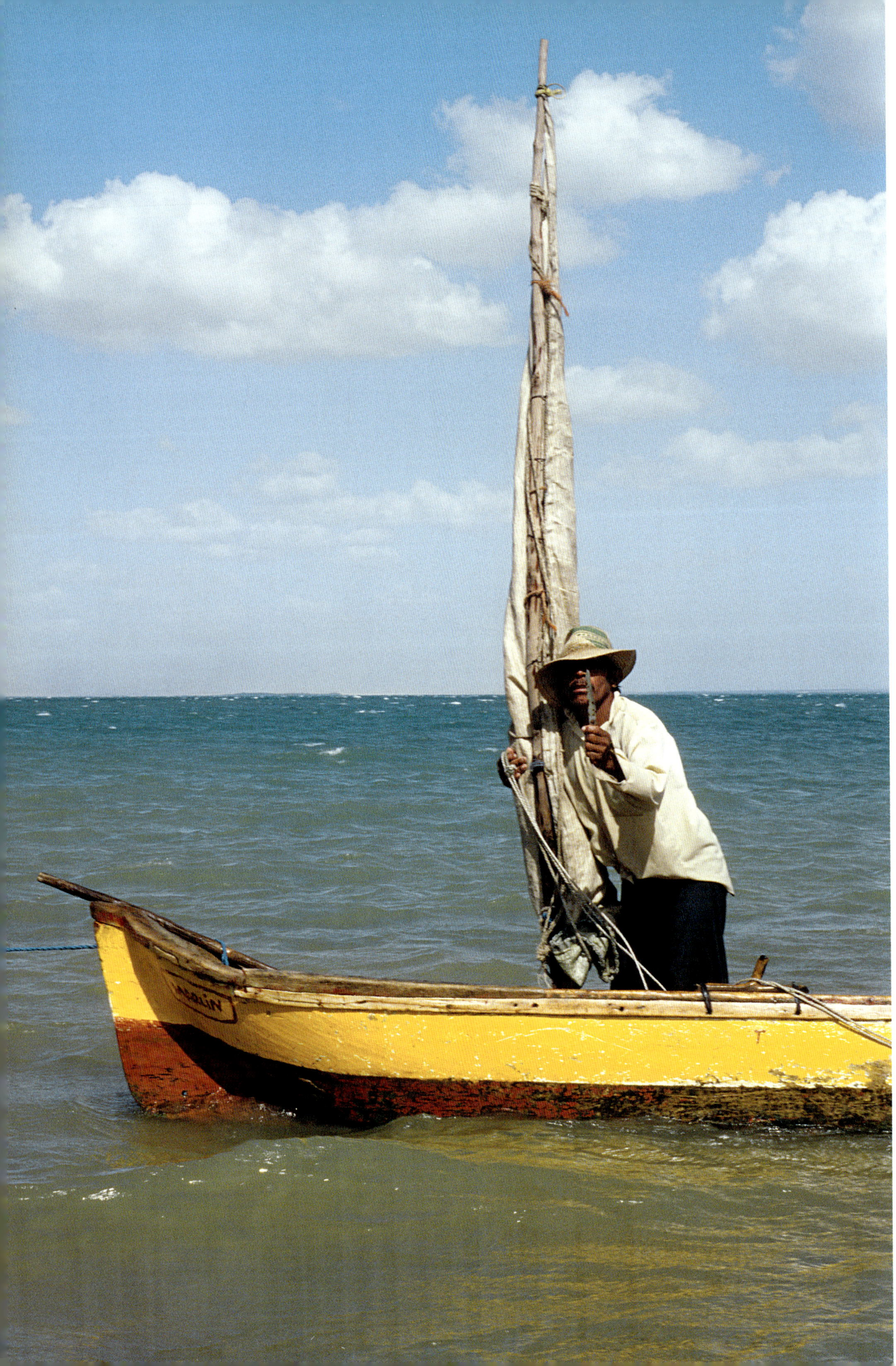

Puerto Wareo

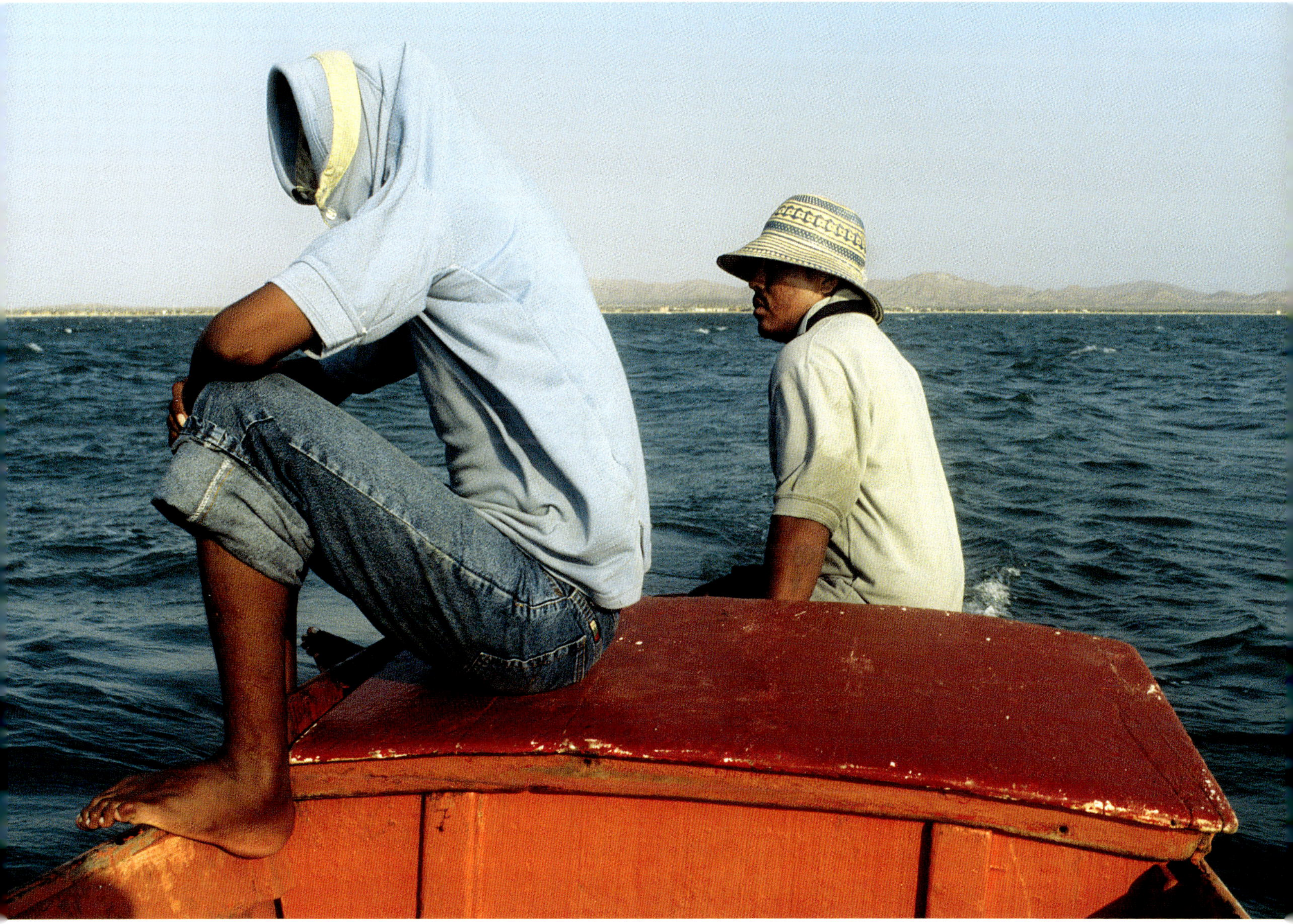

Cabo de la Vela

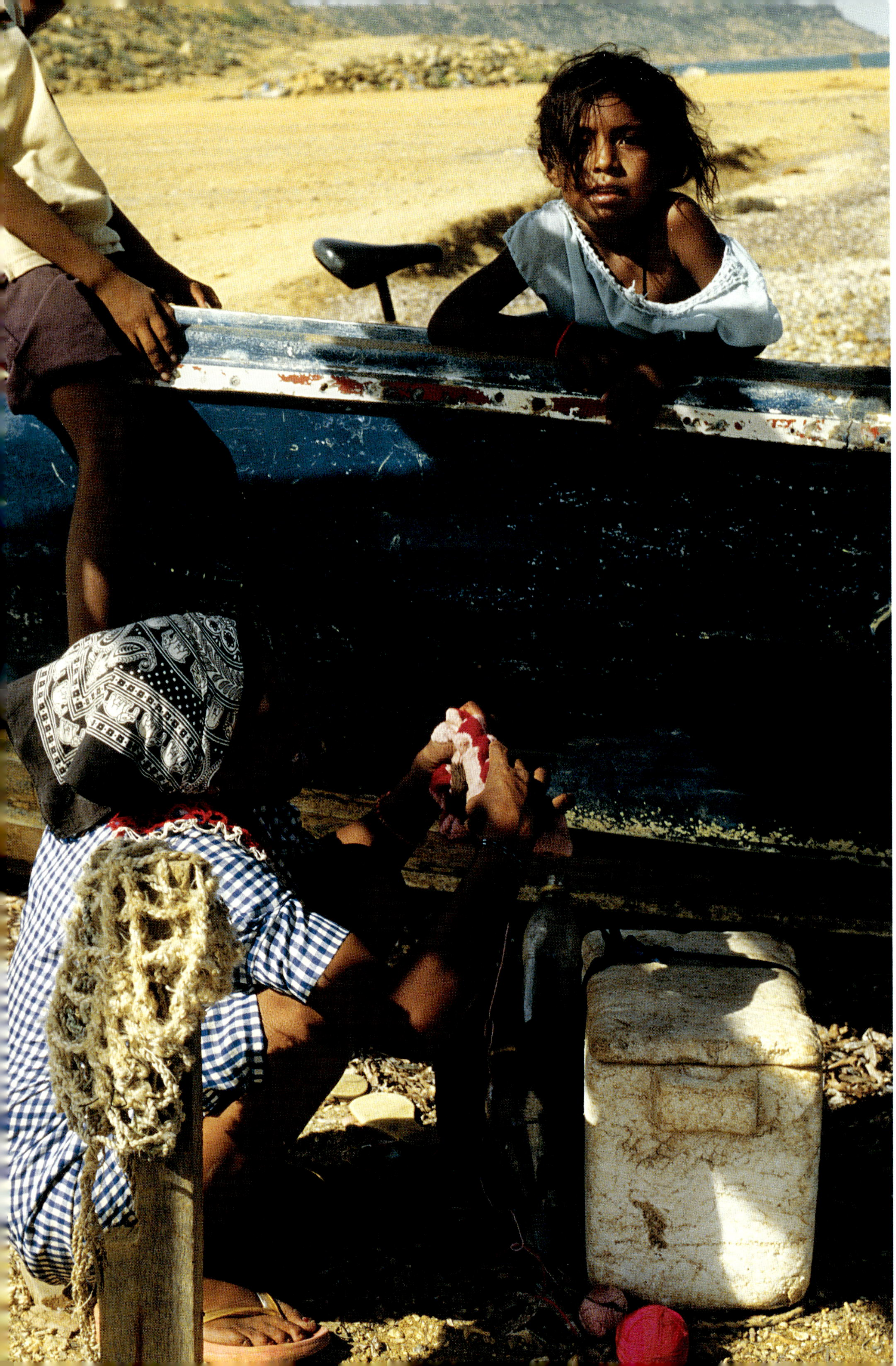

Puerto Wareo

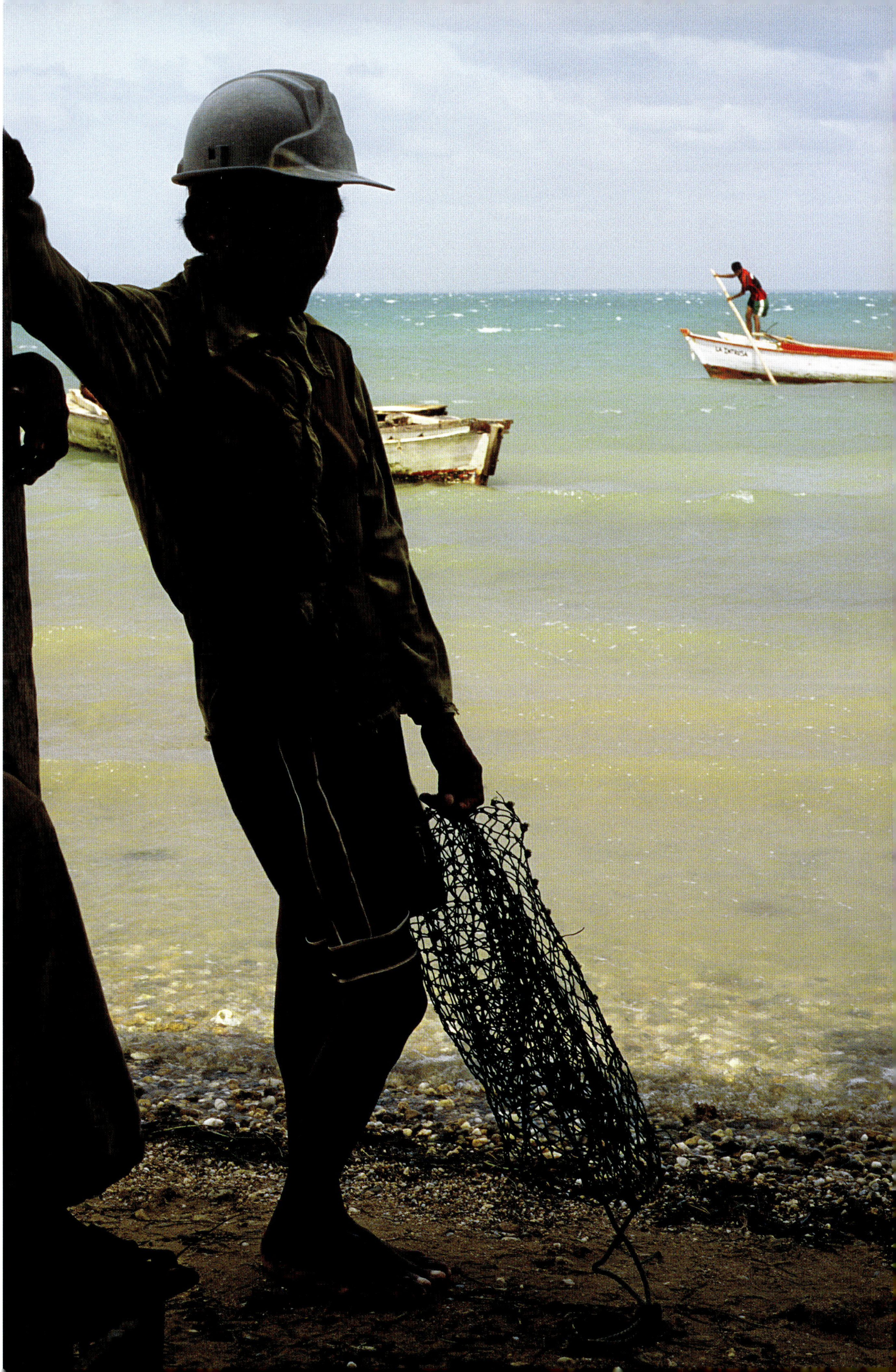

Puerto Wareo

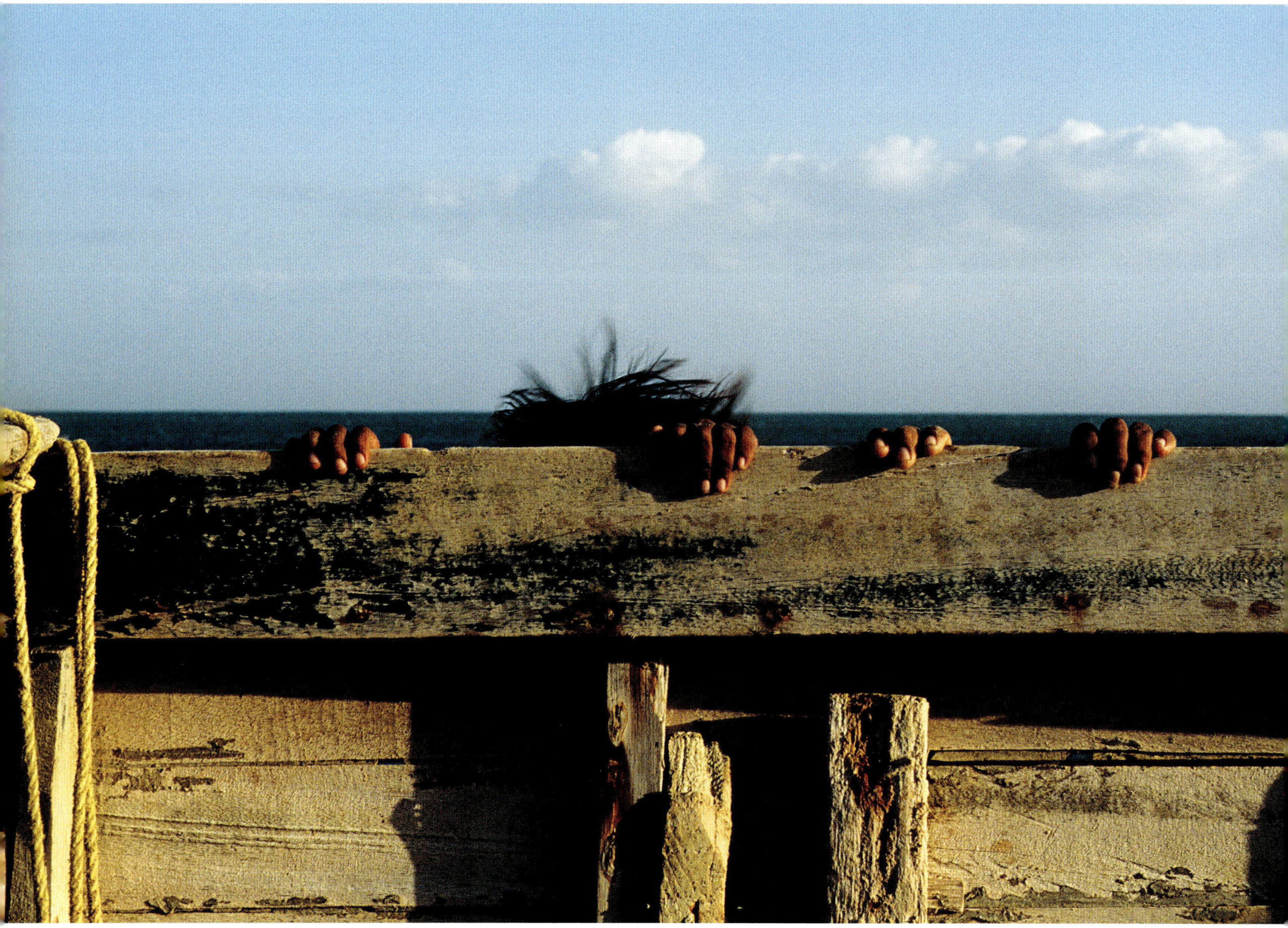

Cabo de la Vela

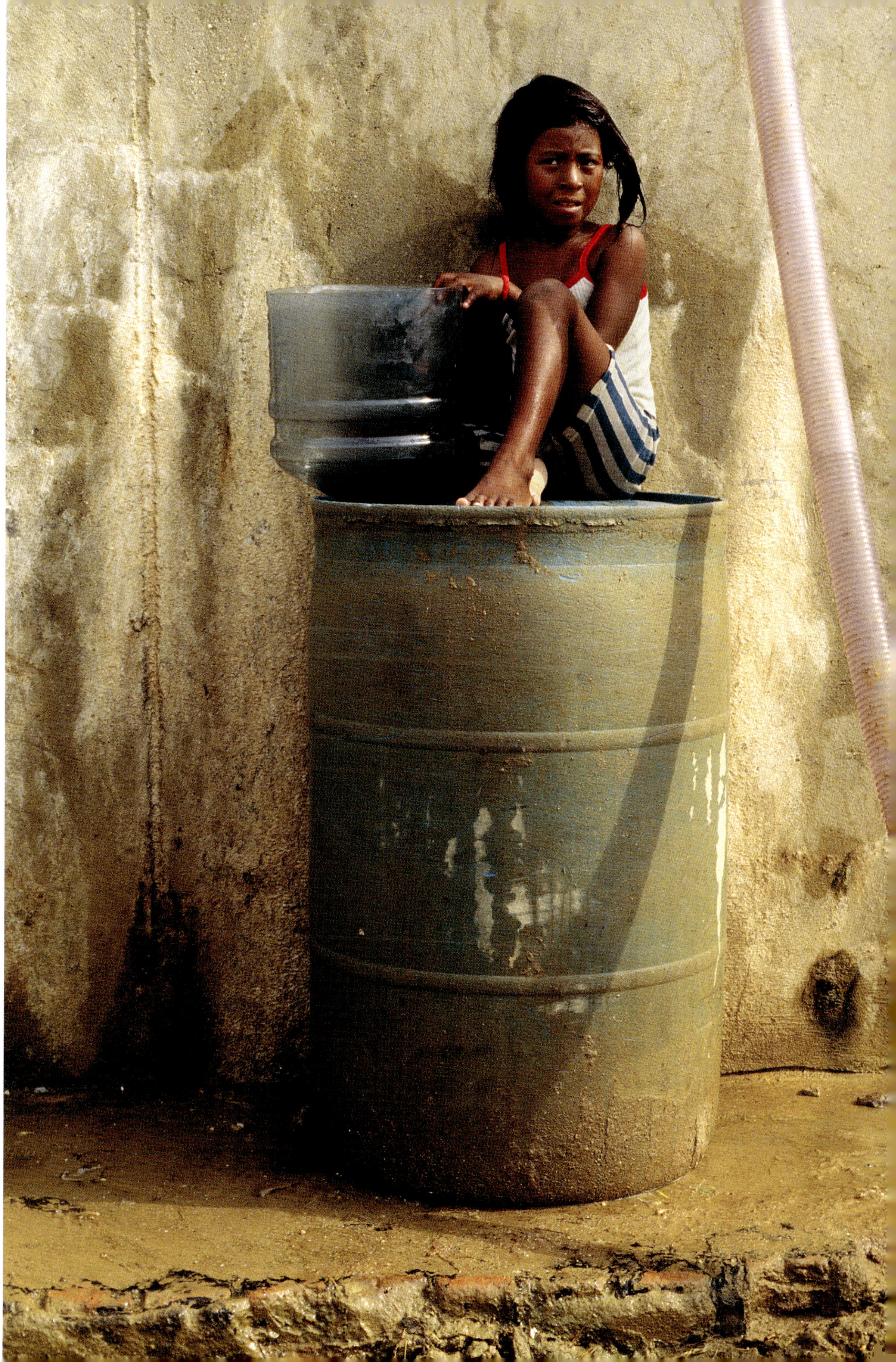

Cabo de la Vela

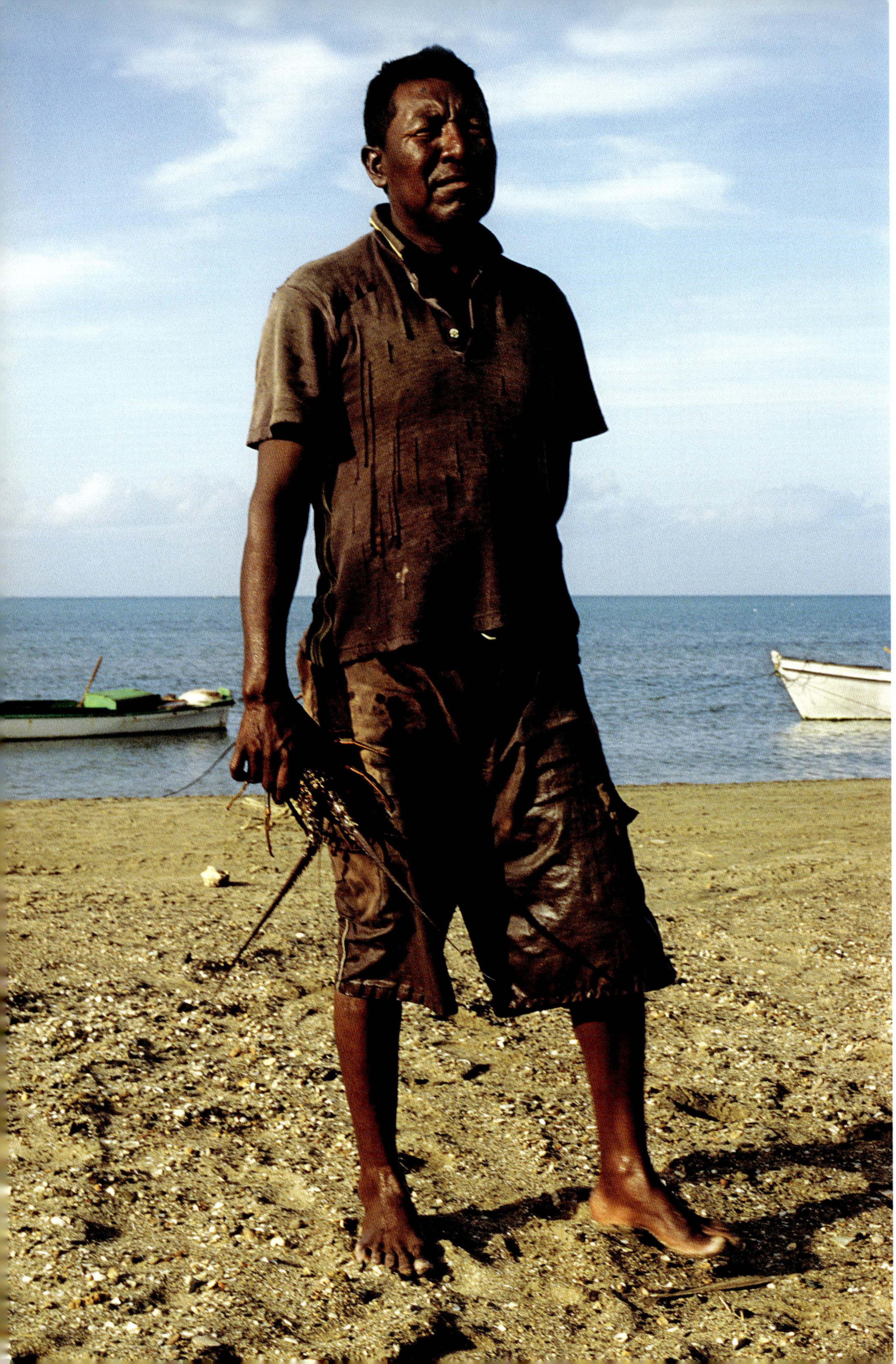

Cabo de la Vela

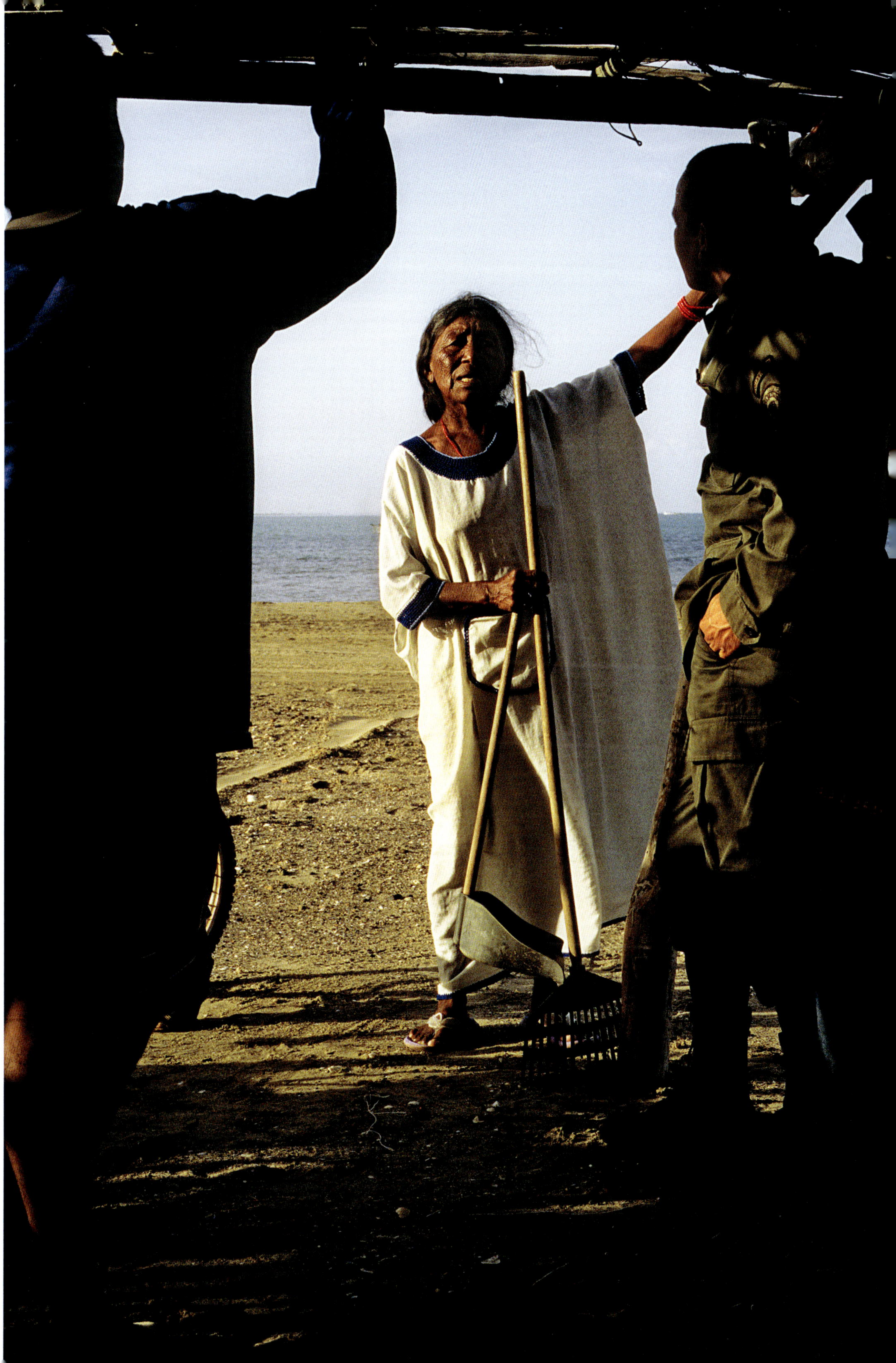

Cabo de la Vela

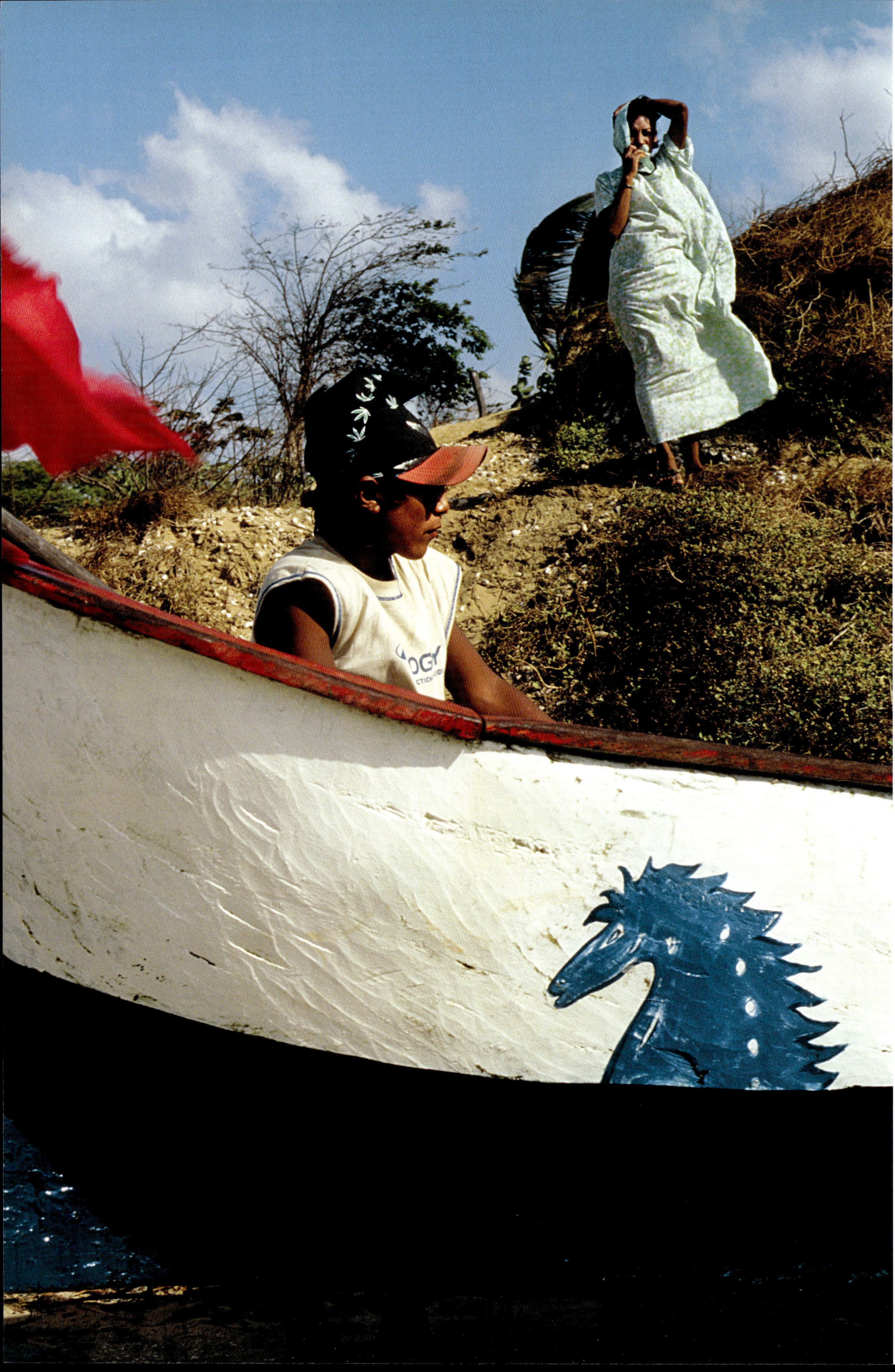

Riohacha

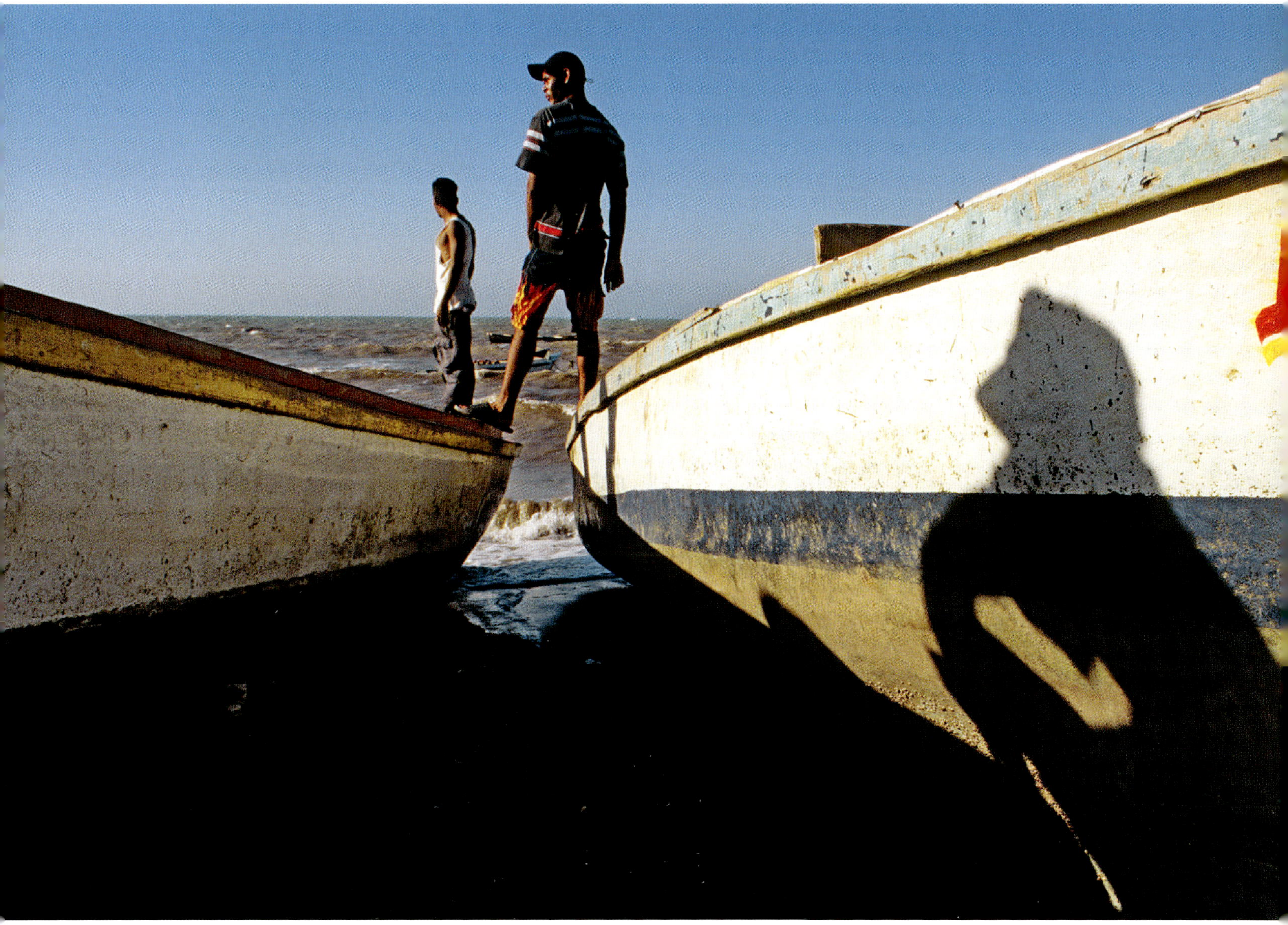

Riohacha

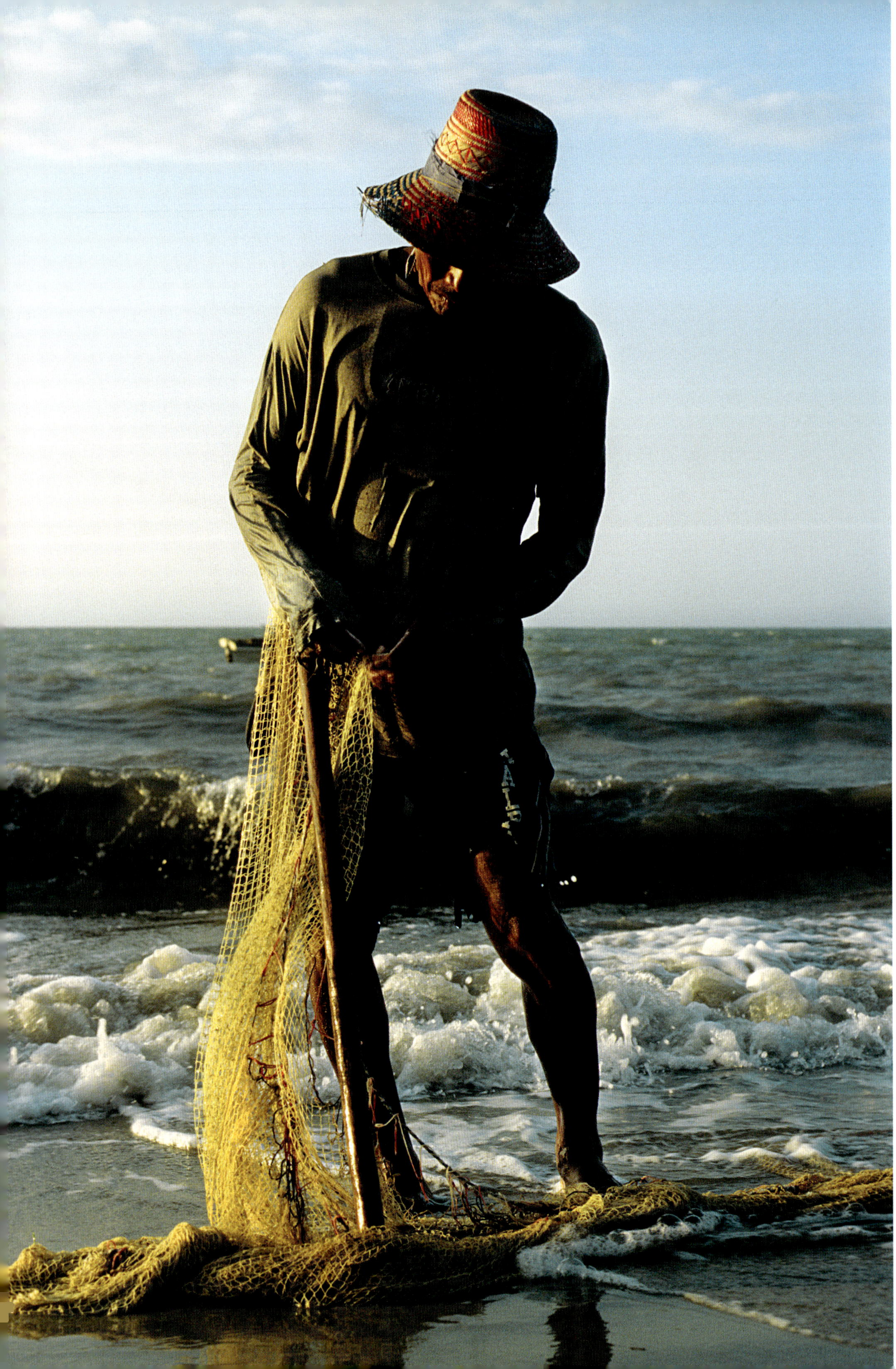

Cangrejito

Páginas siguientes
Cangrejito

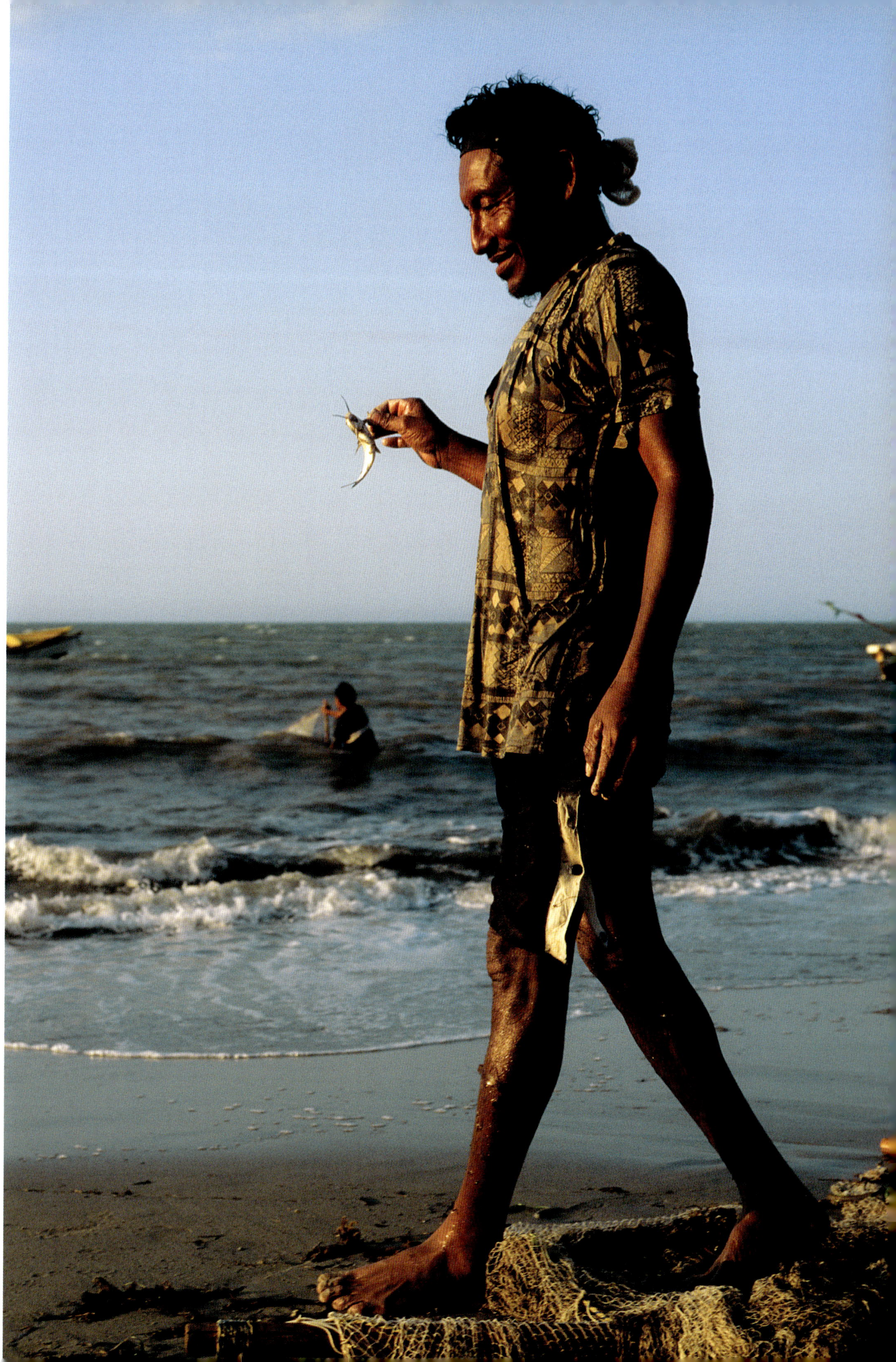

Cangrejito

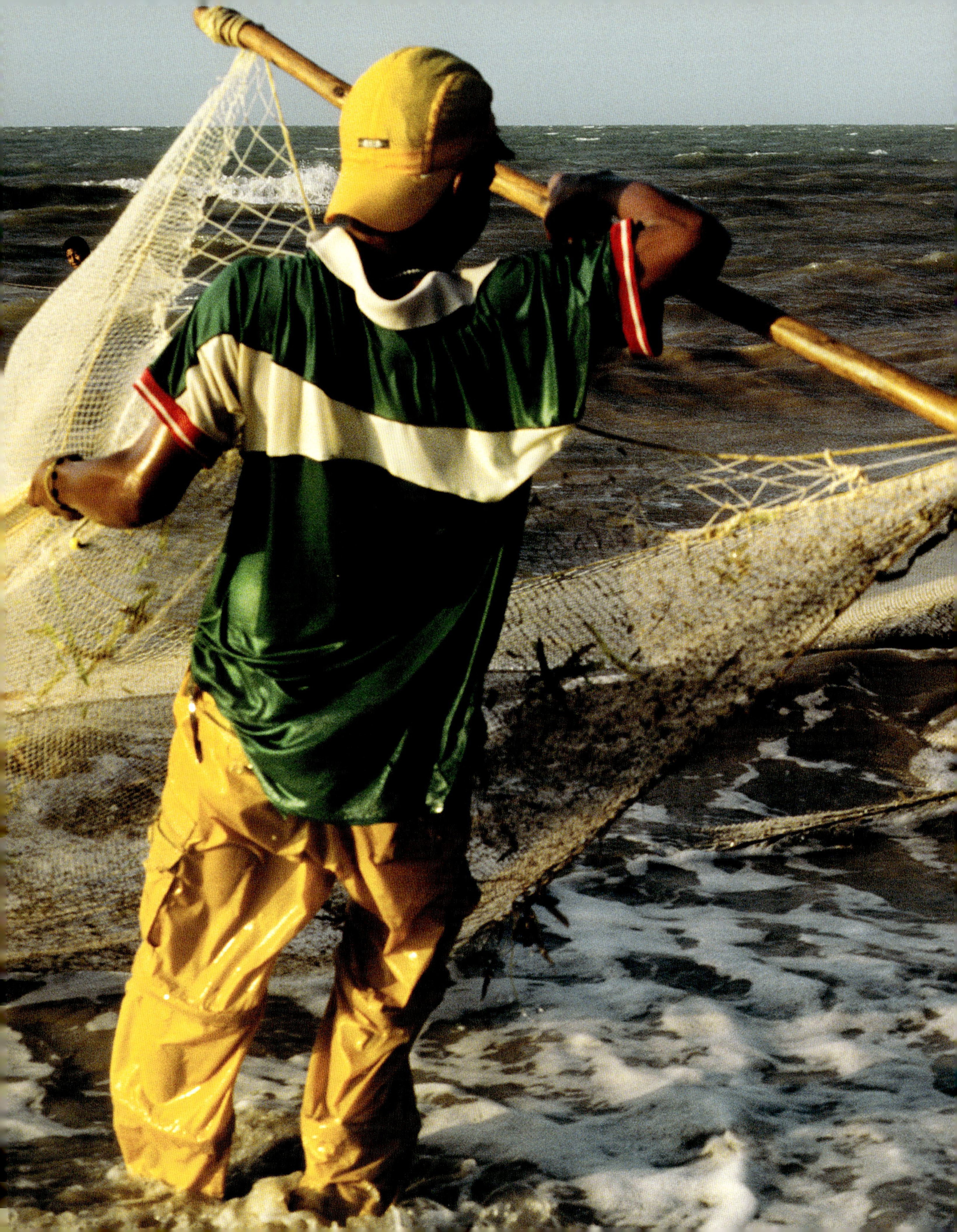

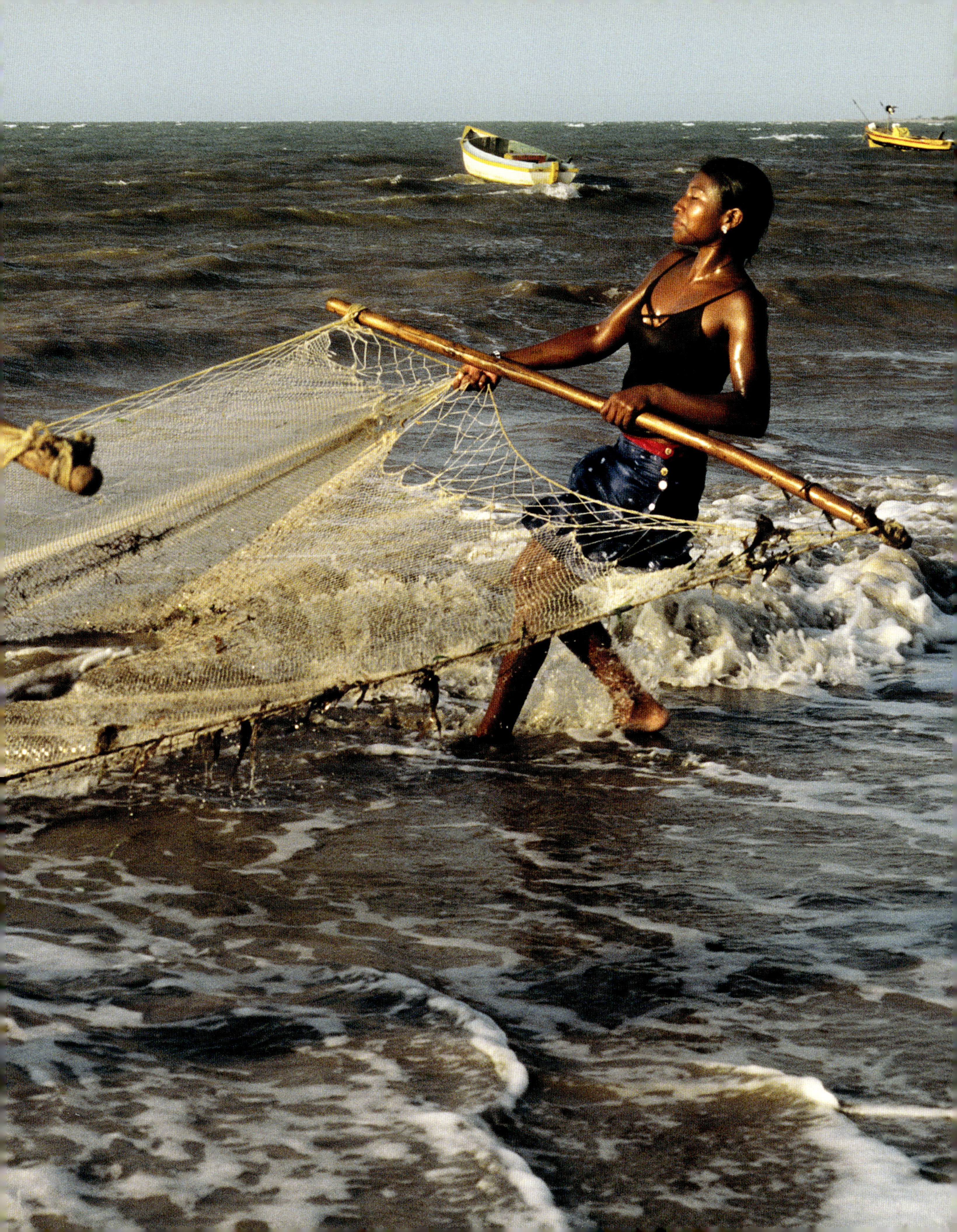

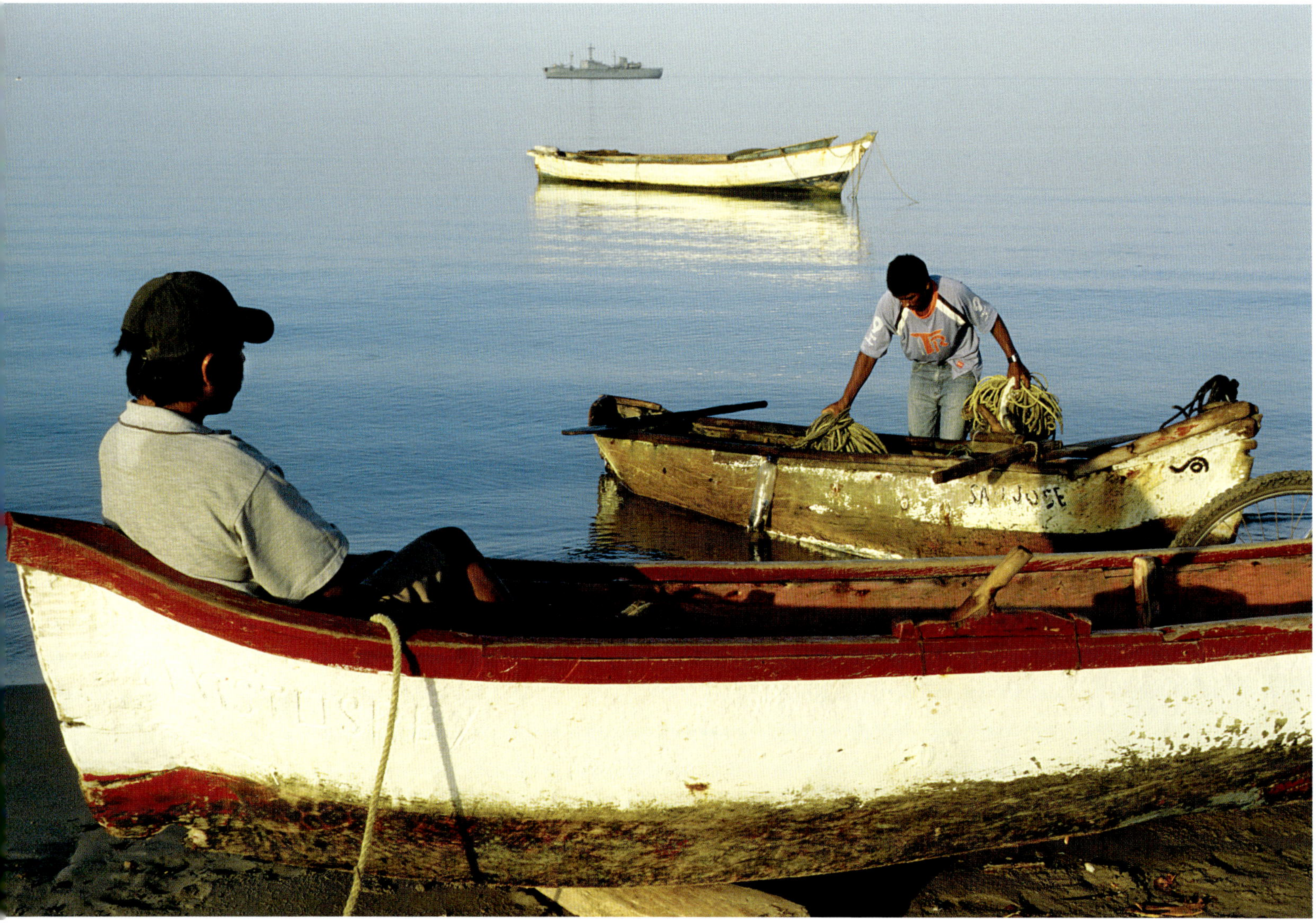

Cabo de la Vela

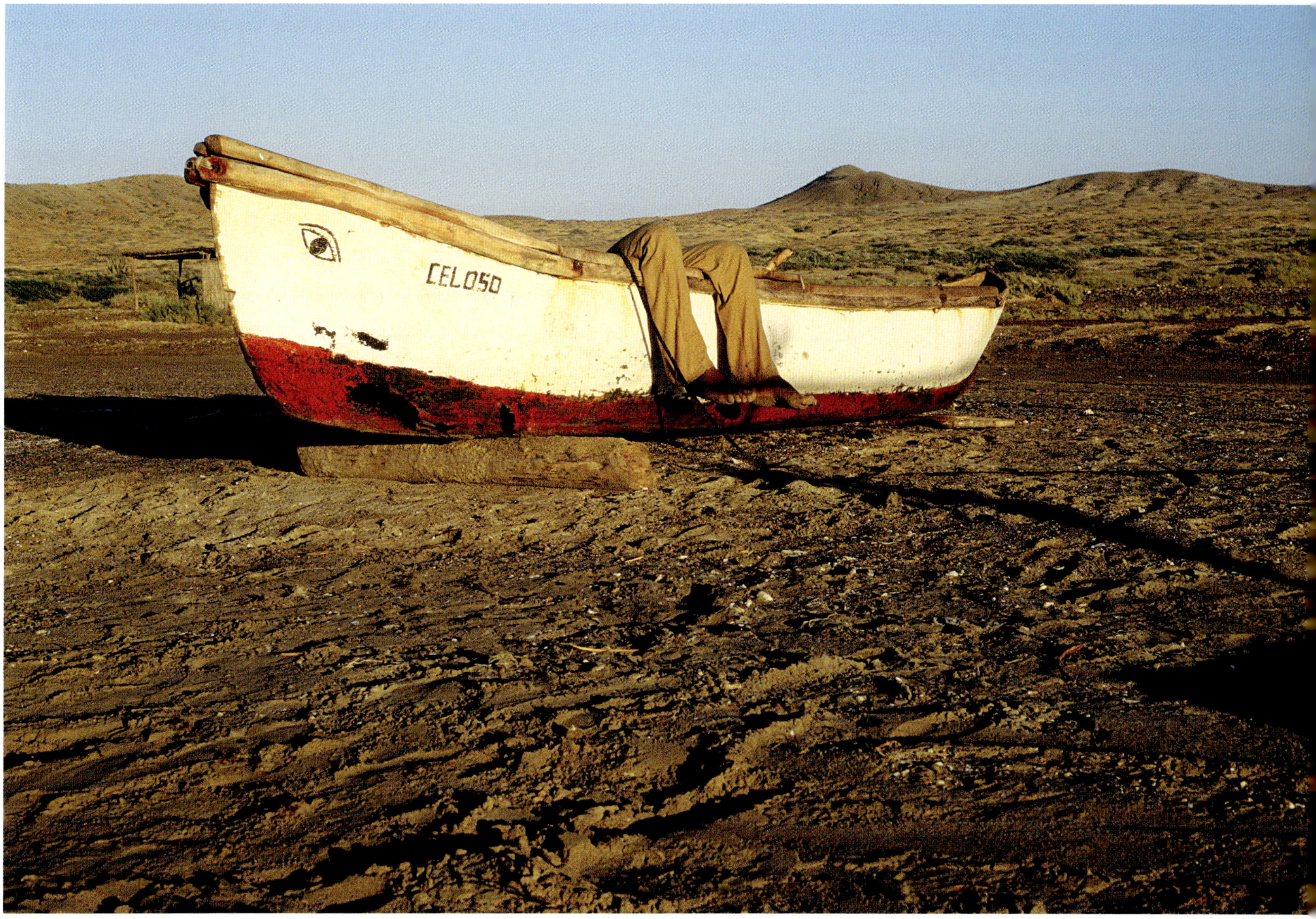

Cabo de la Vela

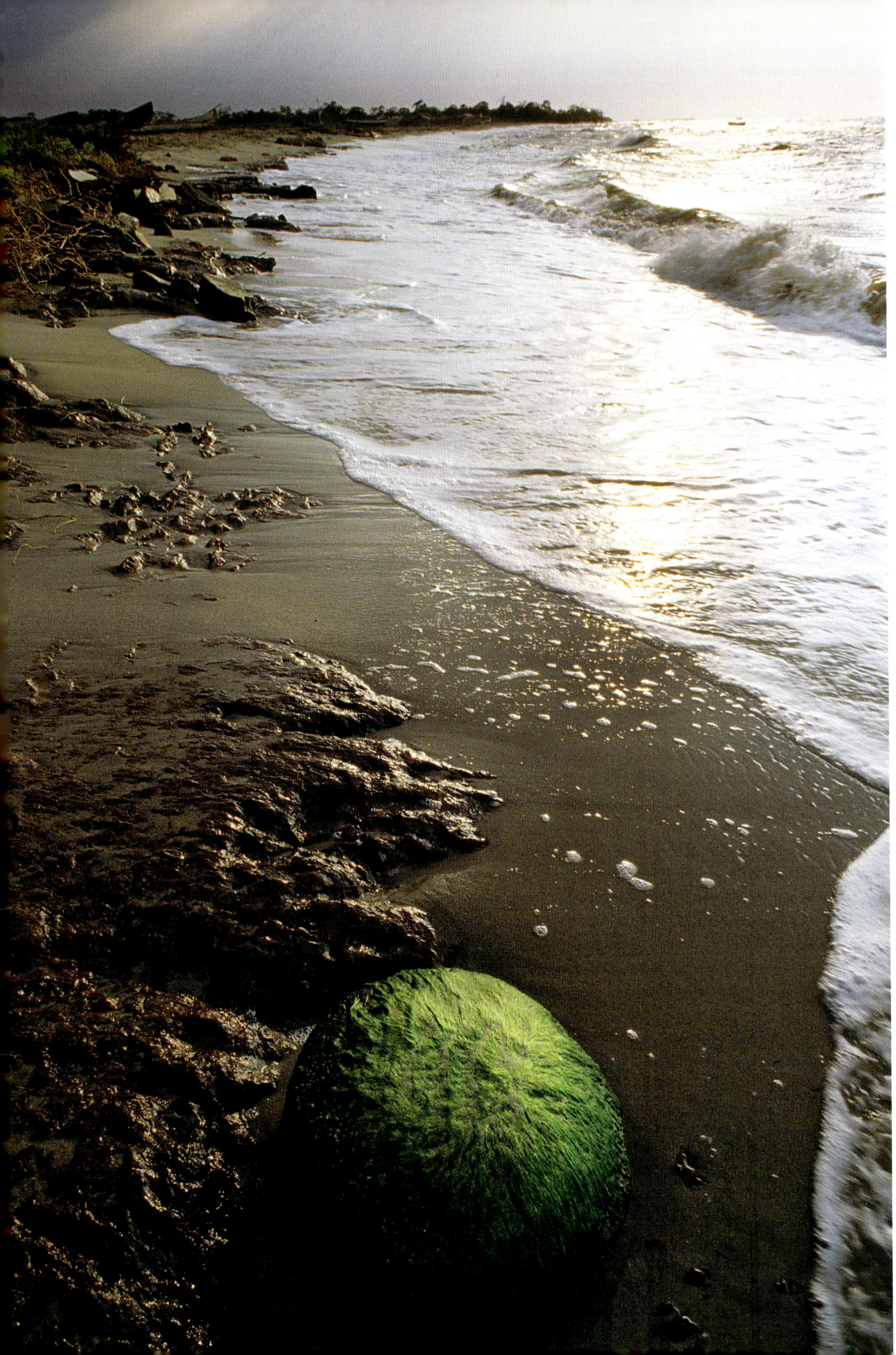

Cangrejito

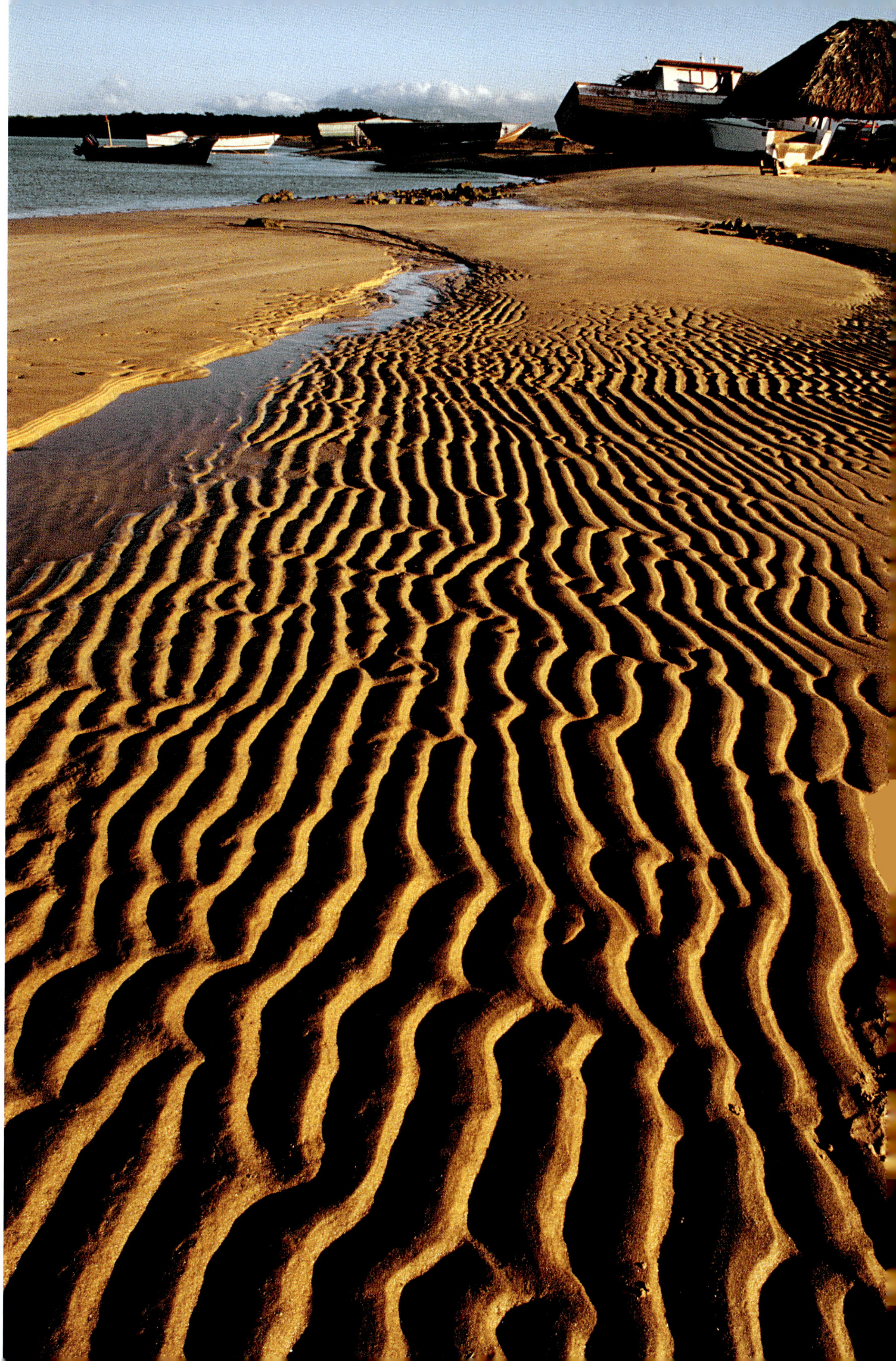

Puerto López

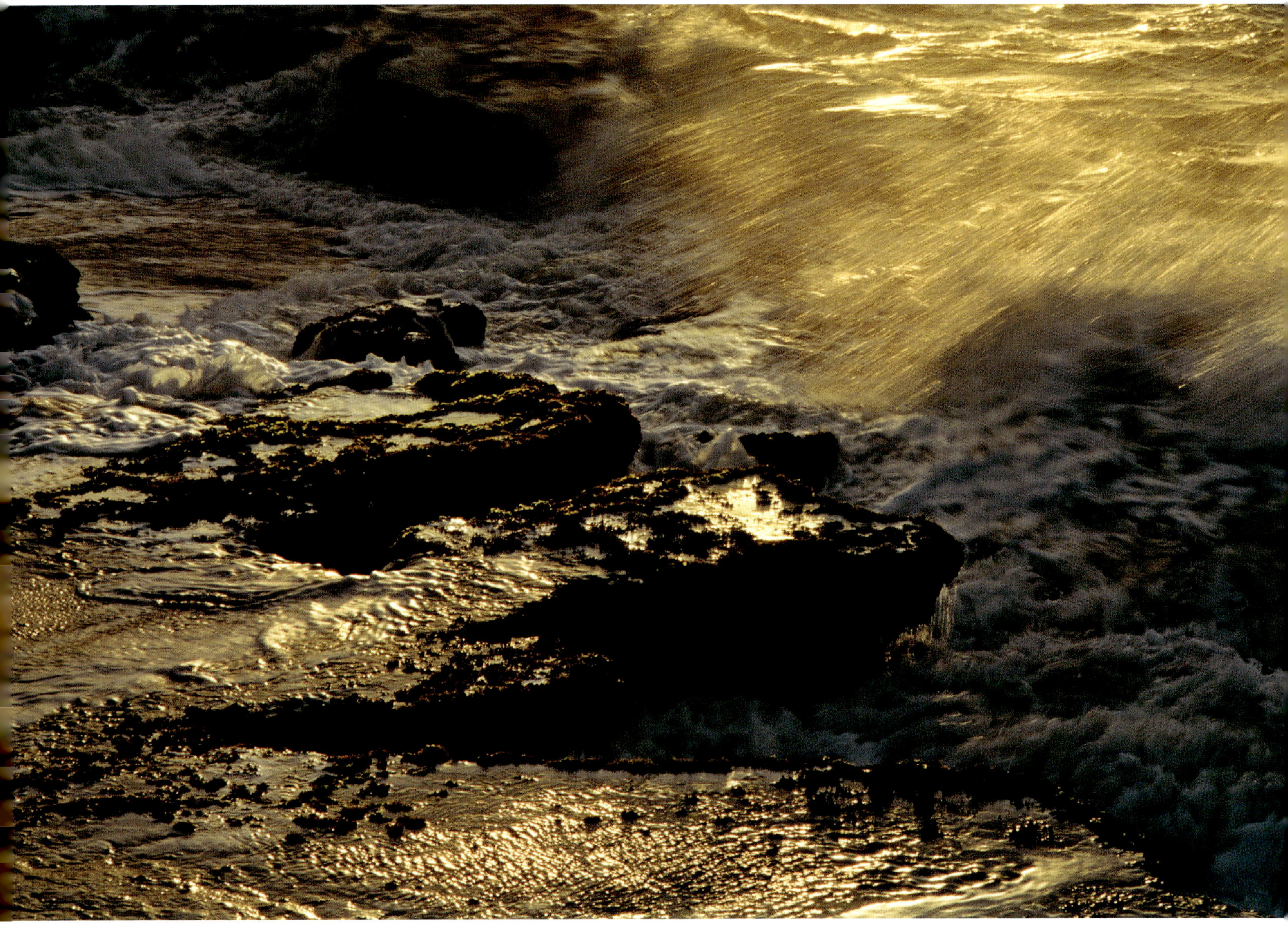

Cabo de la Vela

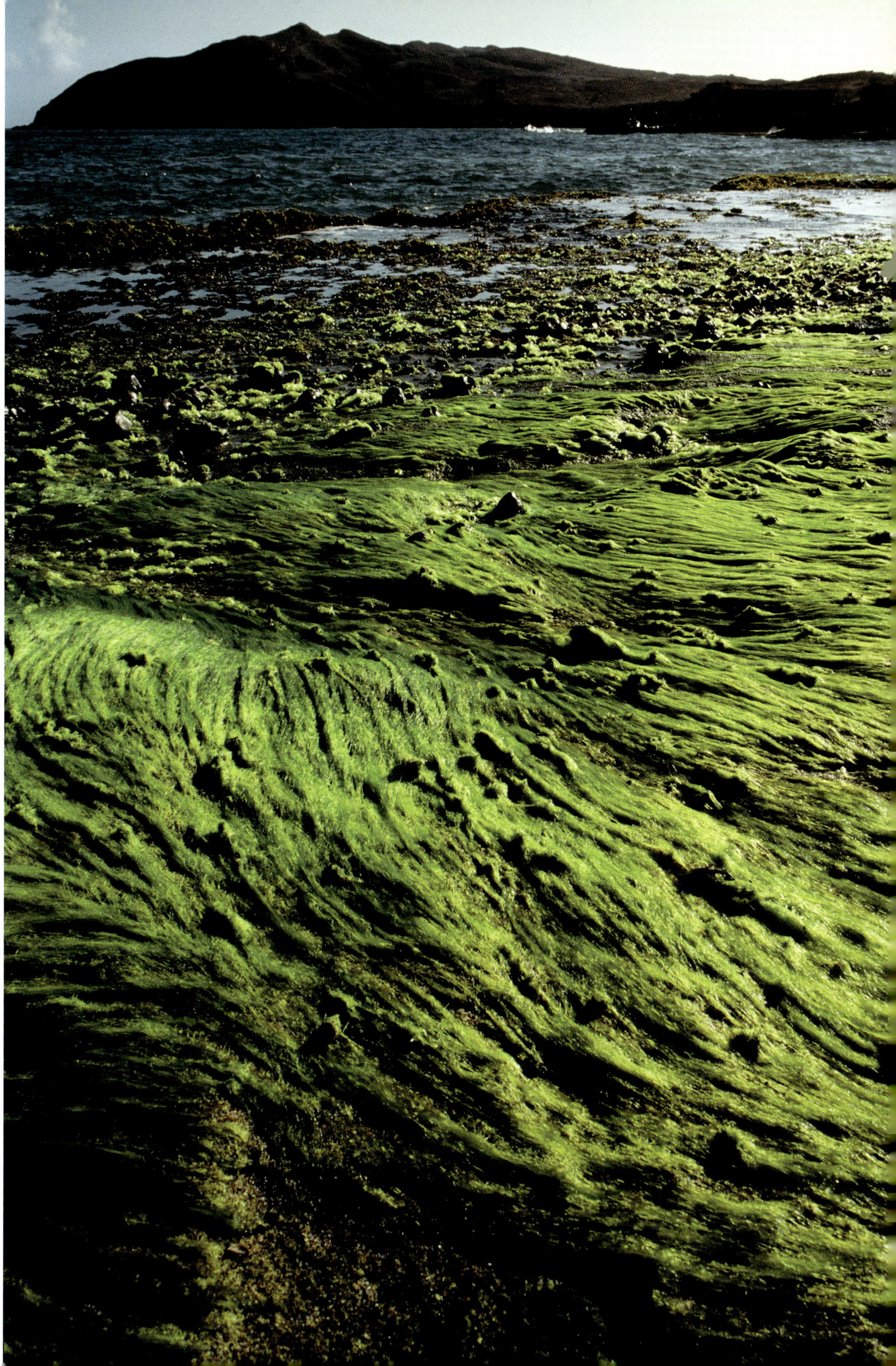

Cabo de la Vela

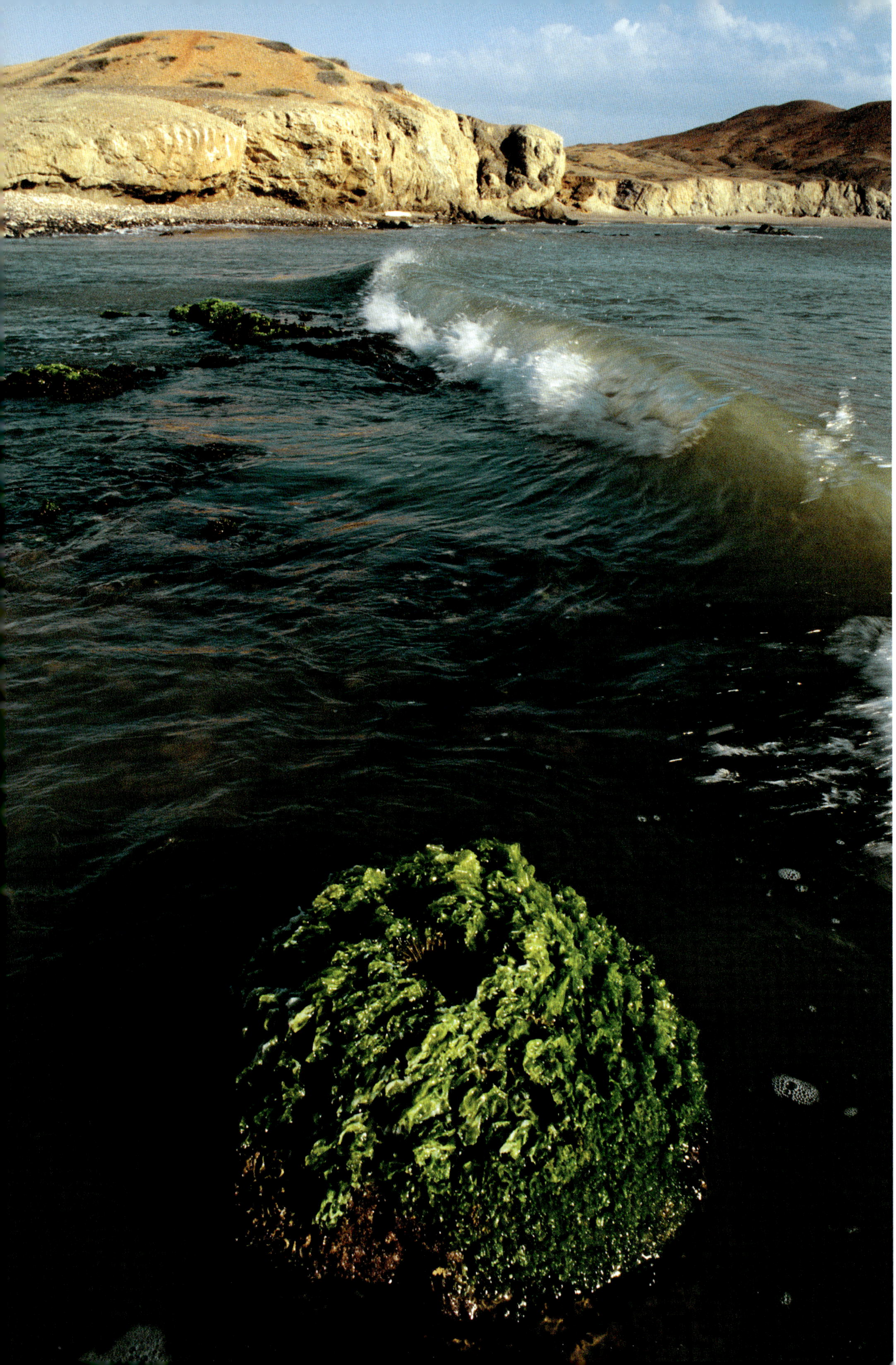

Cabo de la Vela

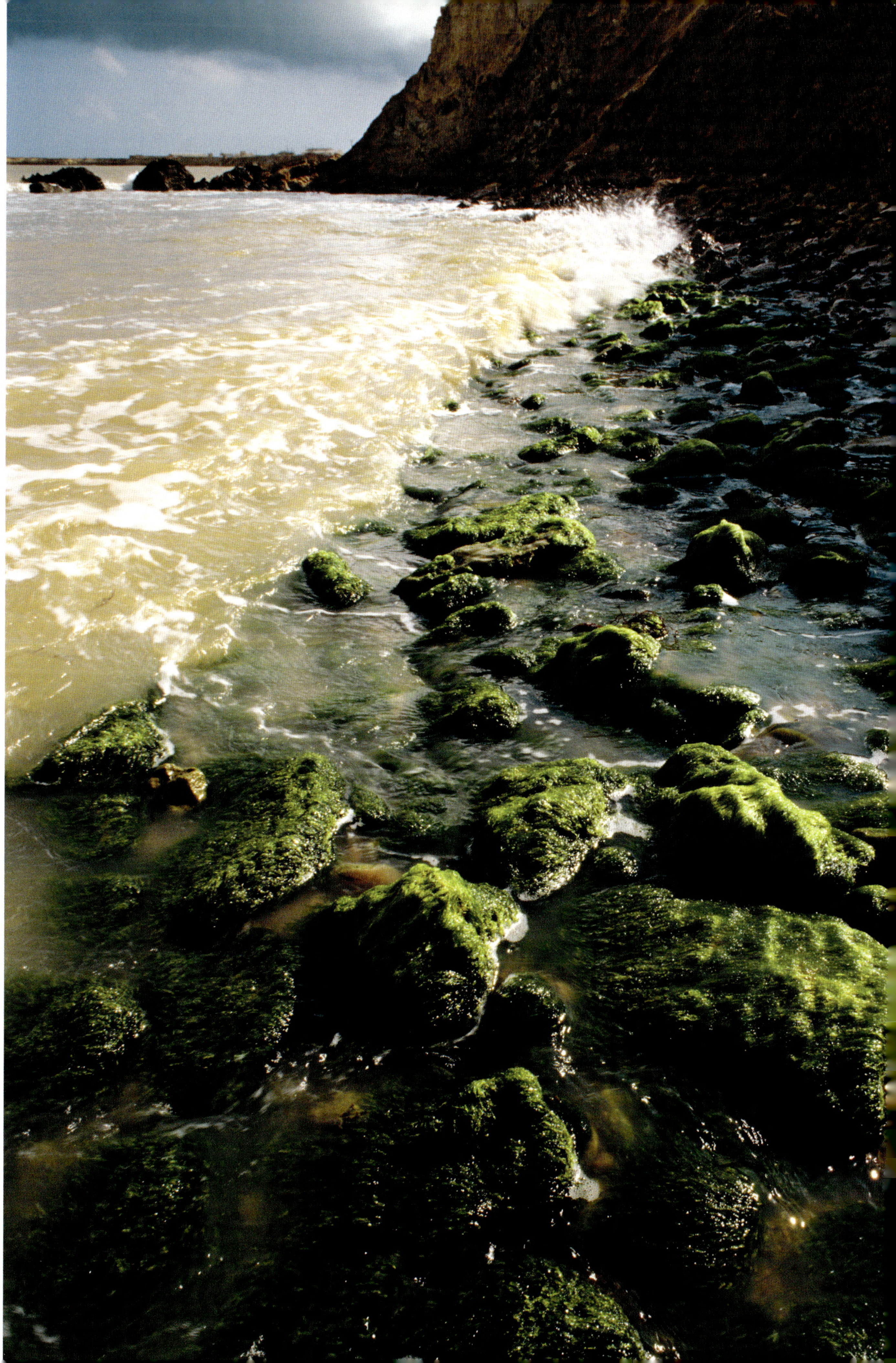

Puerto Estrella

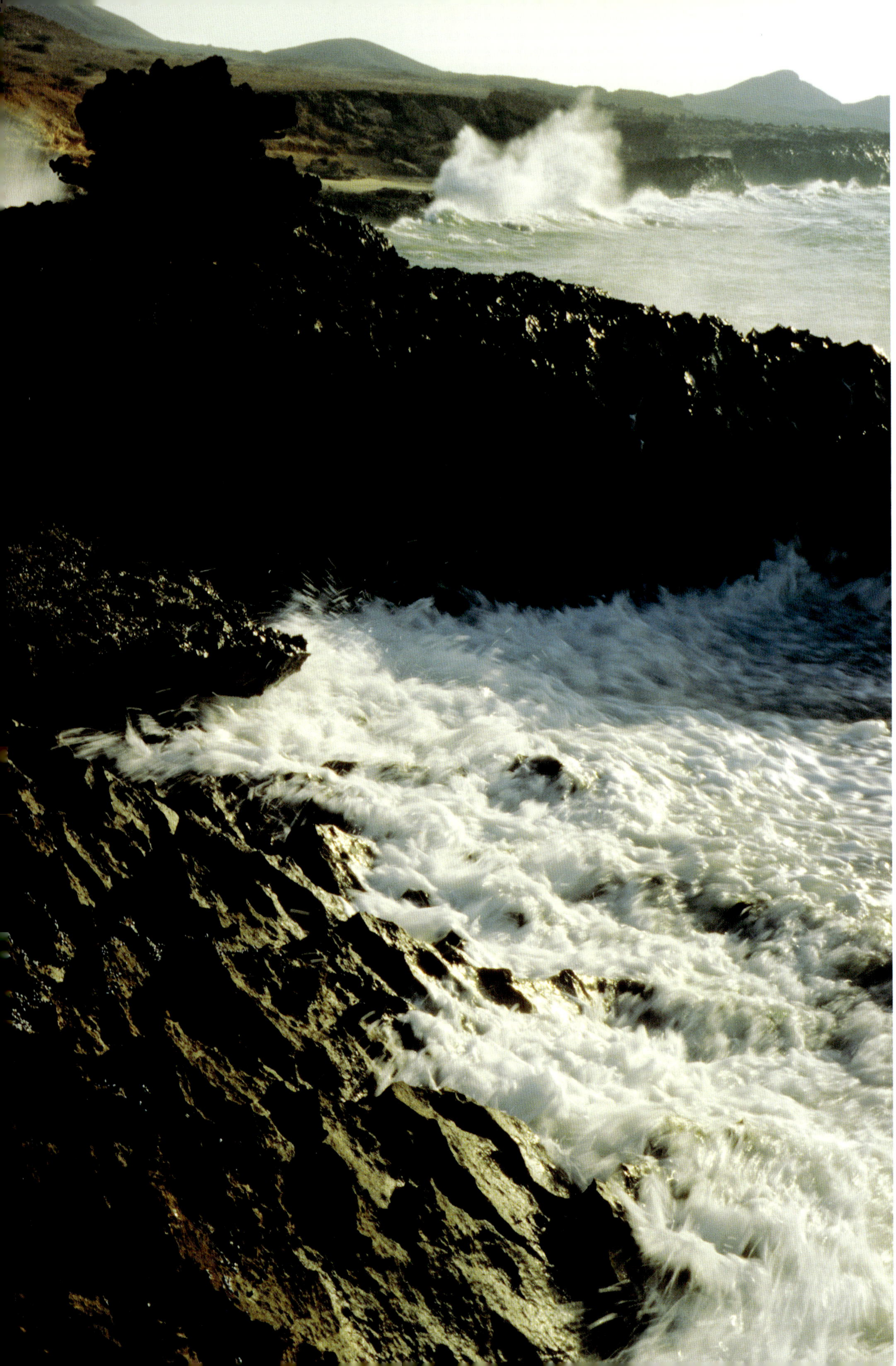

Cabo de la Vela

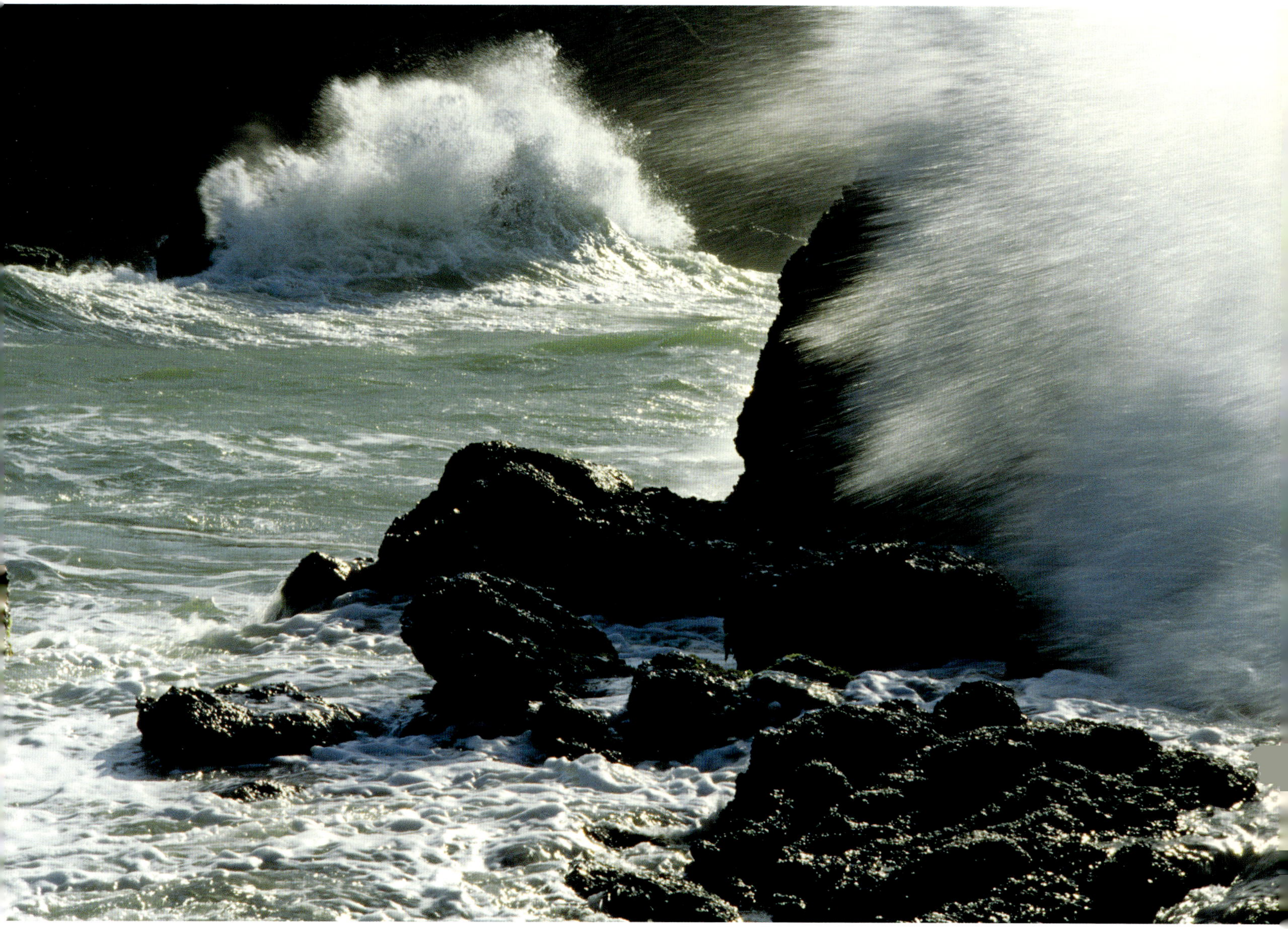

Cabo de la Vela

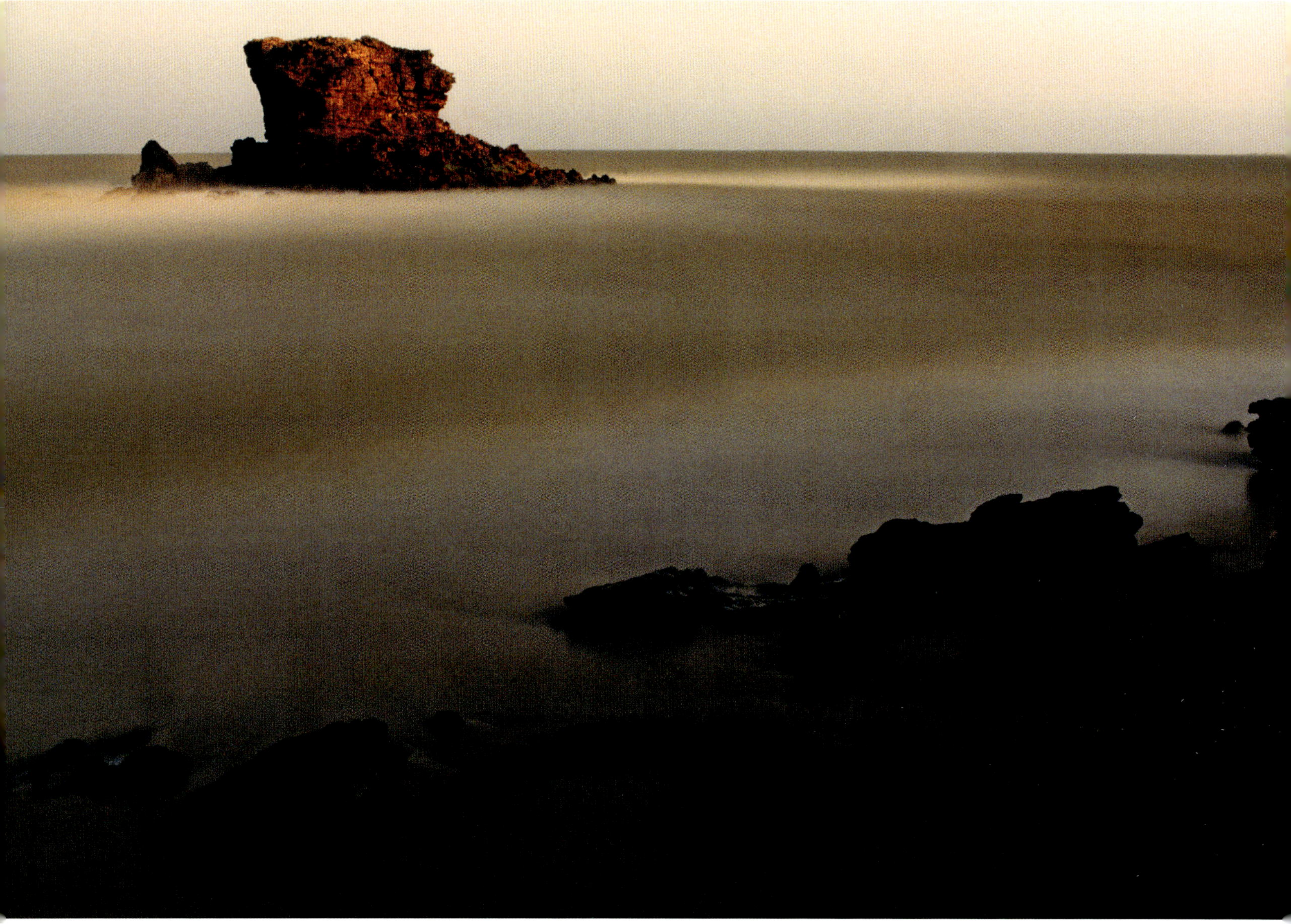

Castilletes

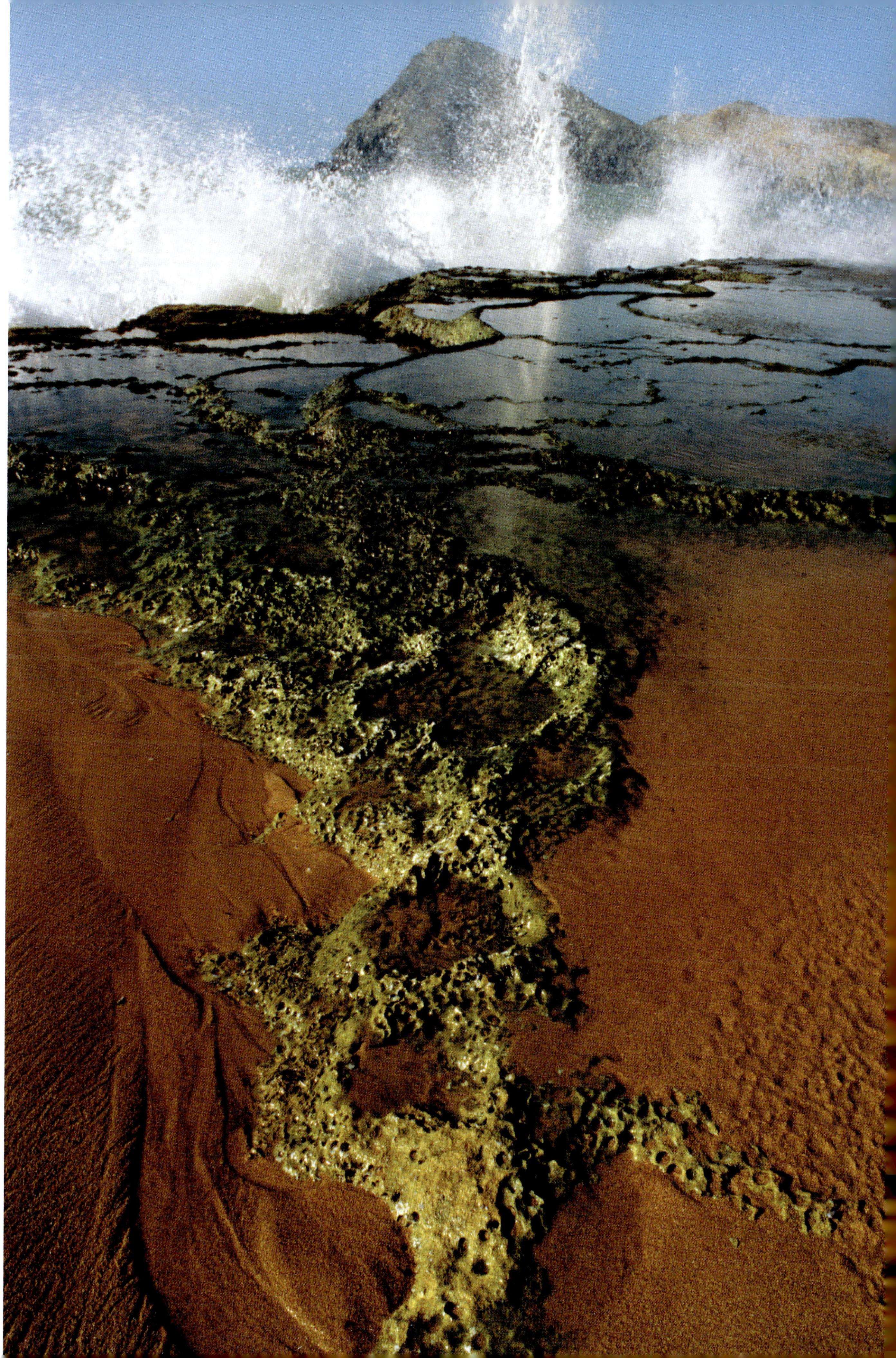

Cabo de la Vela

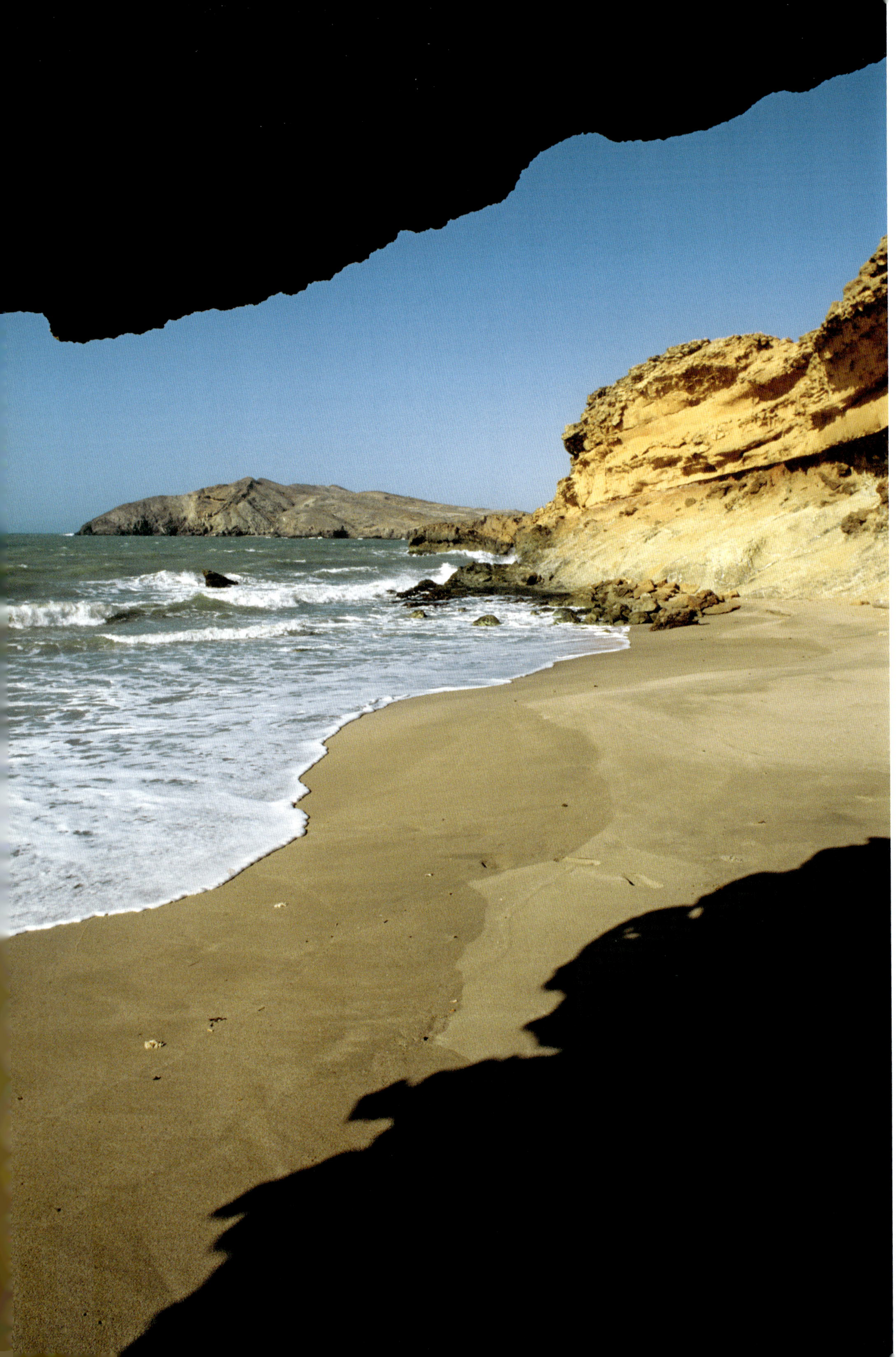

Cabo de la Vela

Páginas siguientes
Puerto López

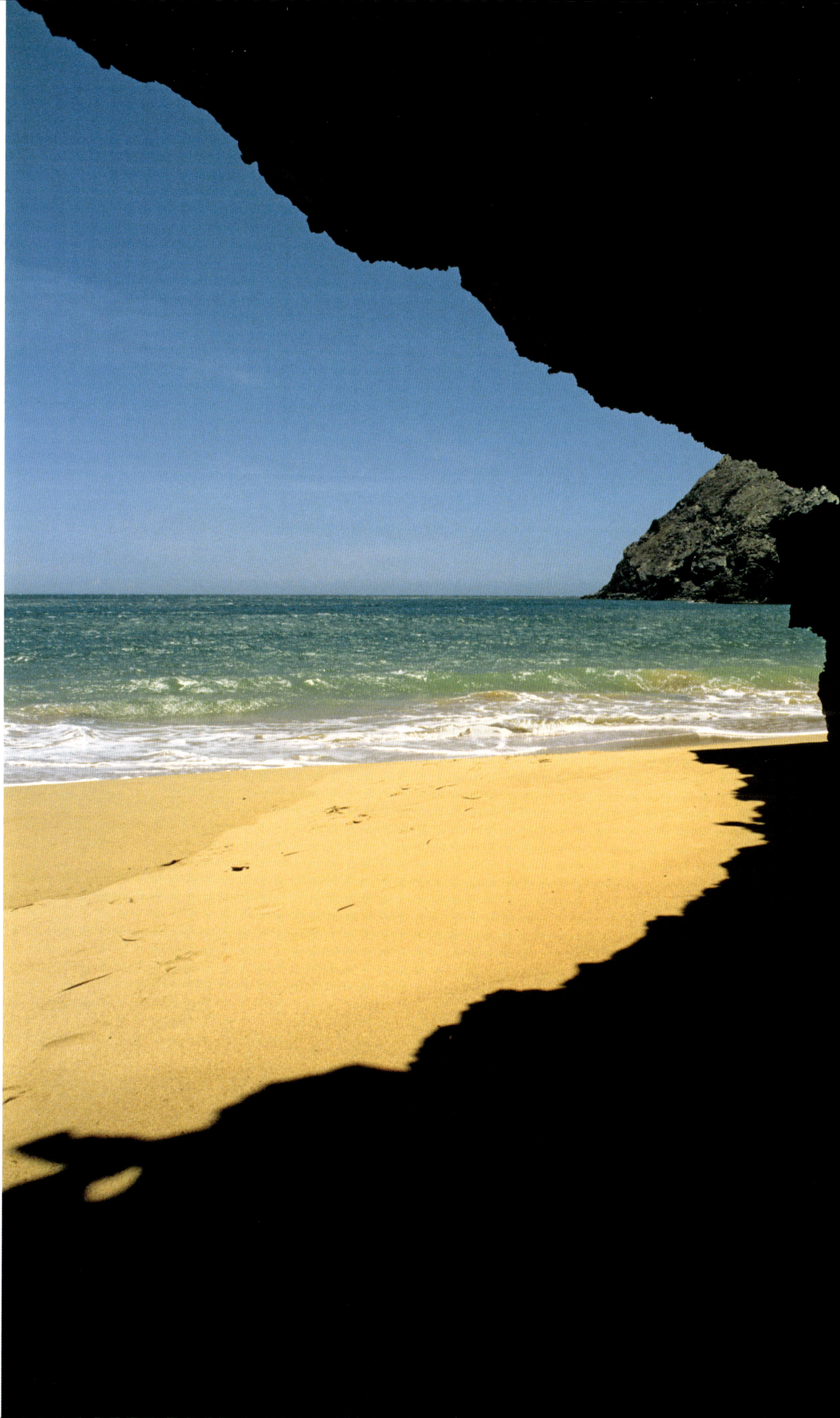

Cabo de la Vela

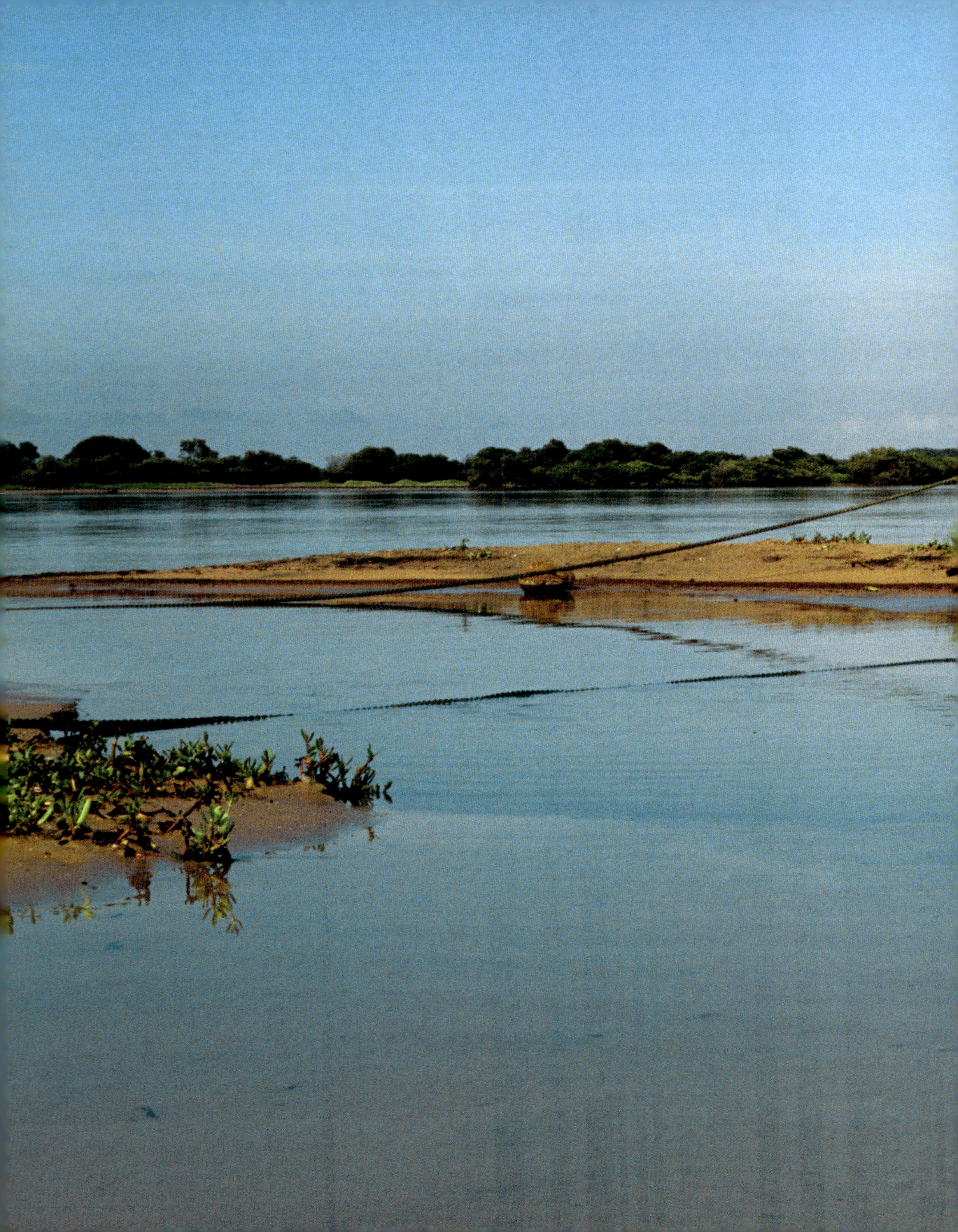

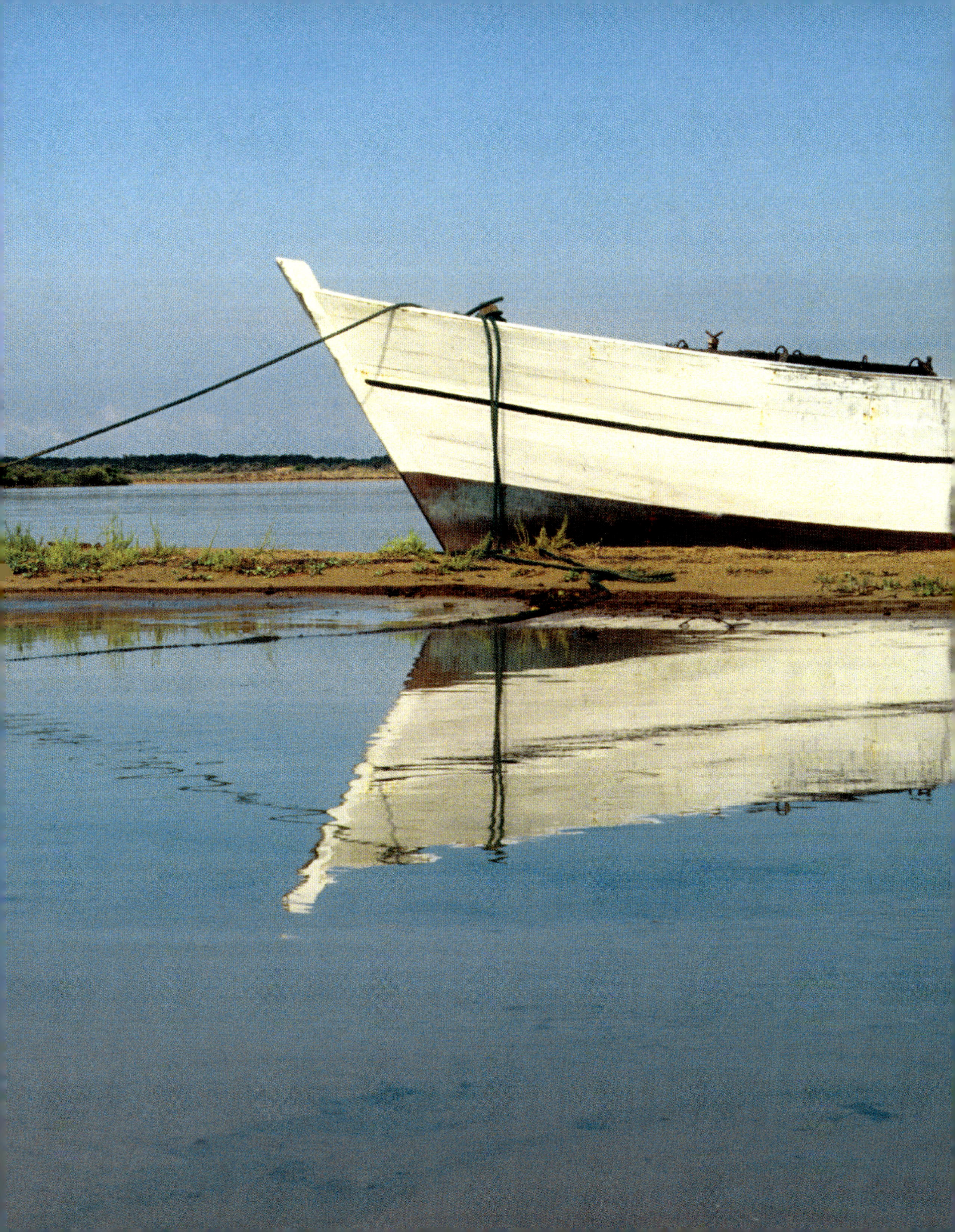

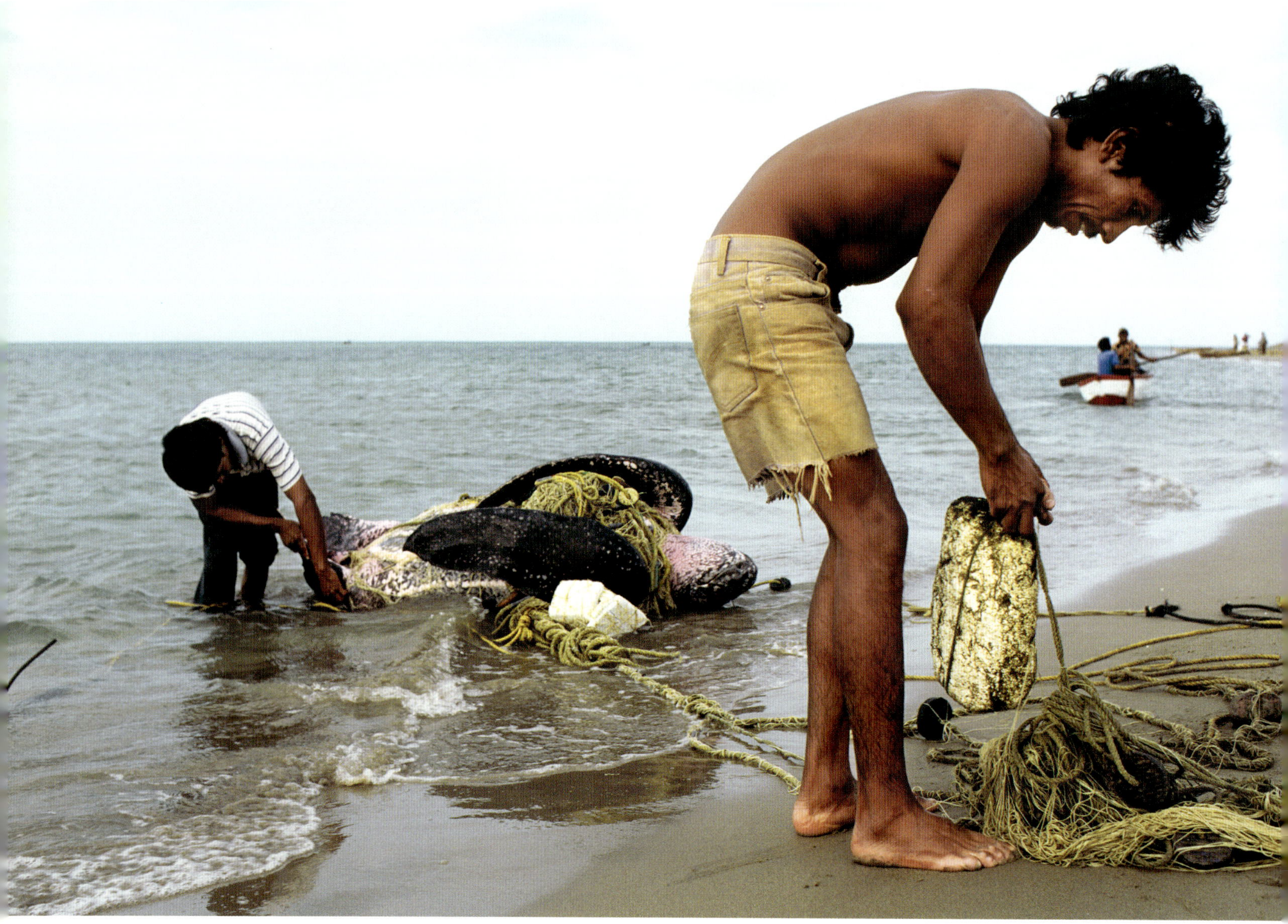

Cabo de la Vela

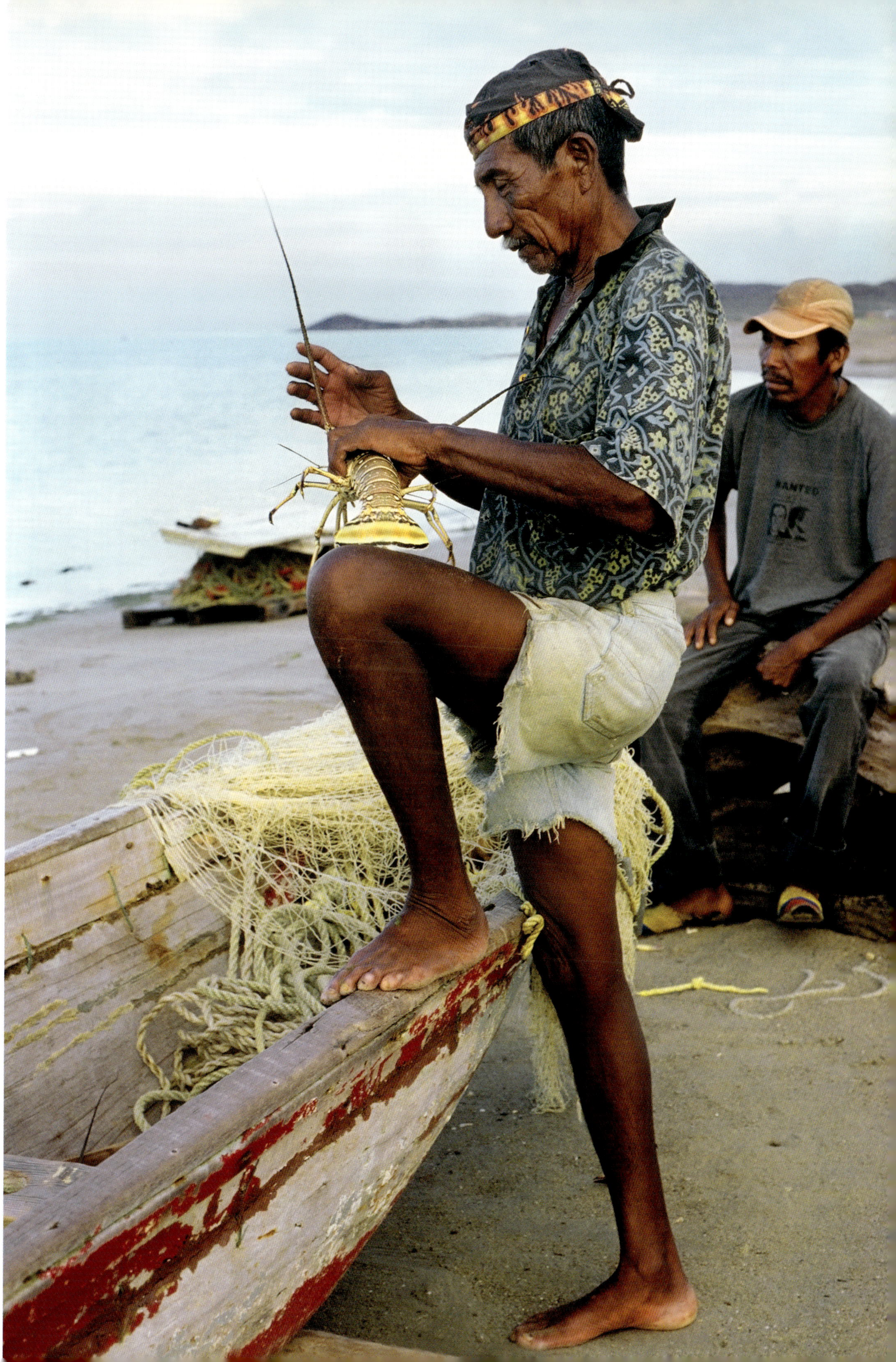

Cabo de la Vela

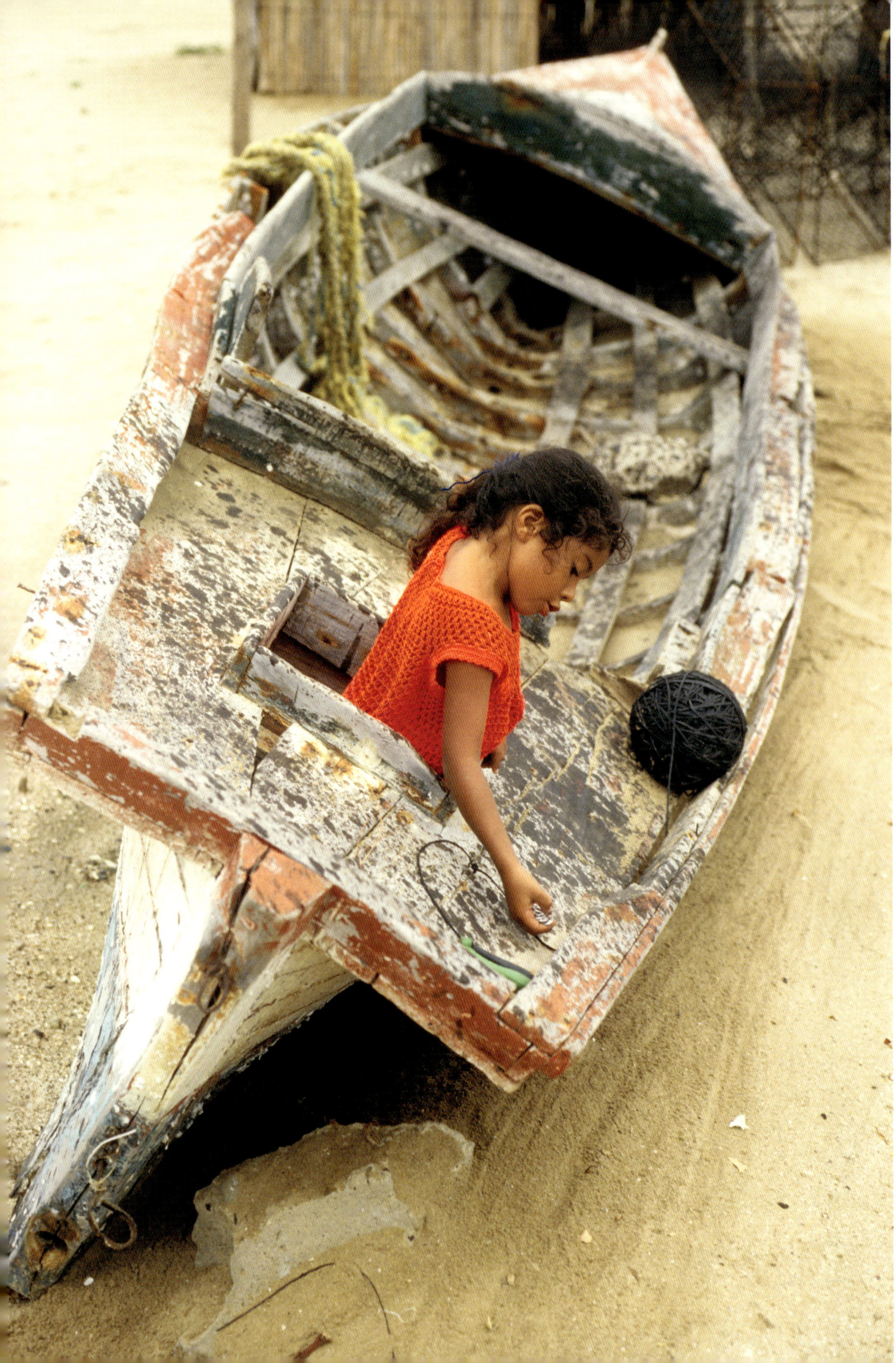

Cabo de la Vela

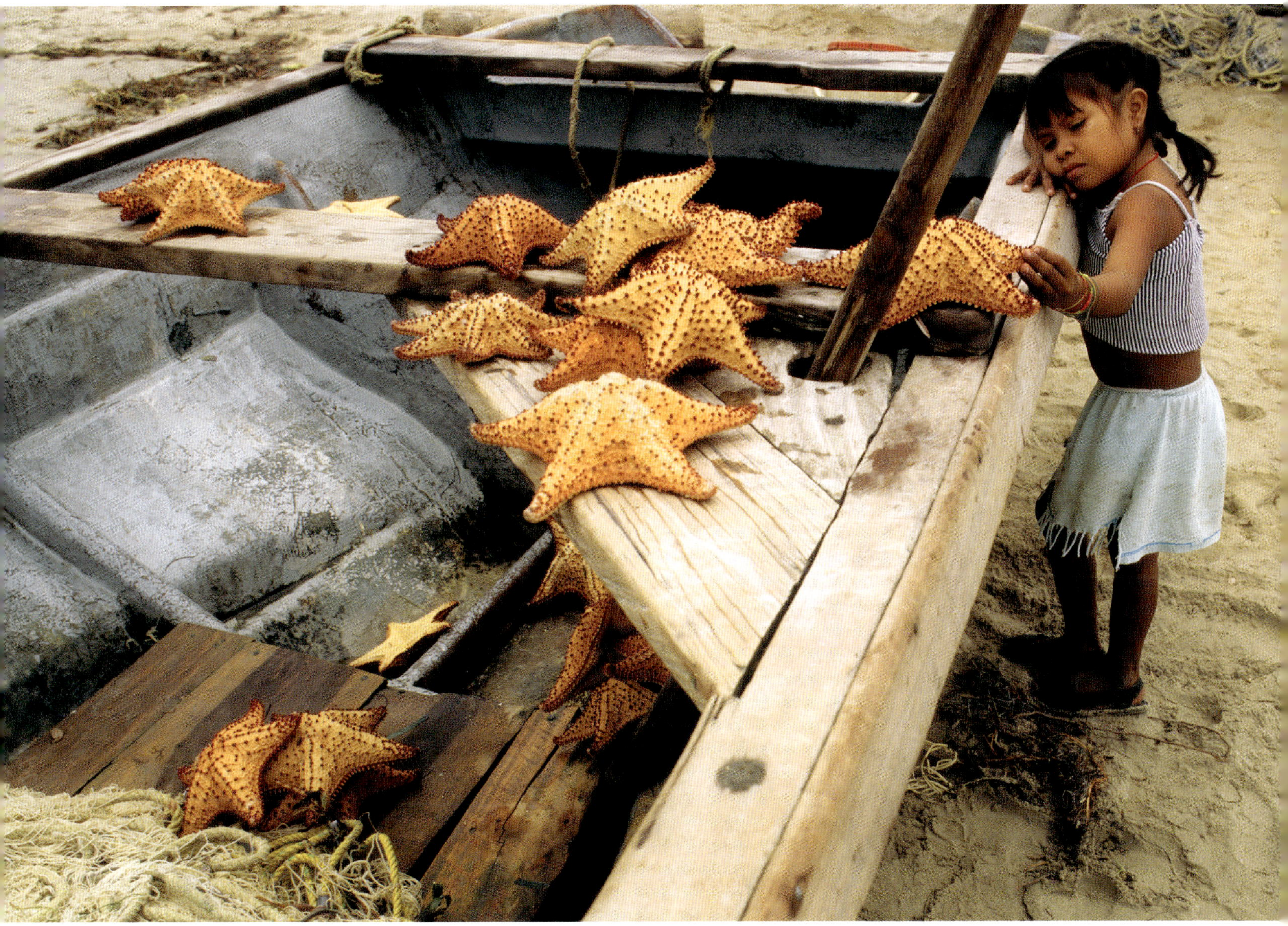

Villa Fátima

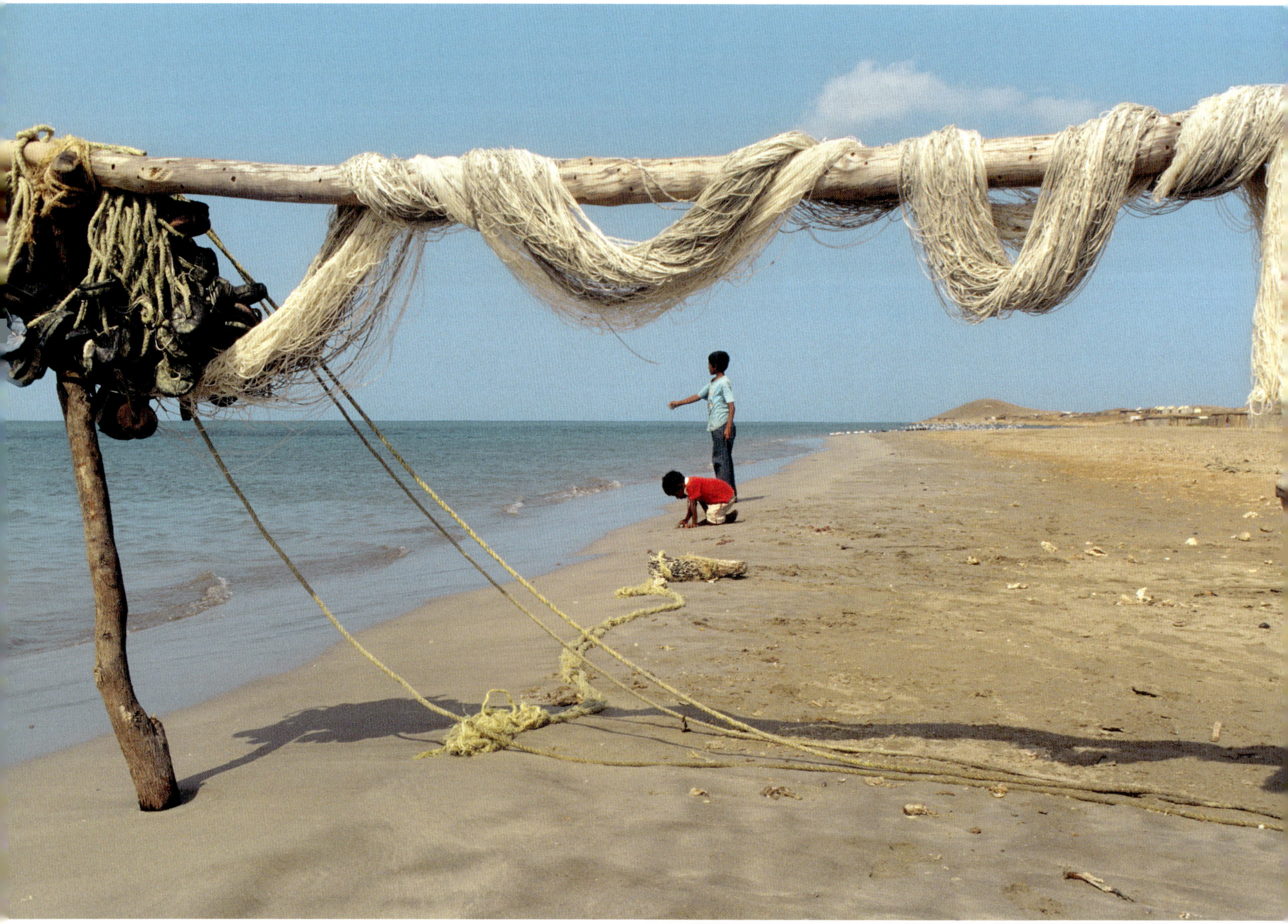

Cabo de la Vela

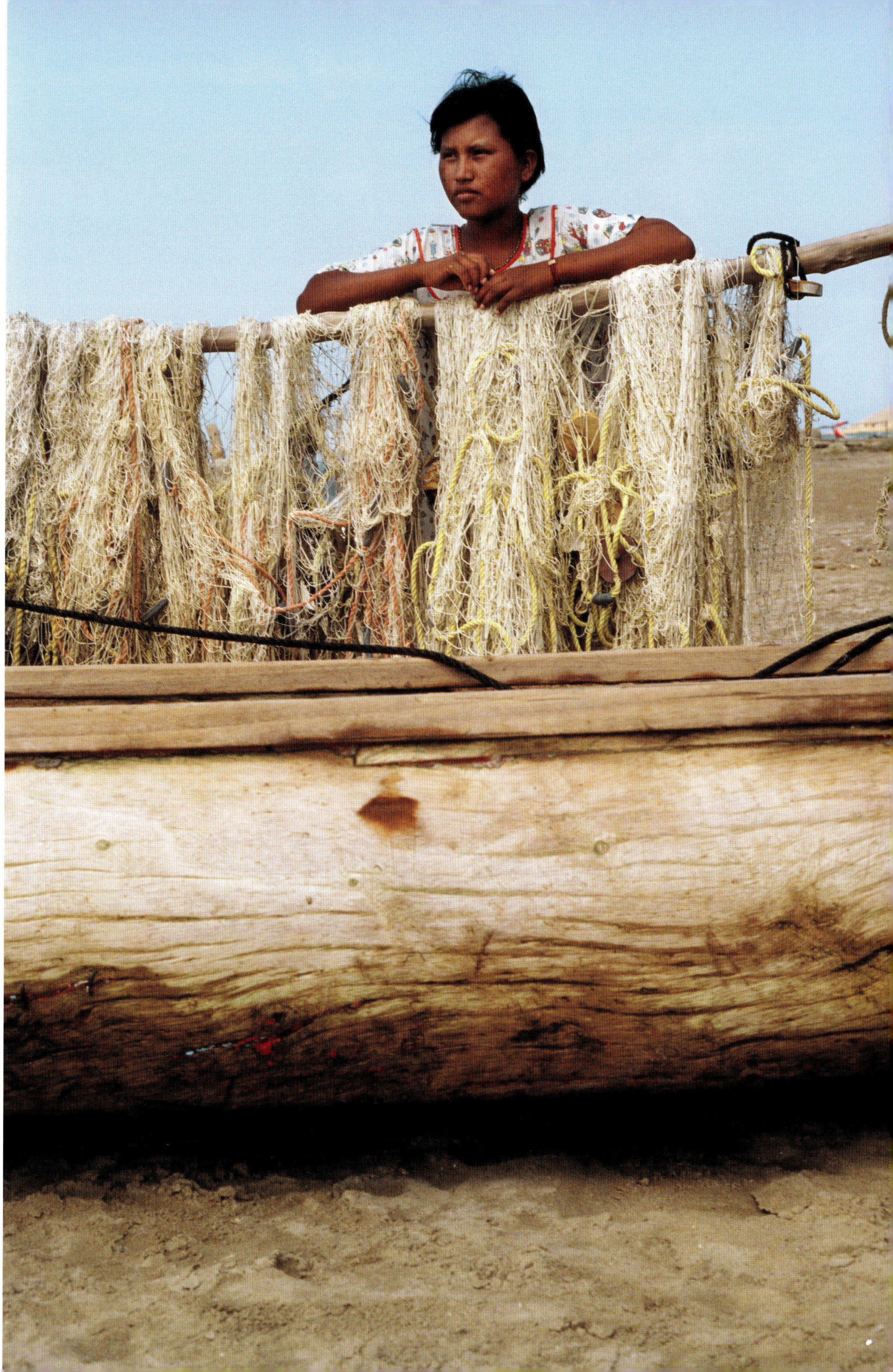

Cabo de la Vela

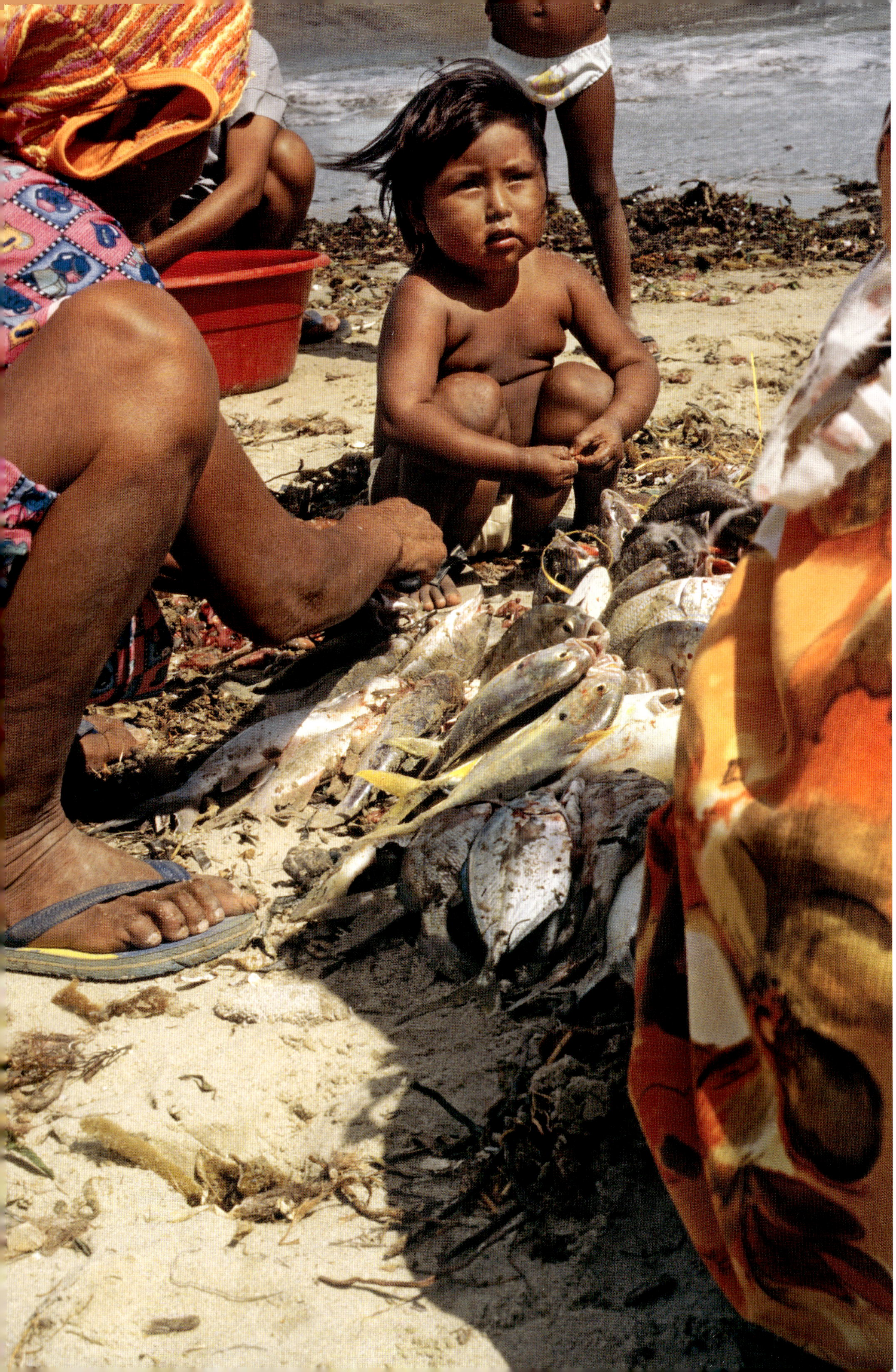

Cangrejito

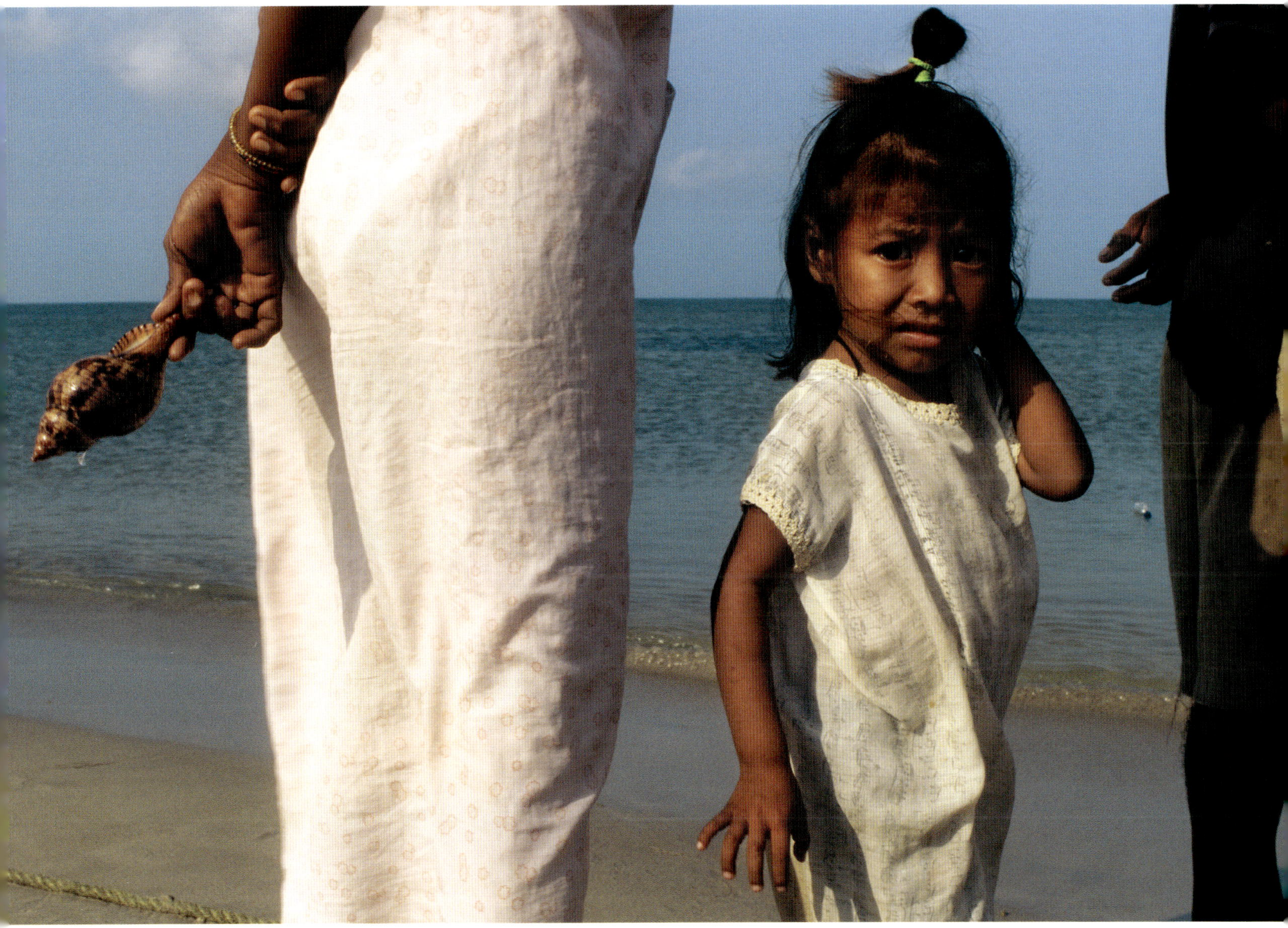
Cabo de la Vela

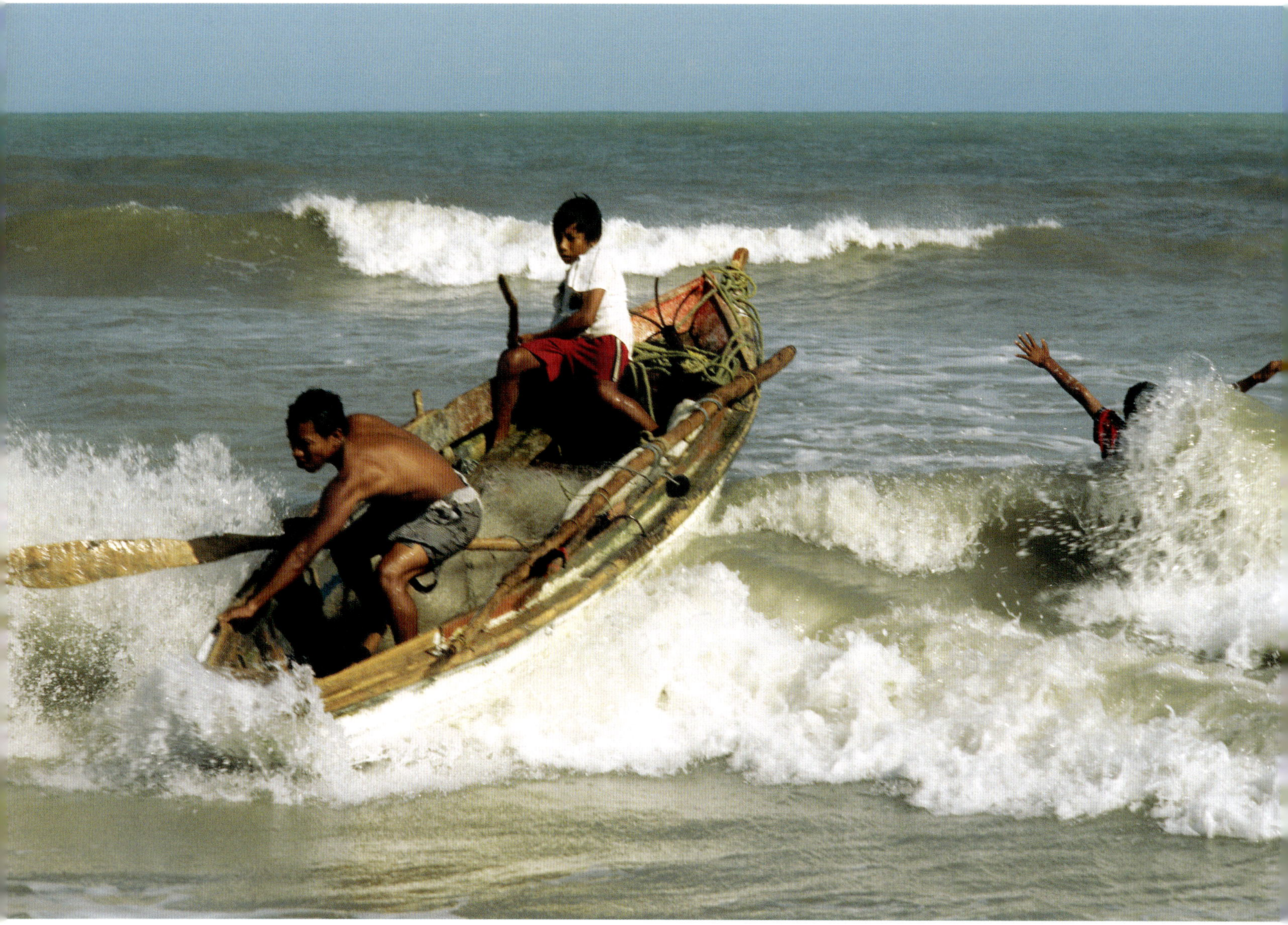

Cangrejito

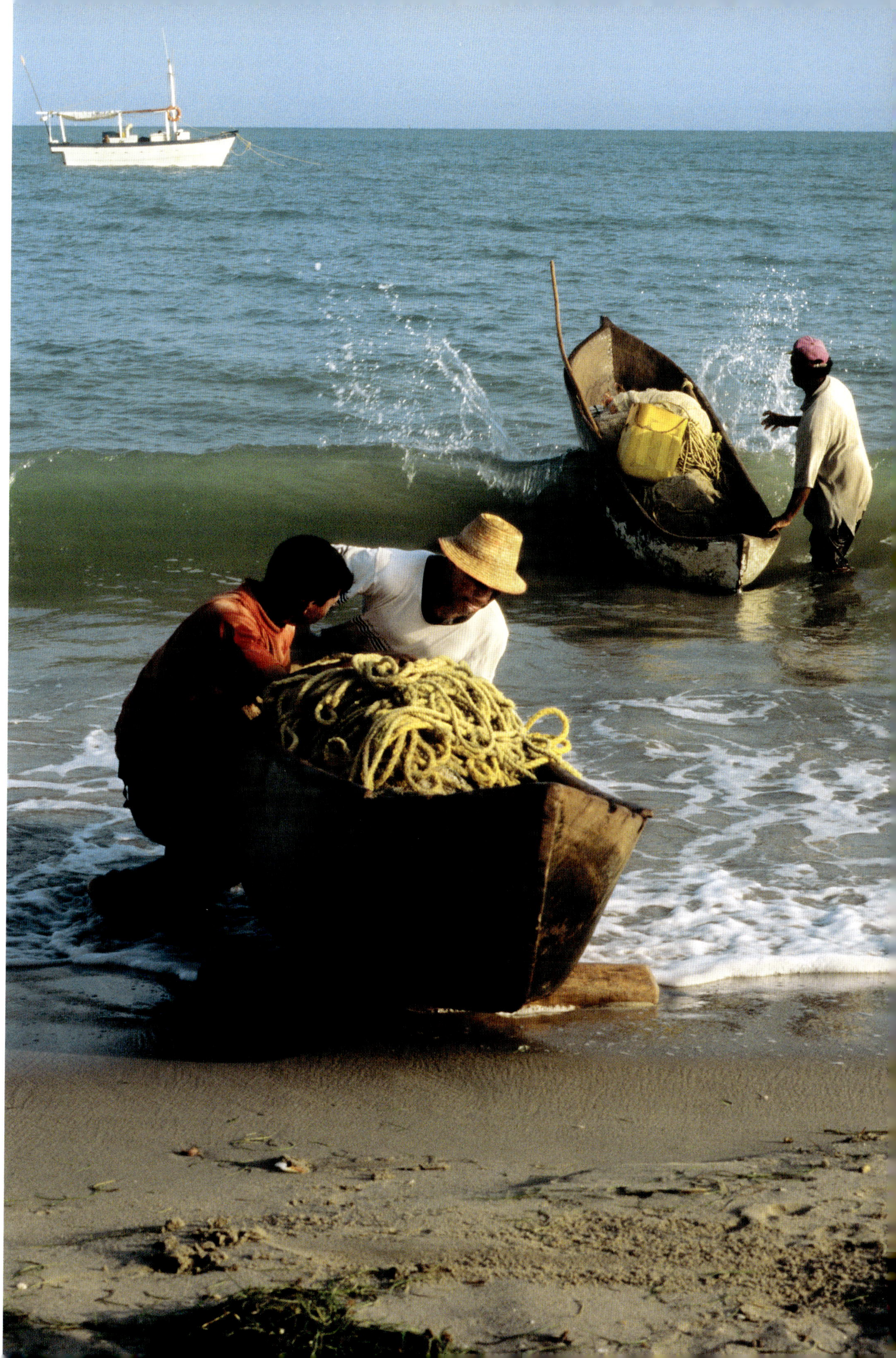

Cangrejito

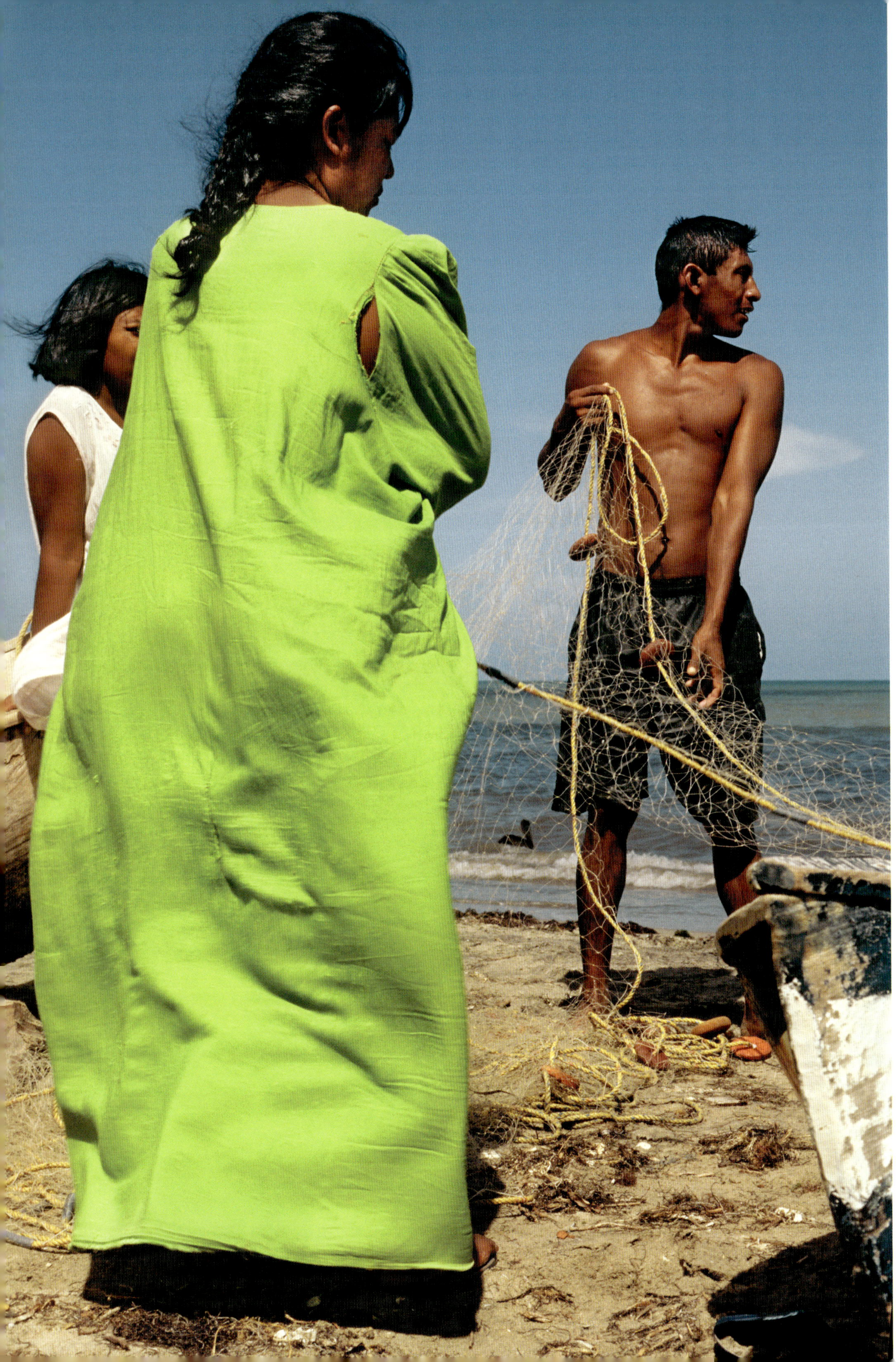

Cangrejito

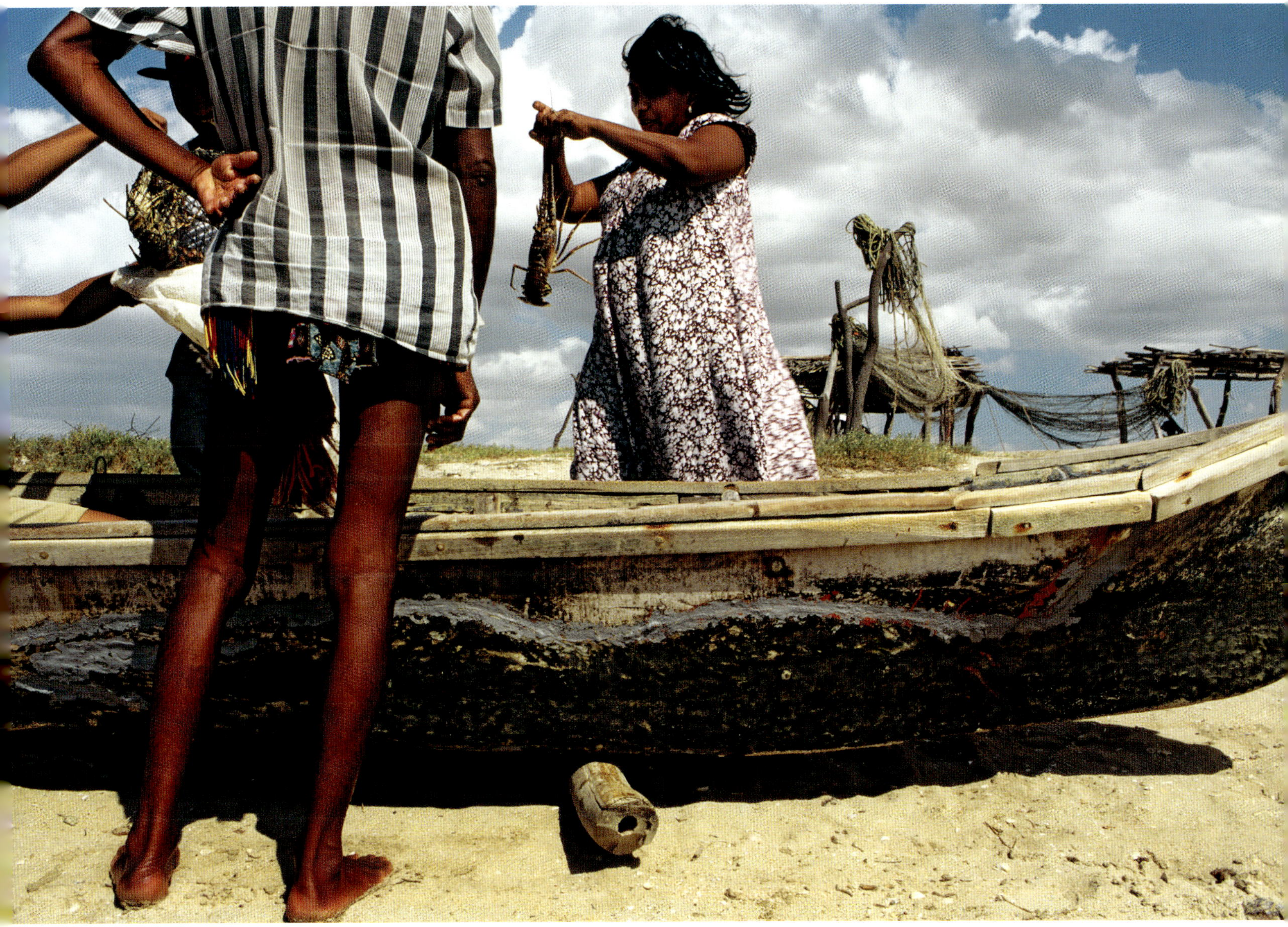

Carrizal

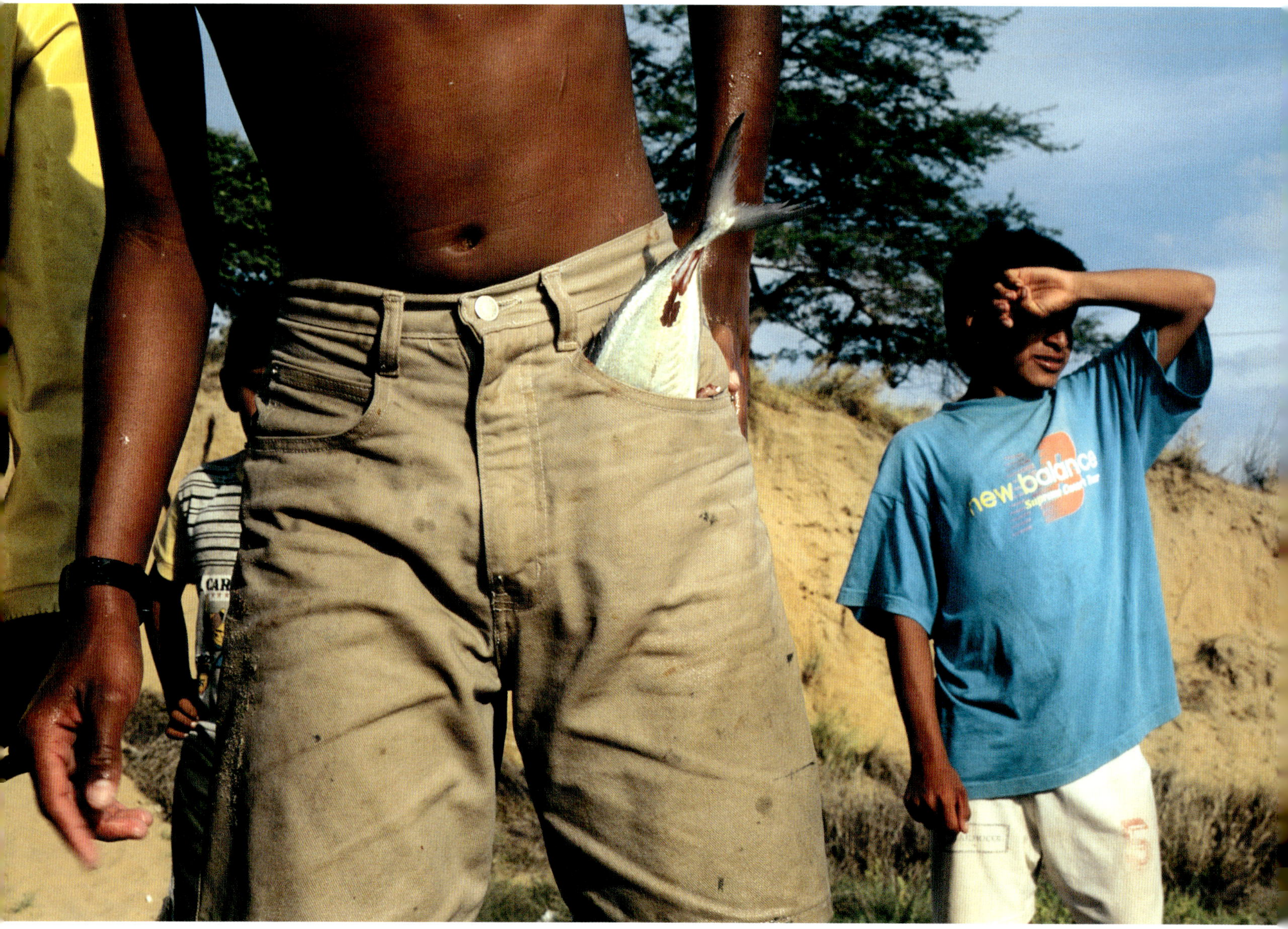

Riohacha

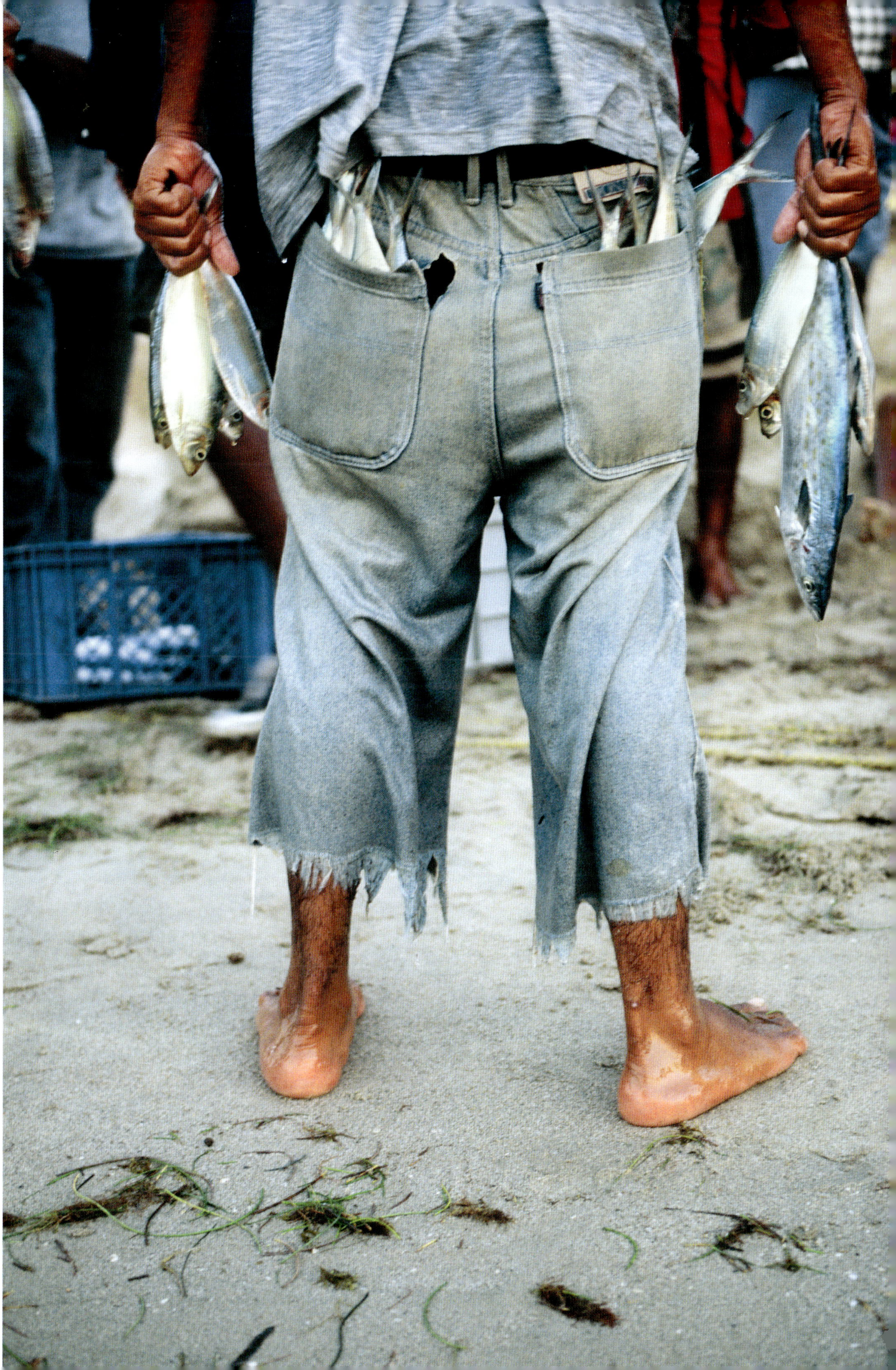

Riohacha

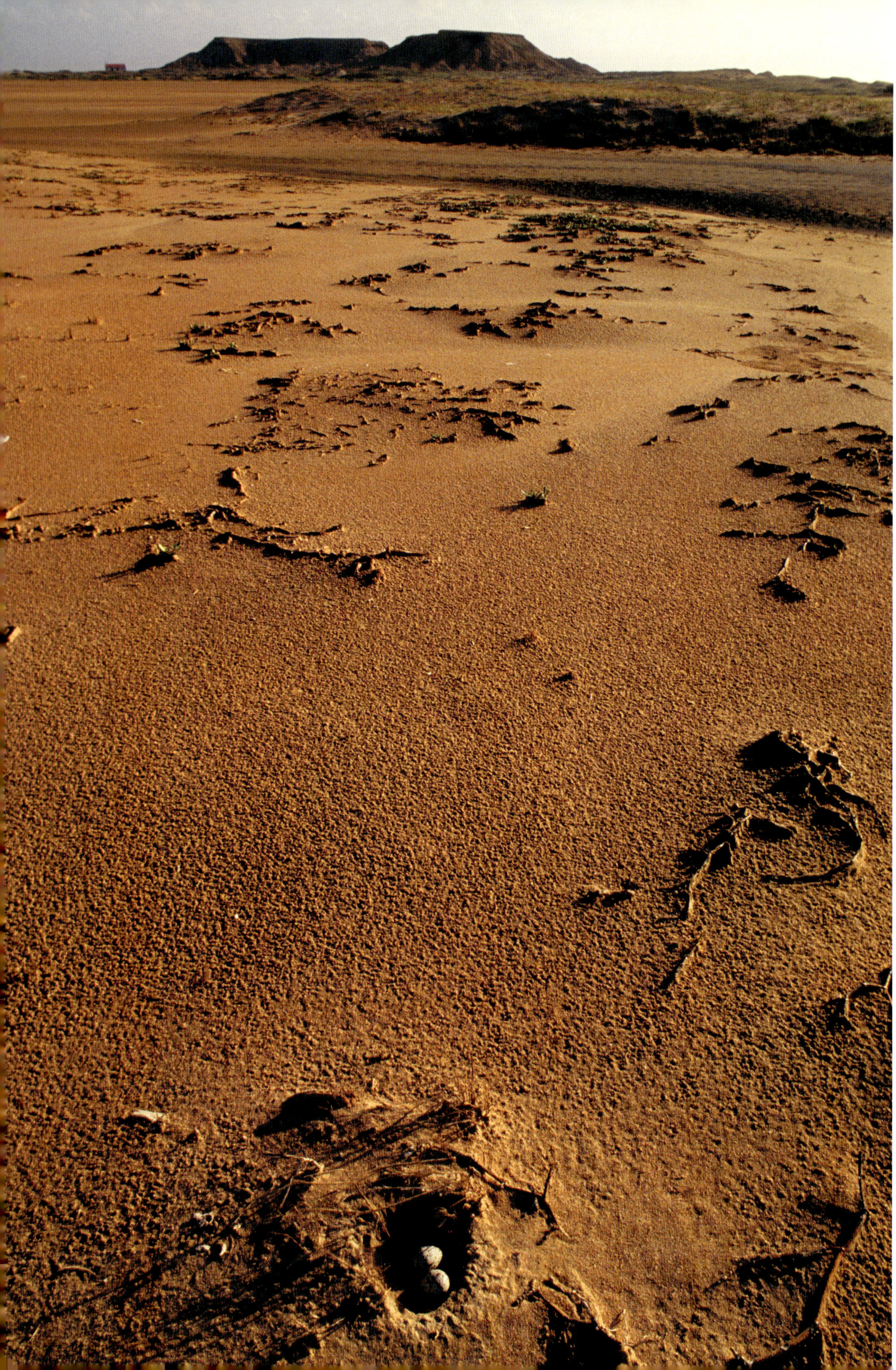

Castilletes

Páginas siguientes
Neimao

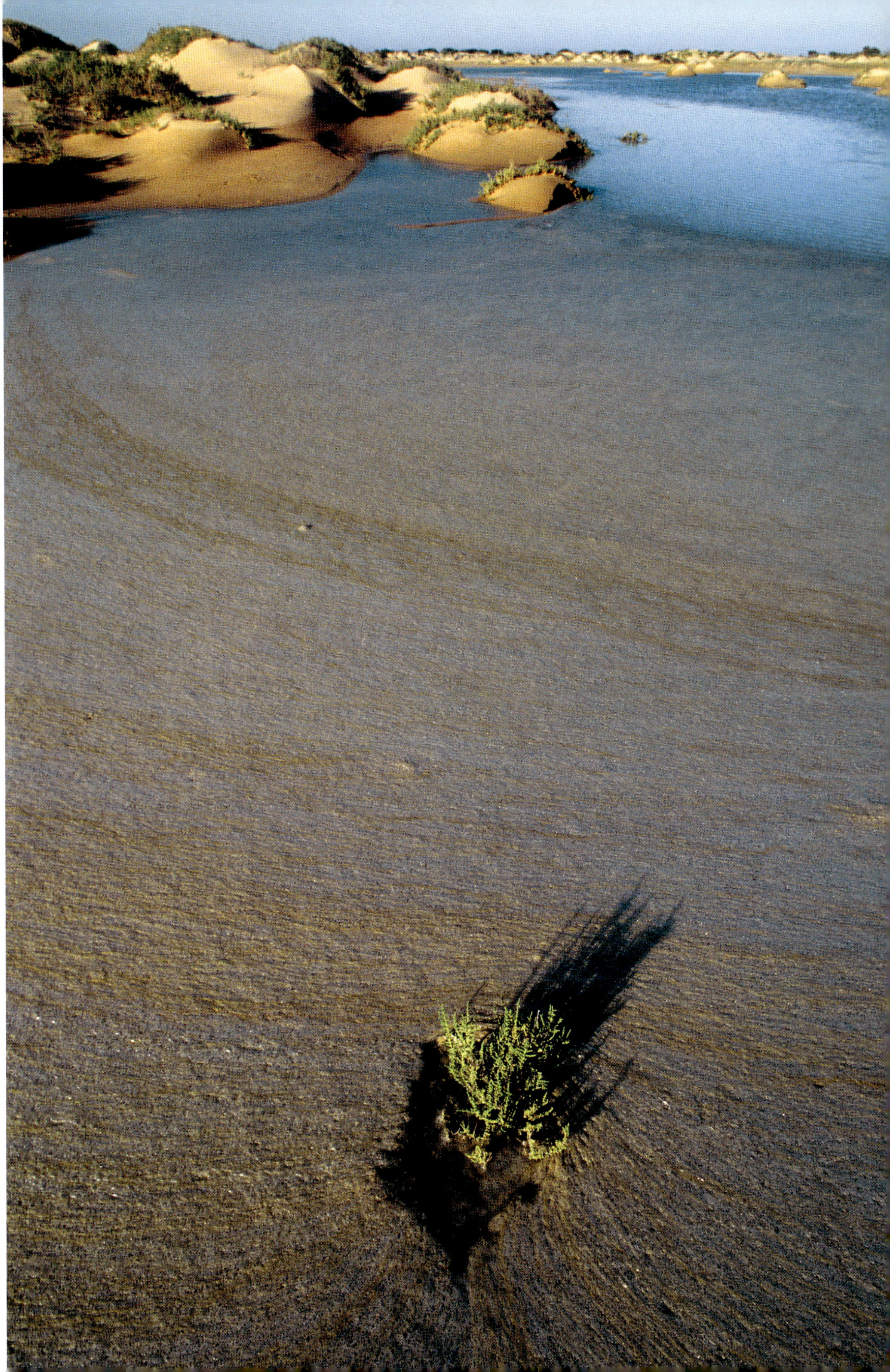

Puerto López

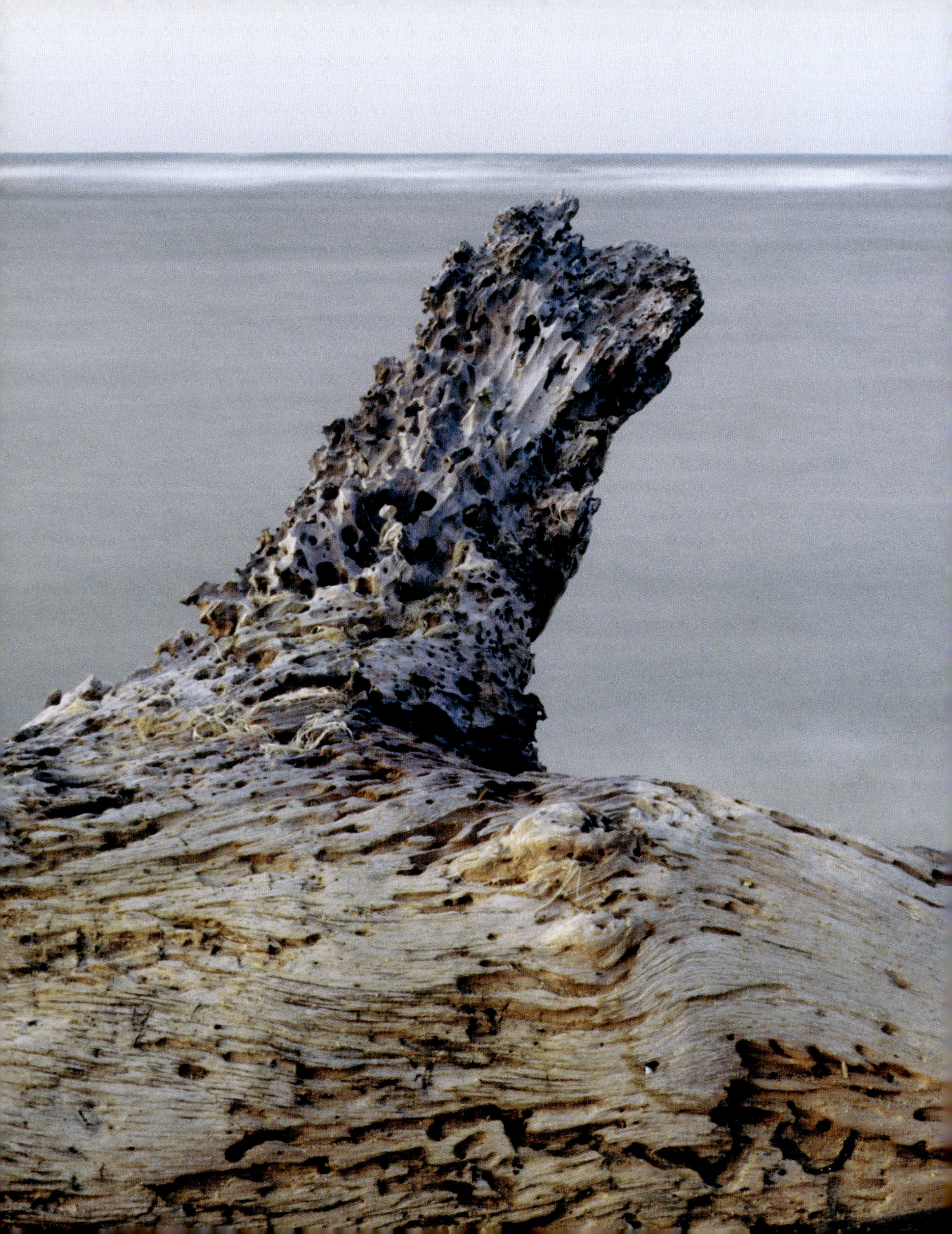

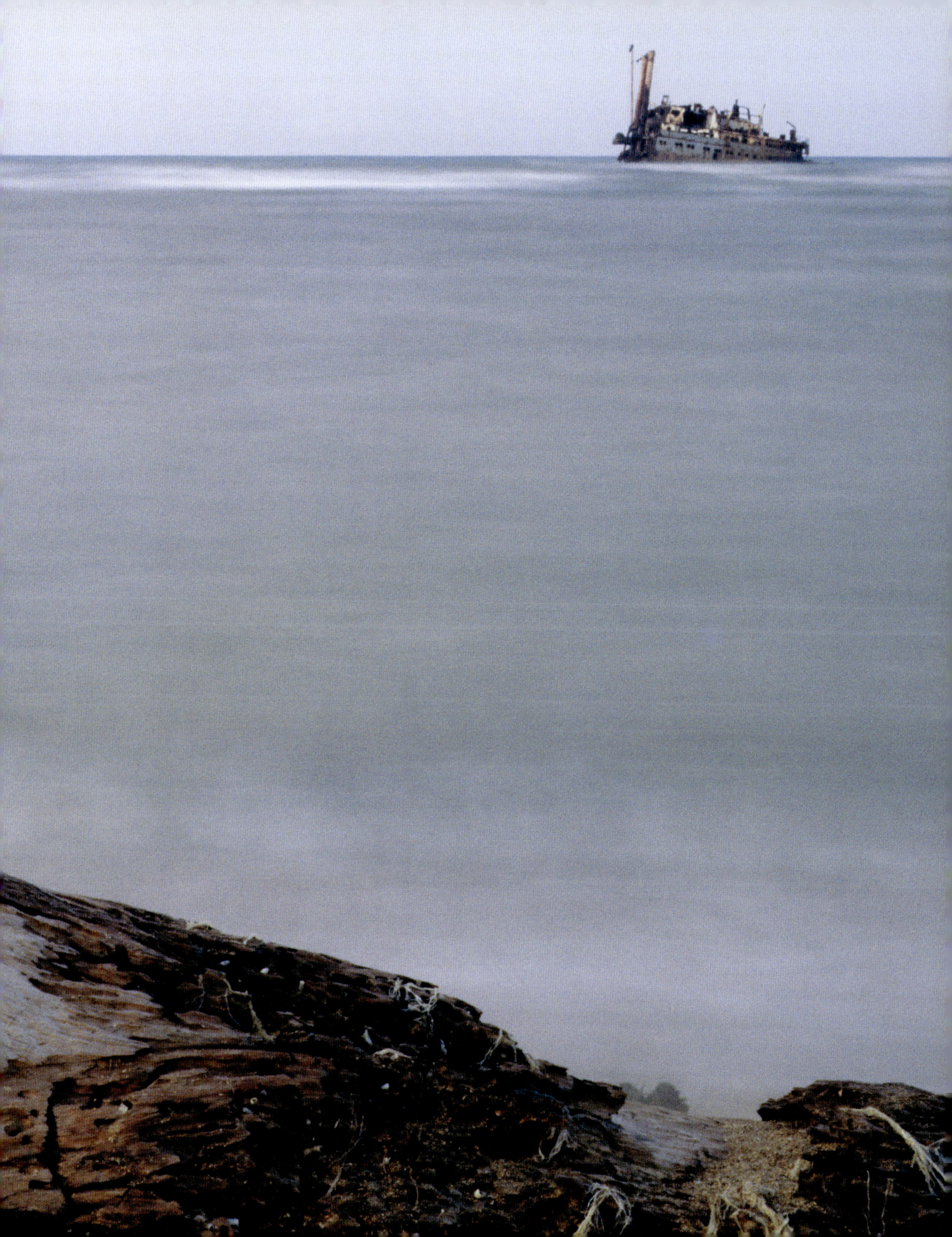

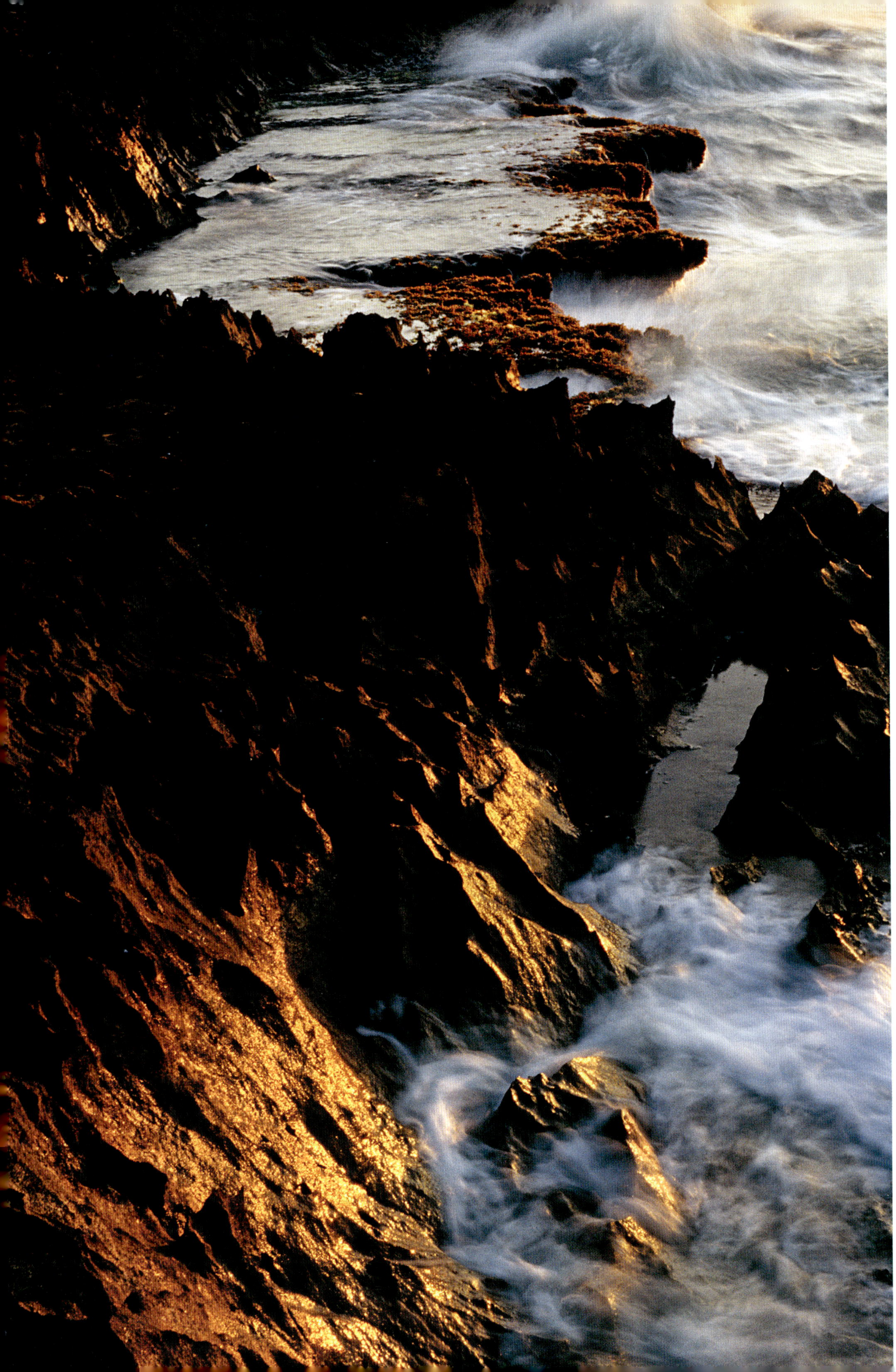

Cabo de la Vela

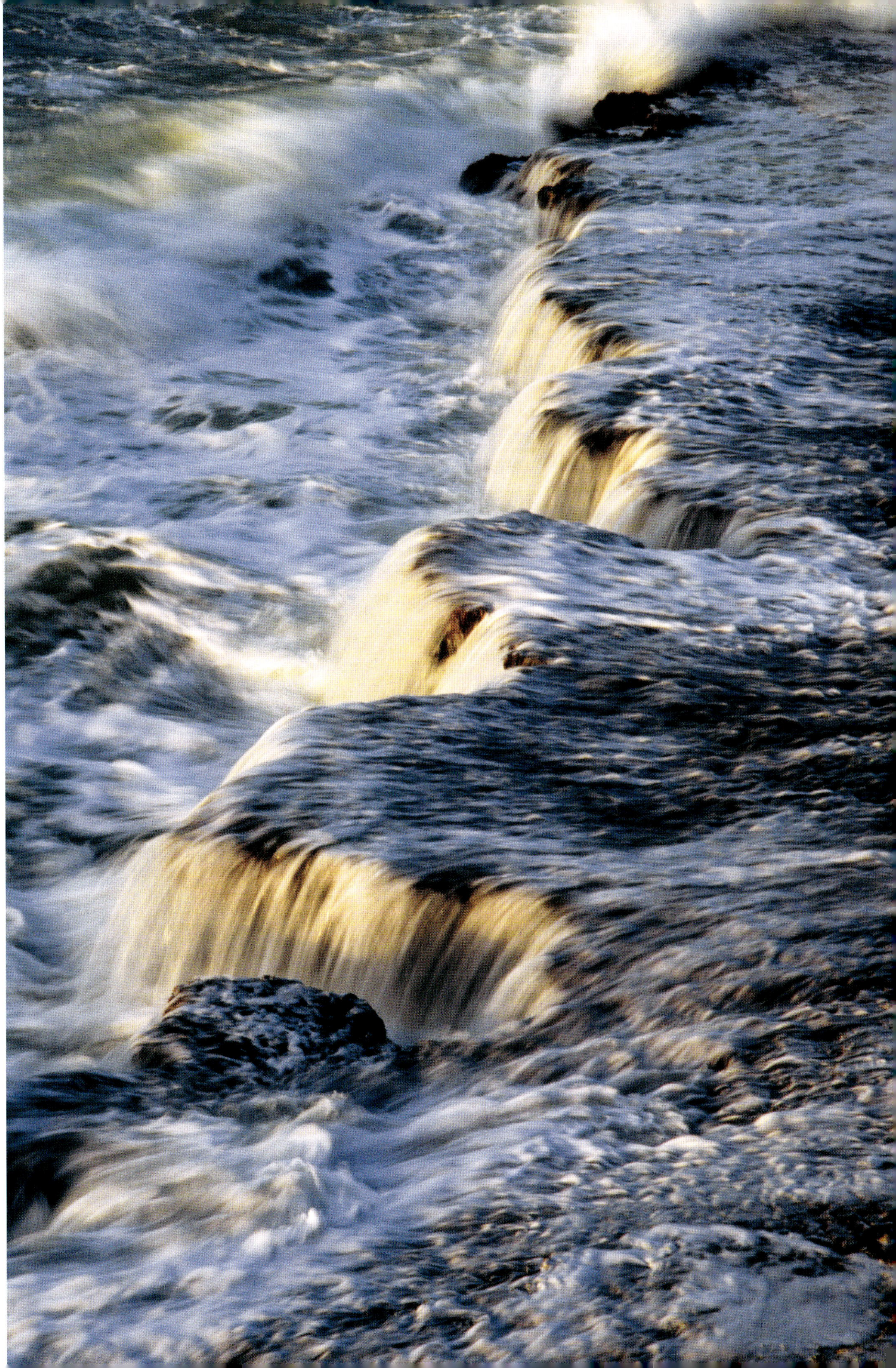

Cabo de la Vela

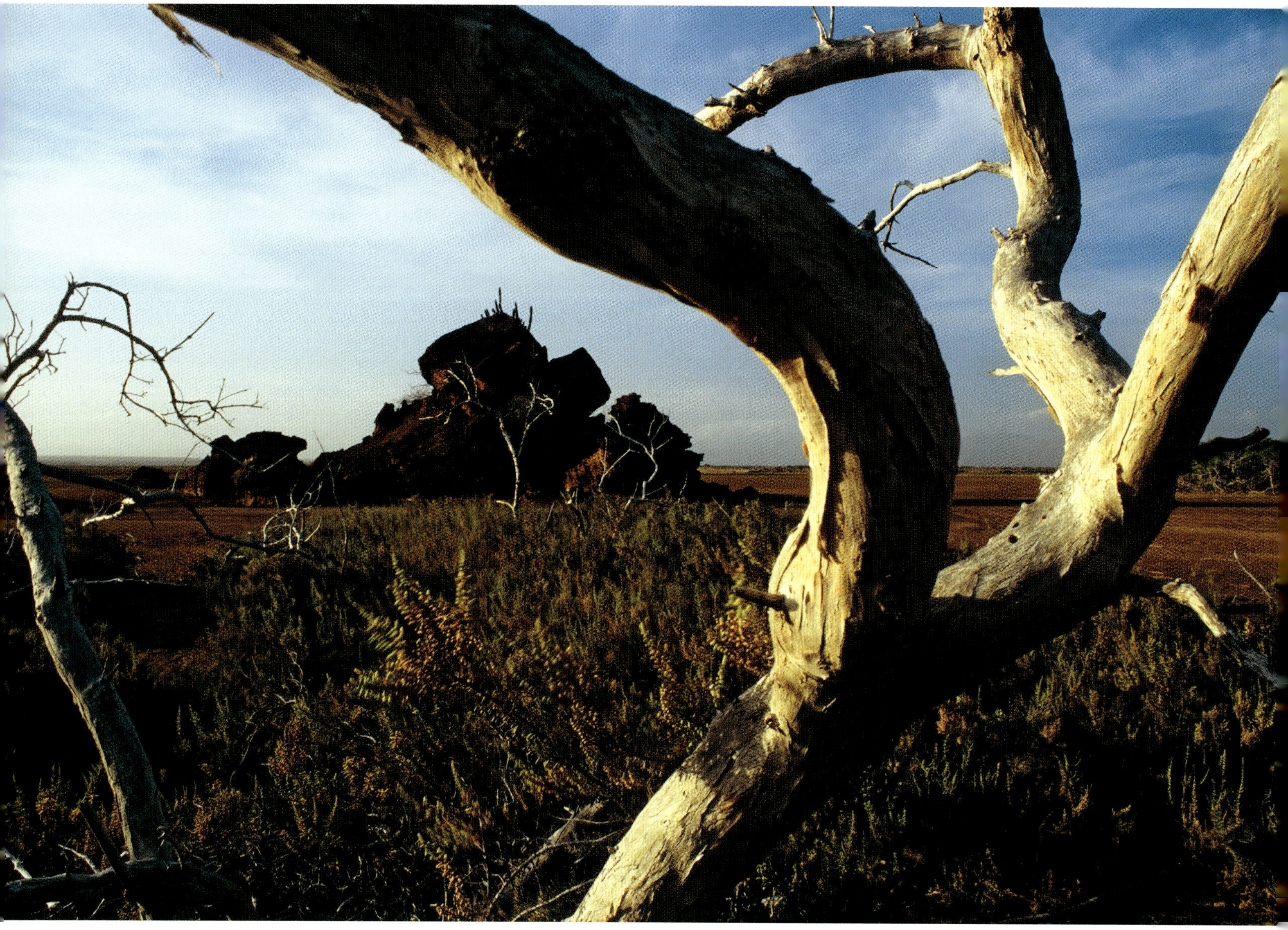

Warpana

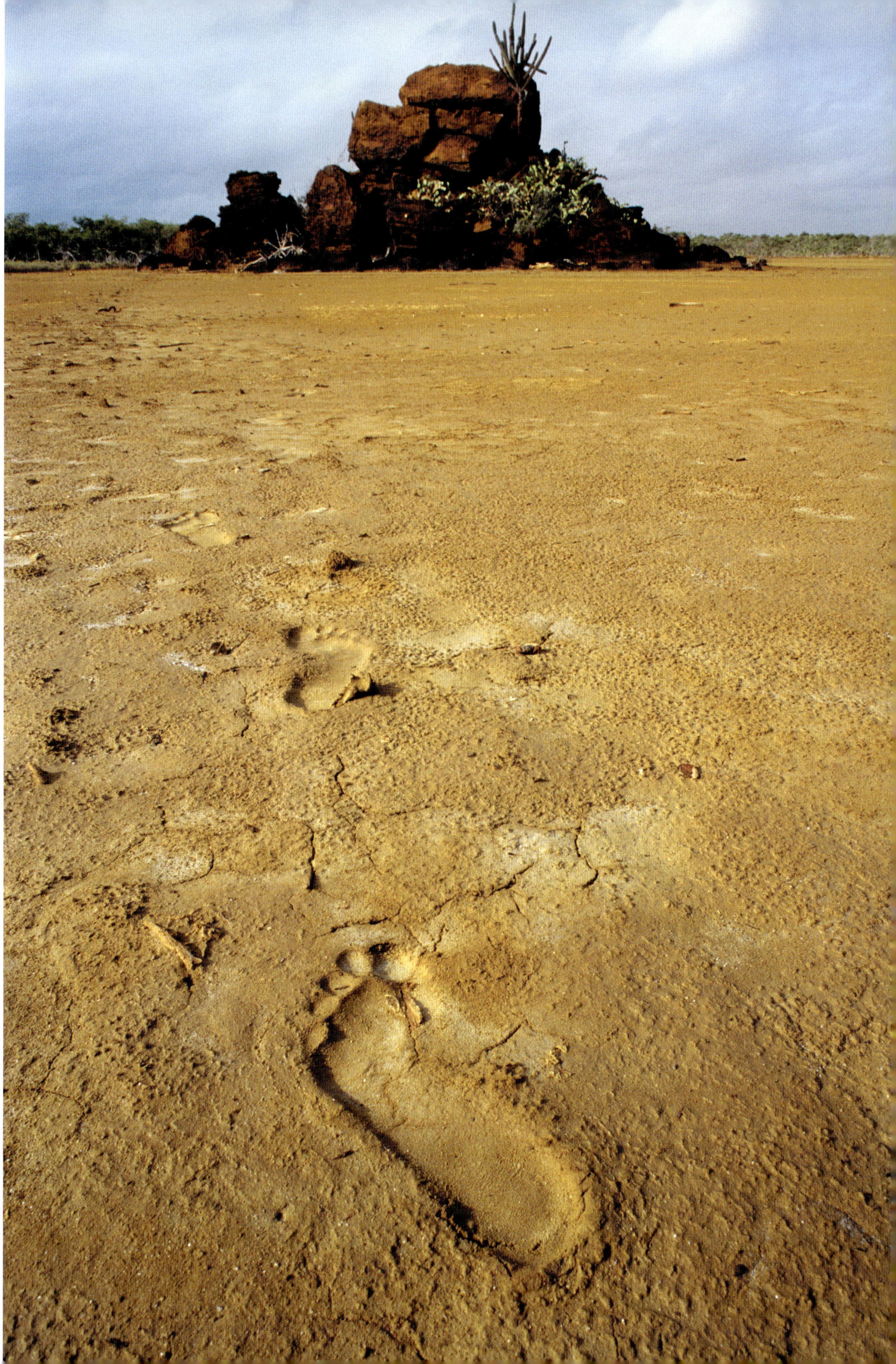

Warpana

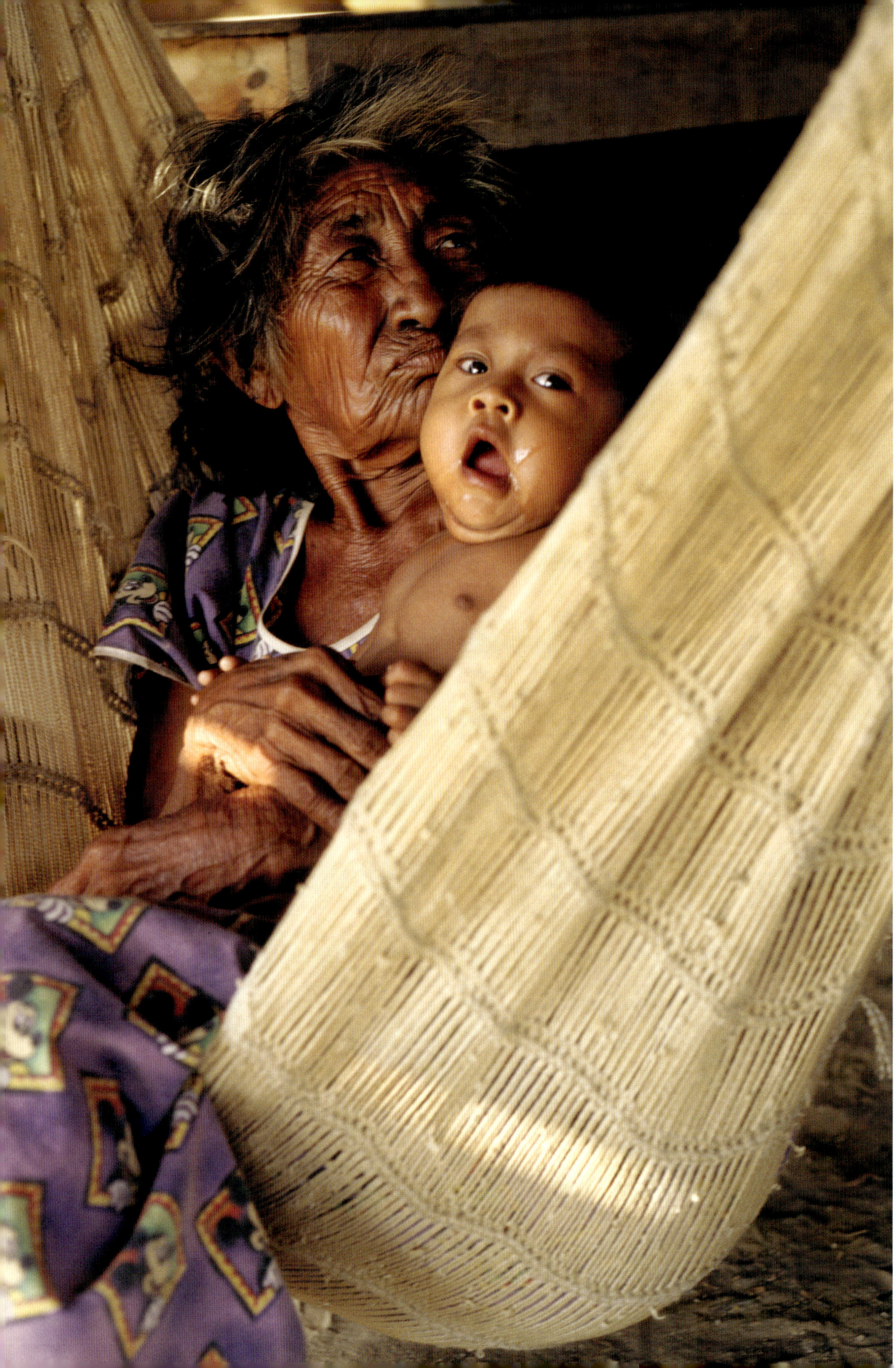

Punta Espada

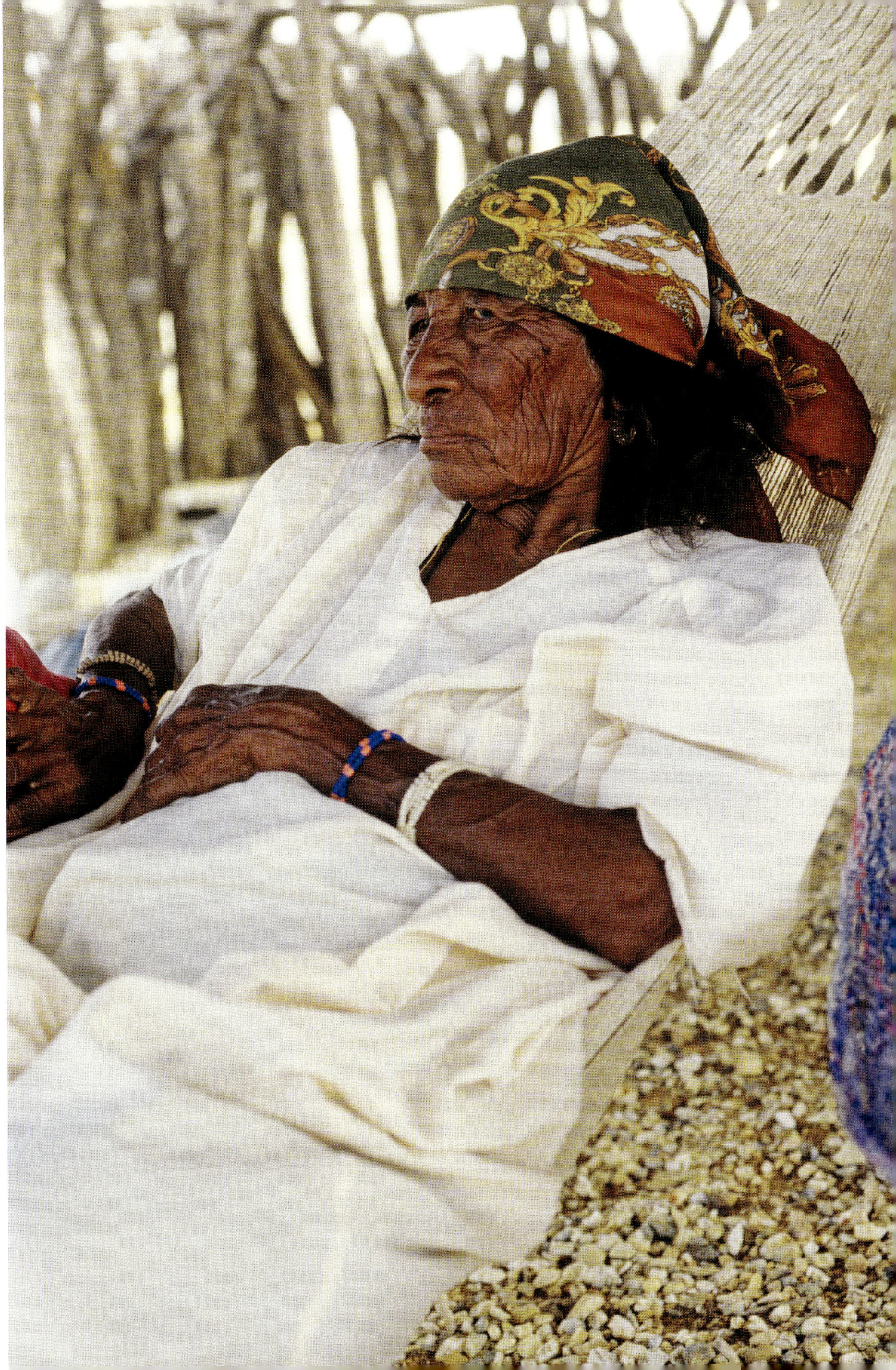

Cabo de la Vela

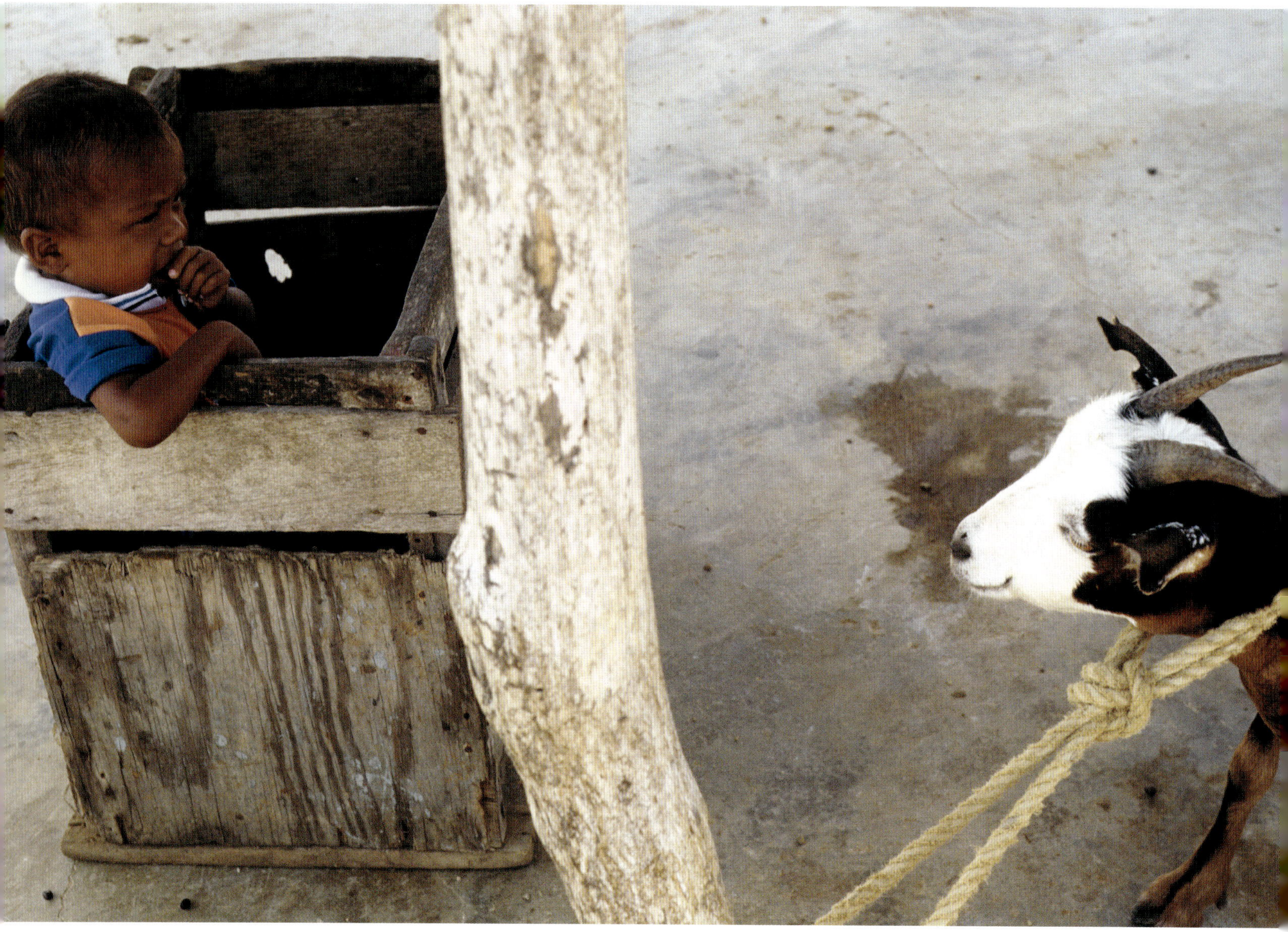

Chimare

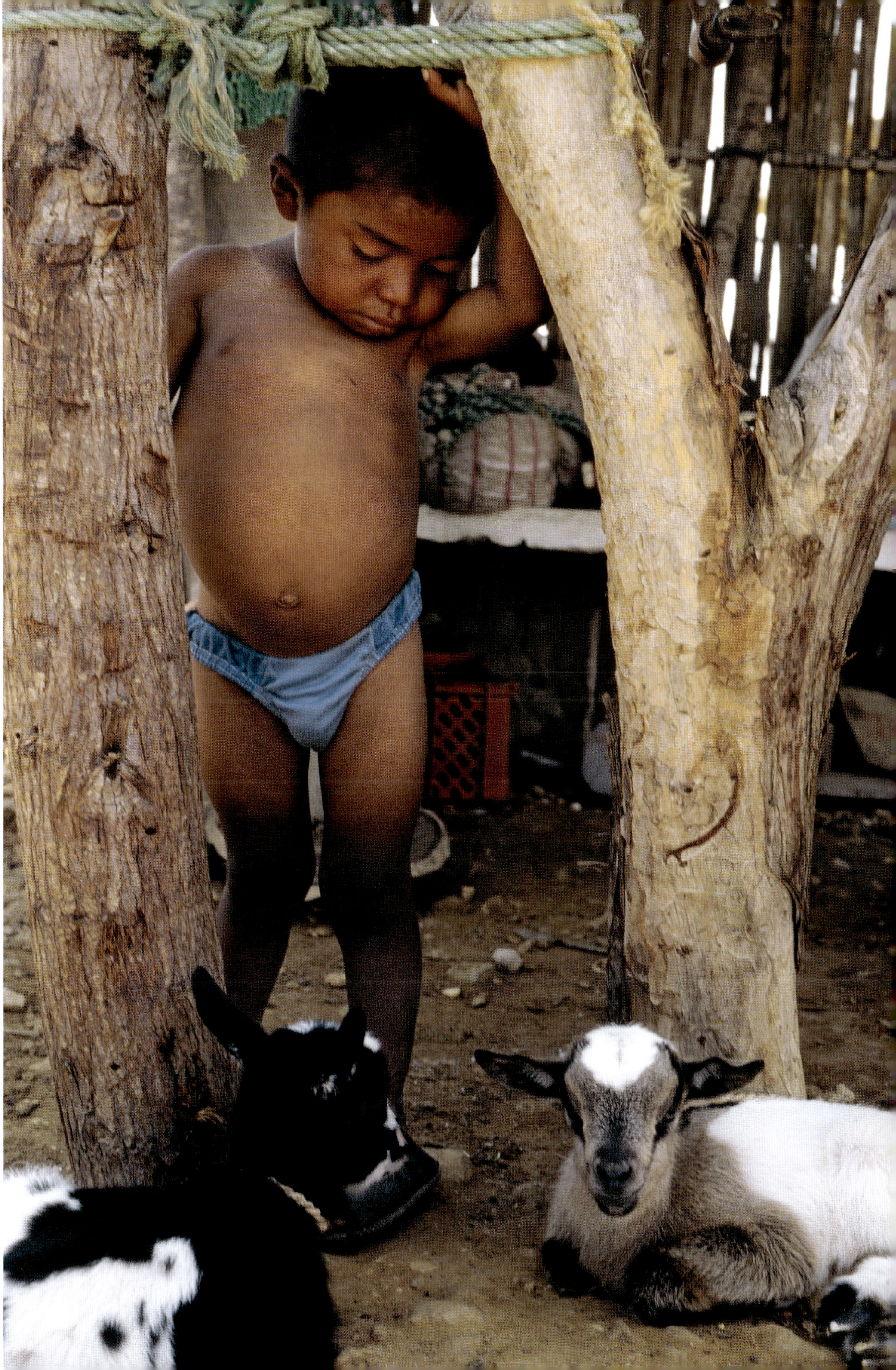

Chimare

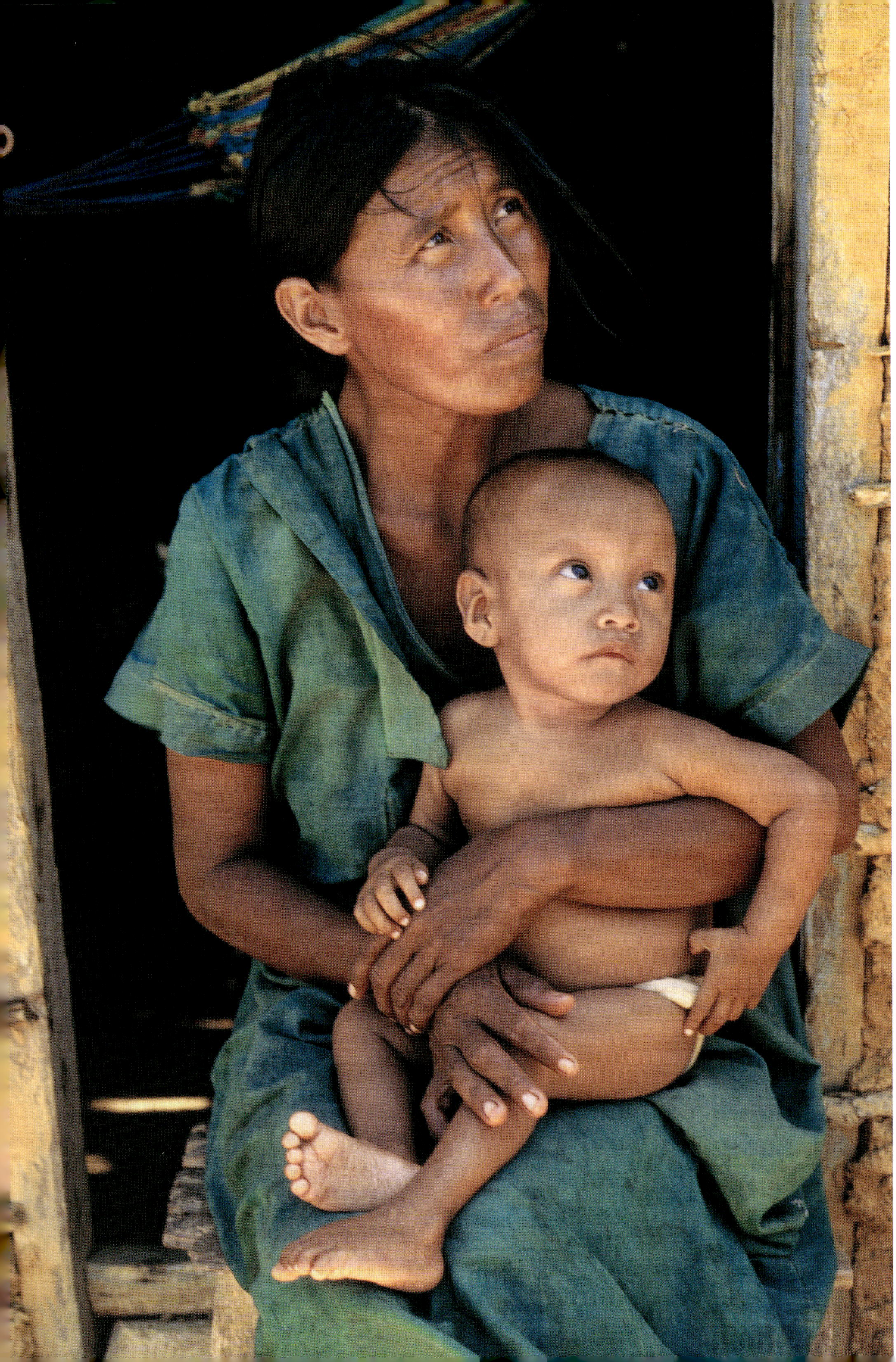

Bahia Hondita

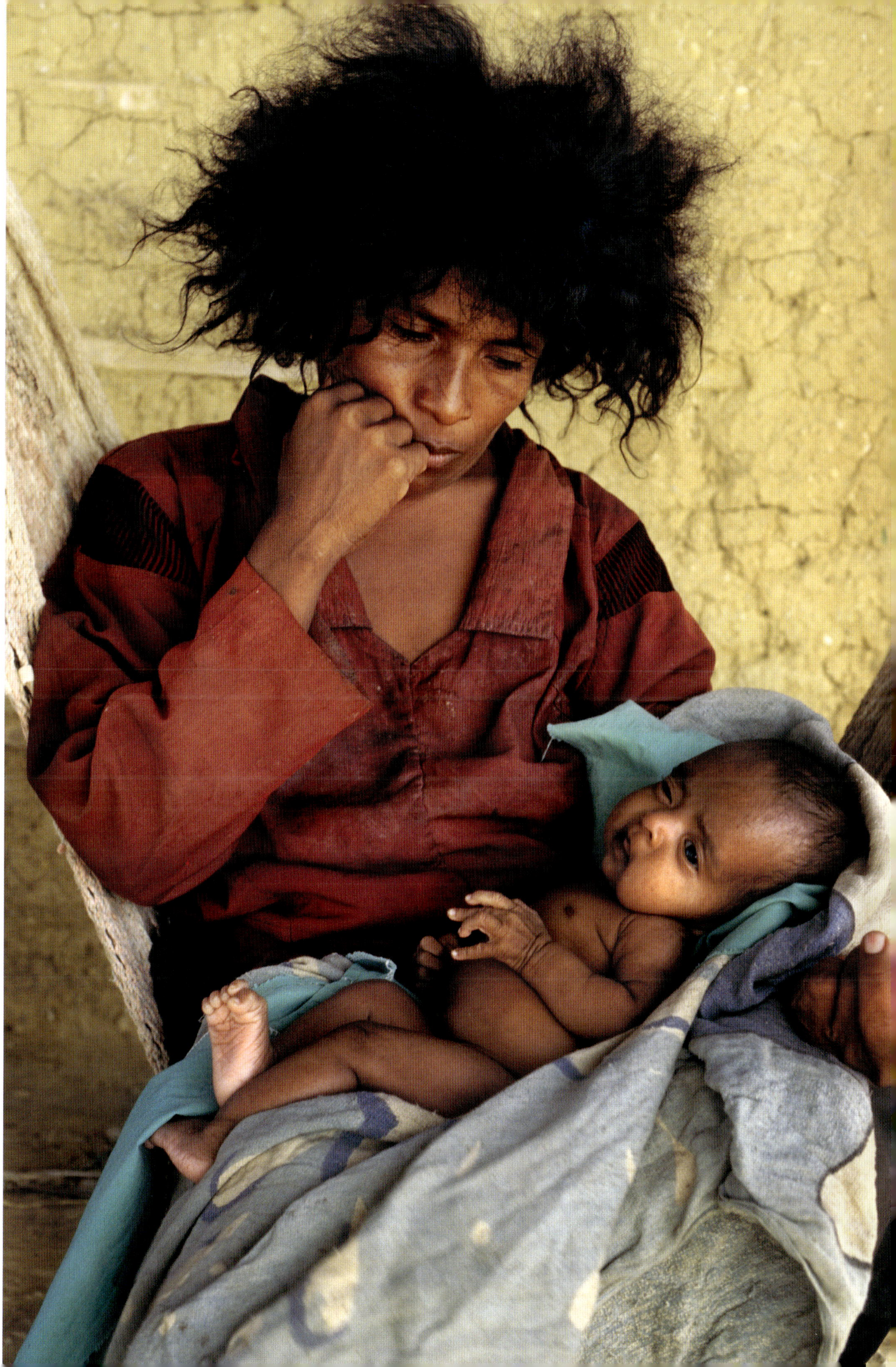

Bahia Hondita

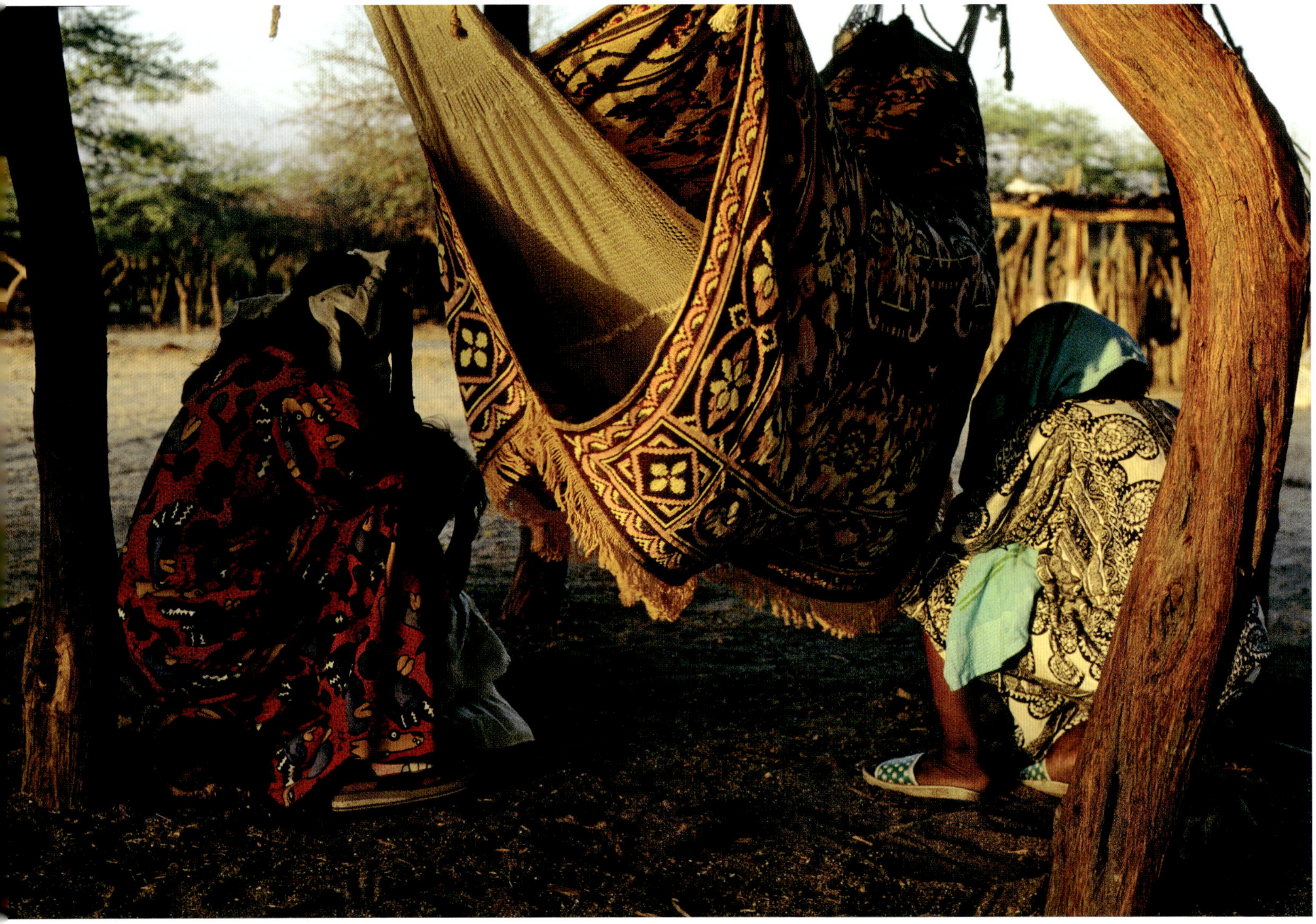

Mulakimana

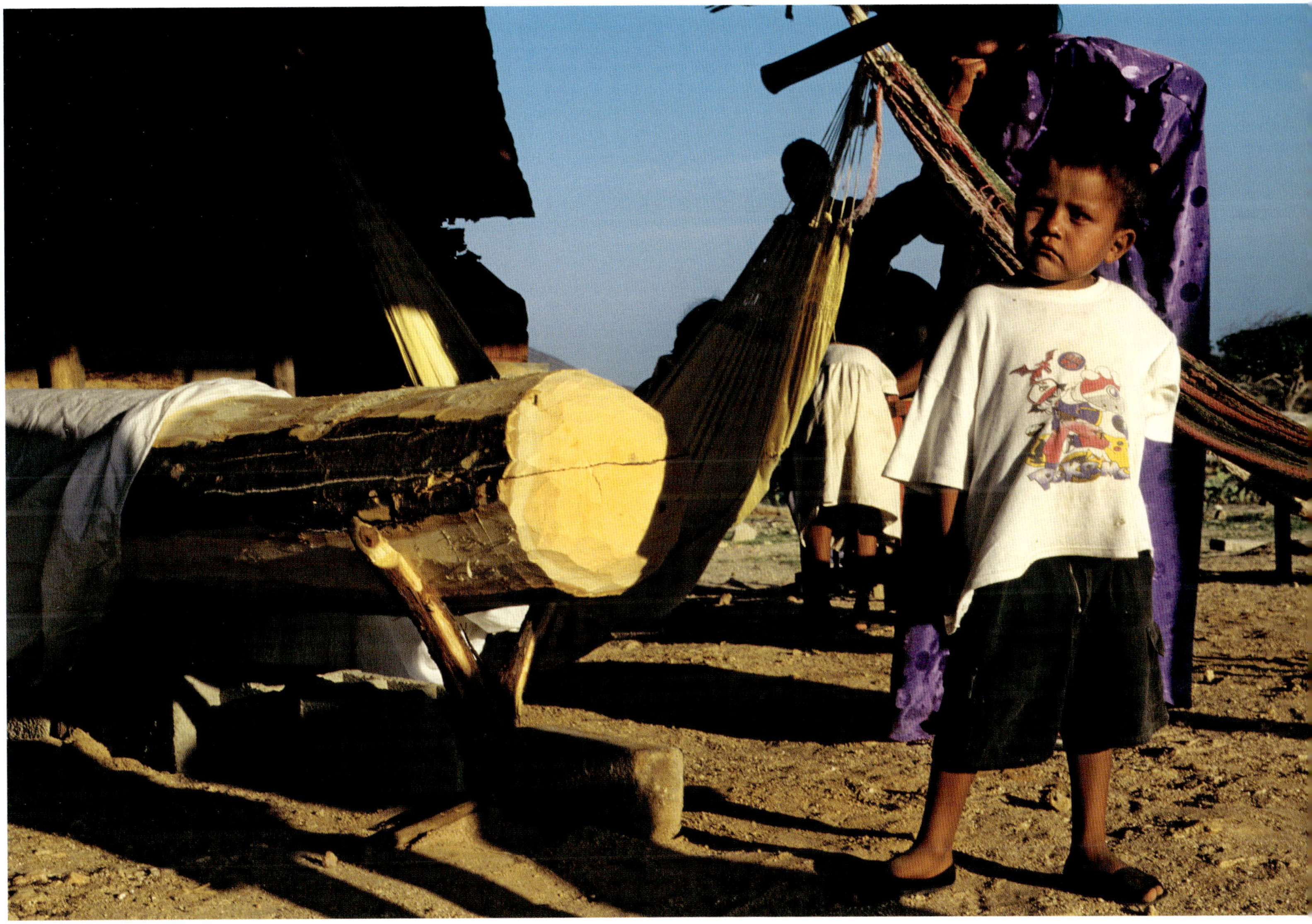

Chamaraisiru

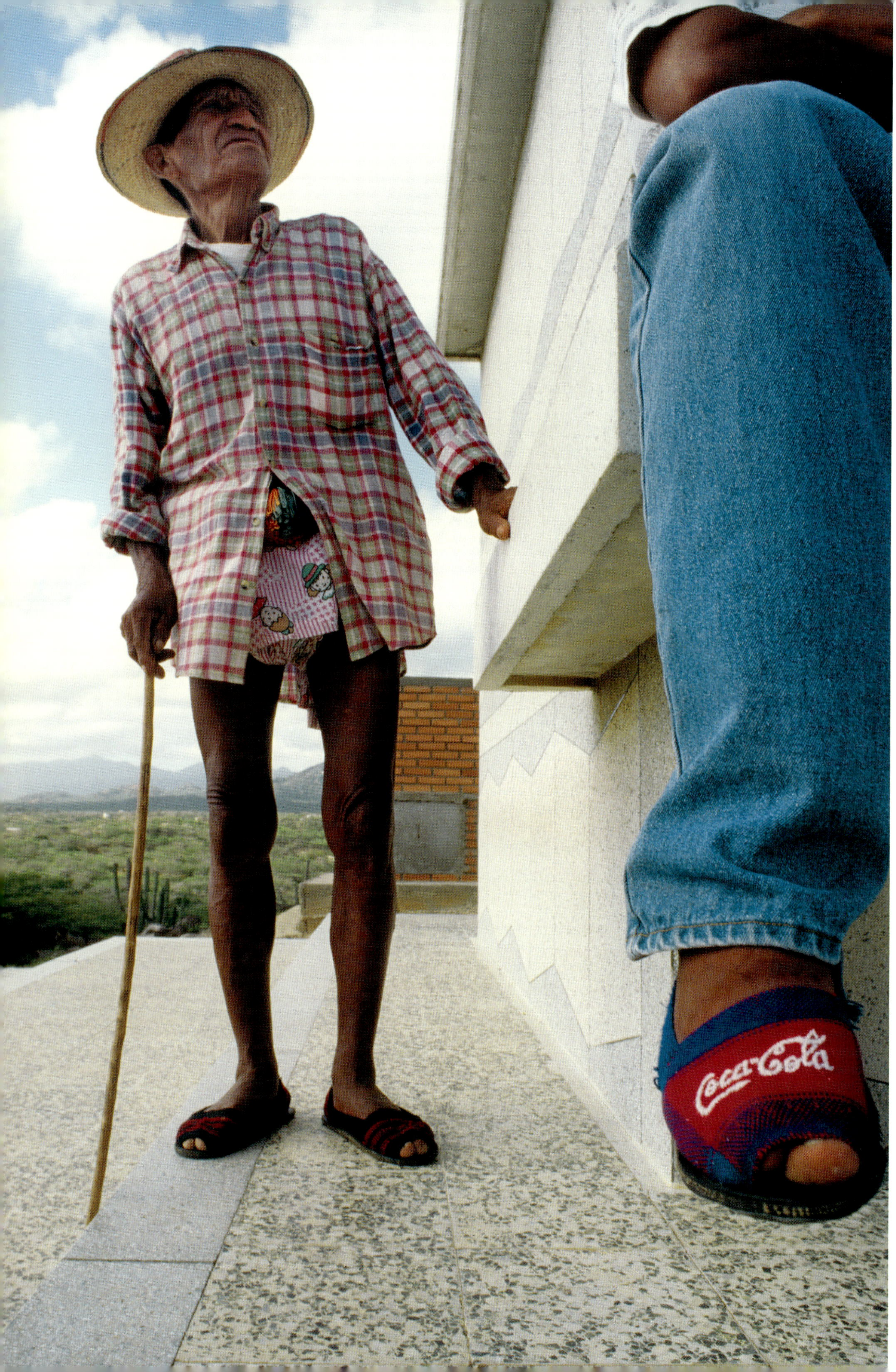

Warasimow

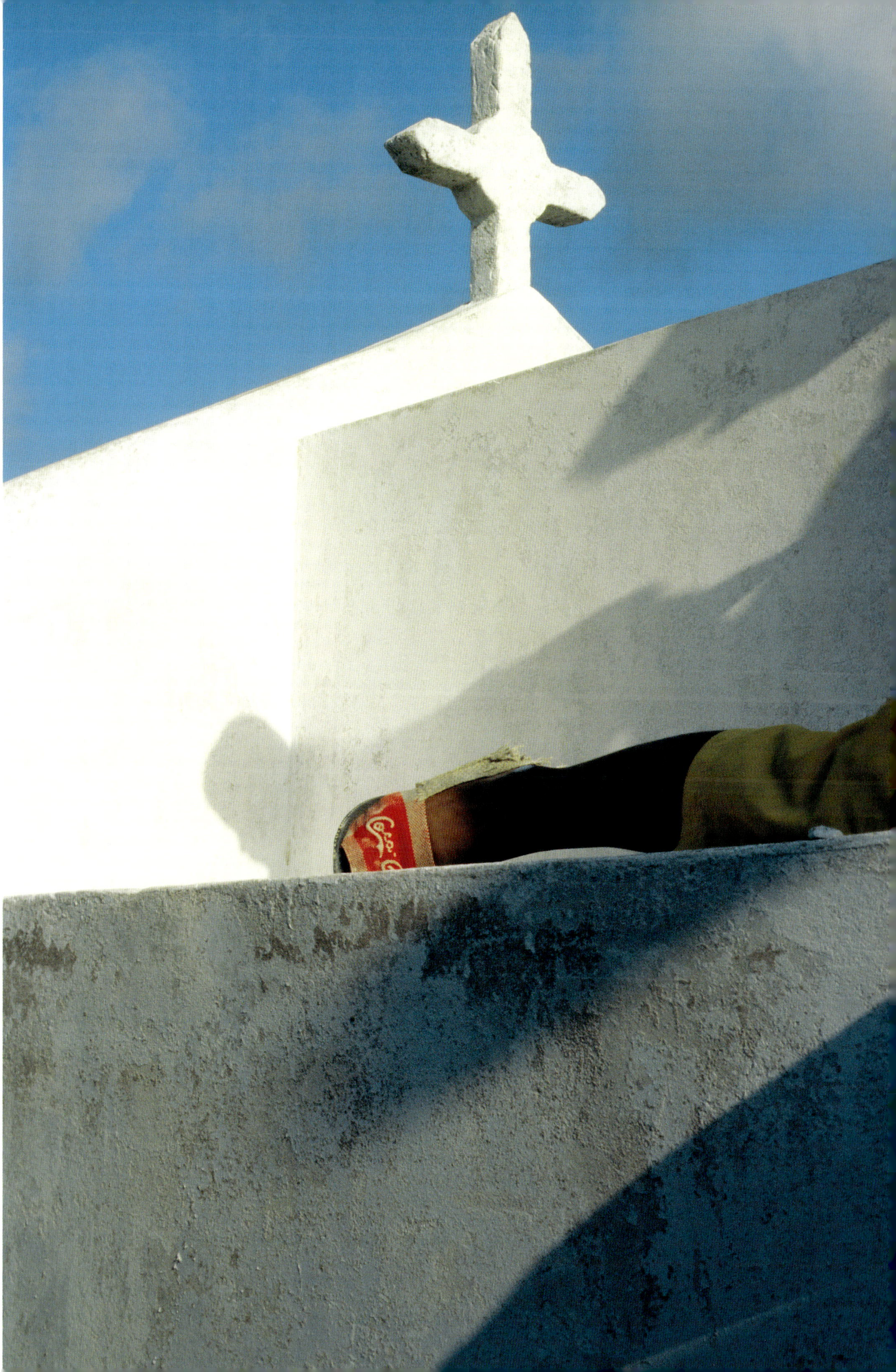

Warasimow

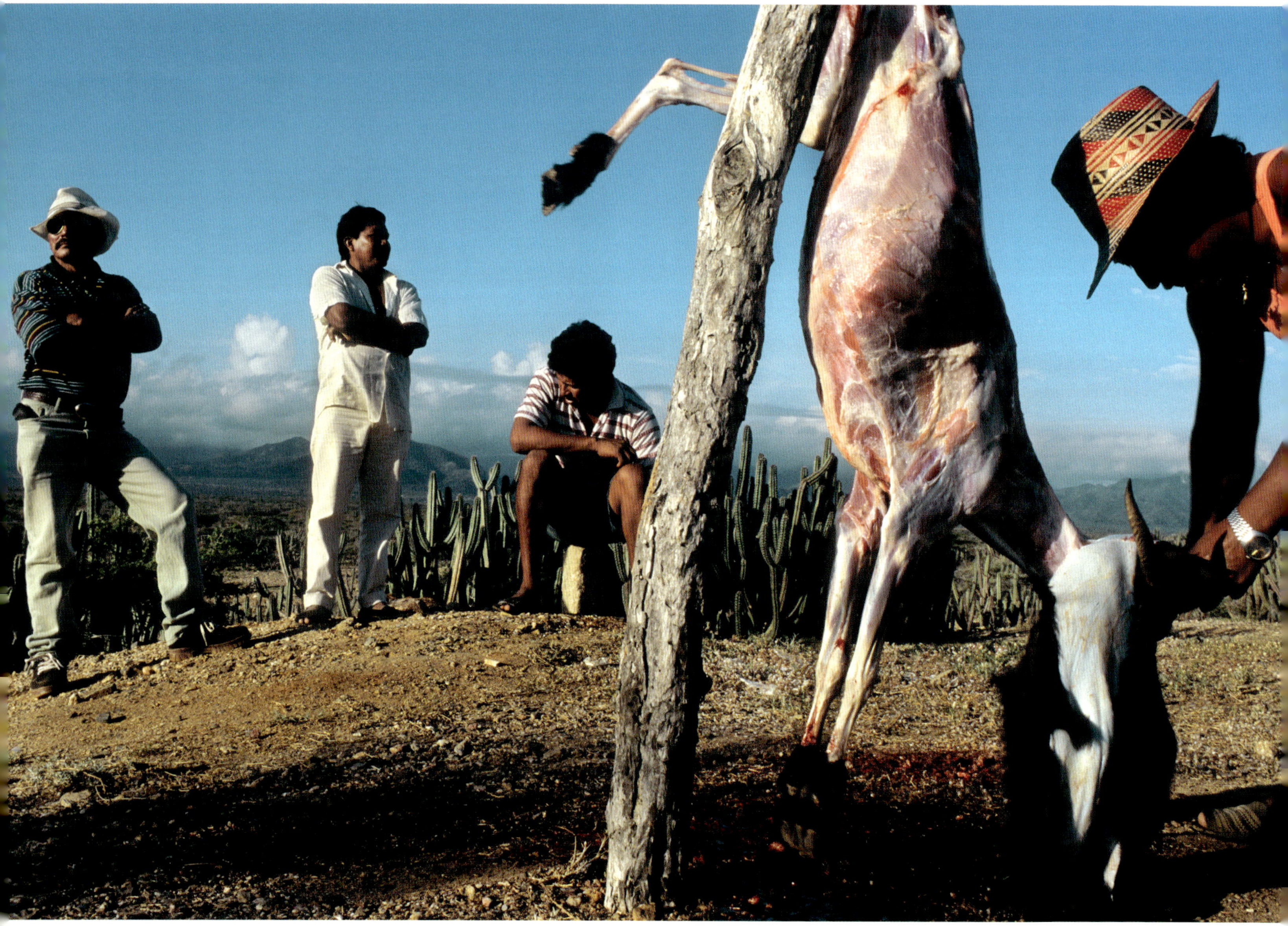

Jeisparu

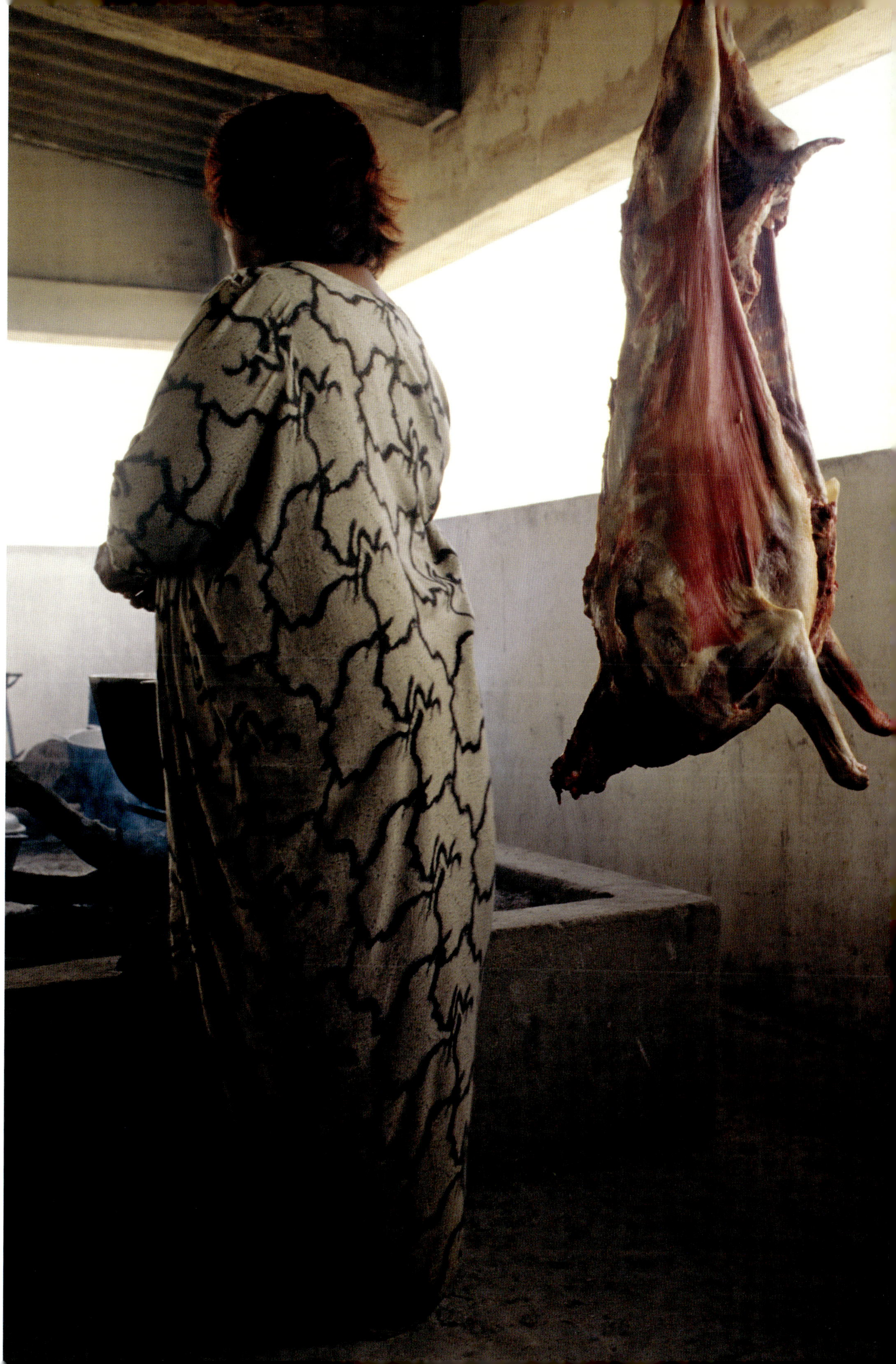

Warasimow

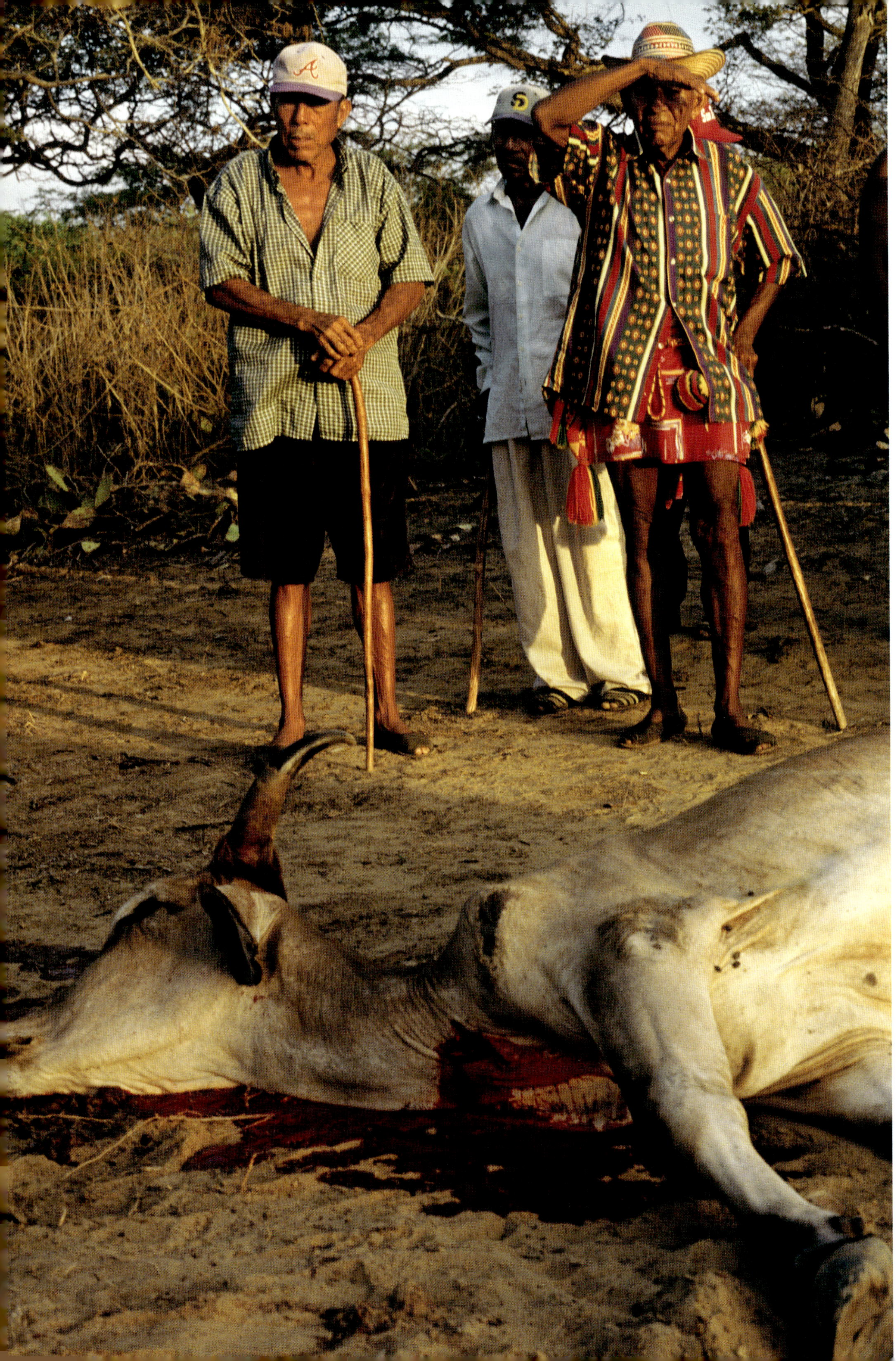

Warasimow

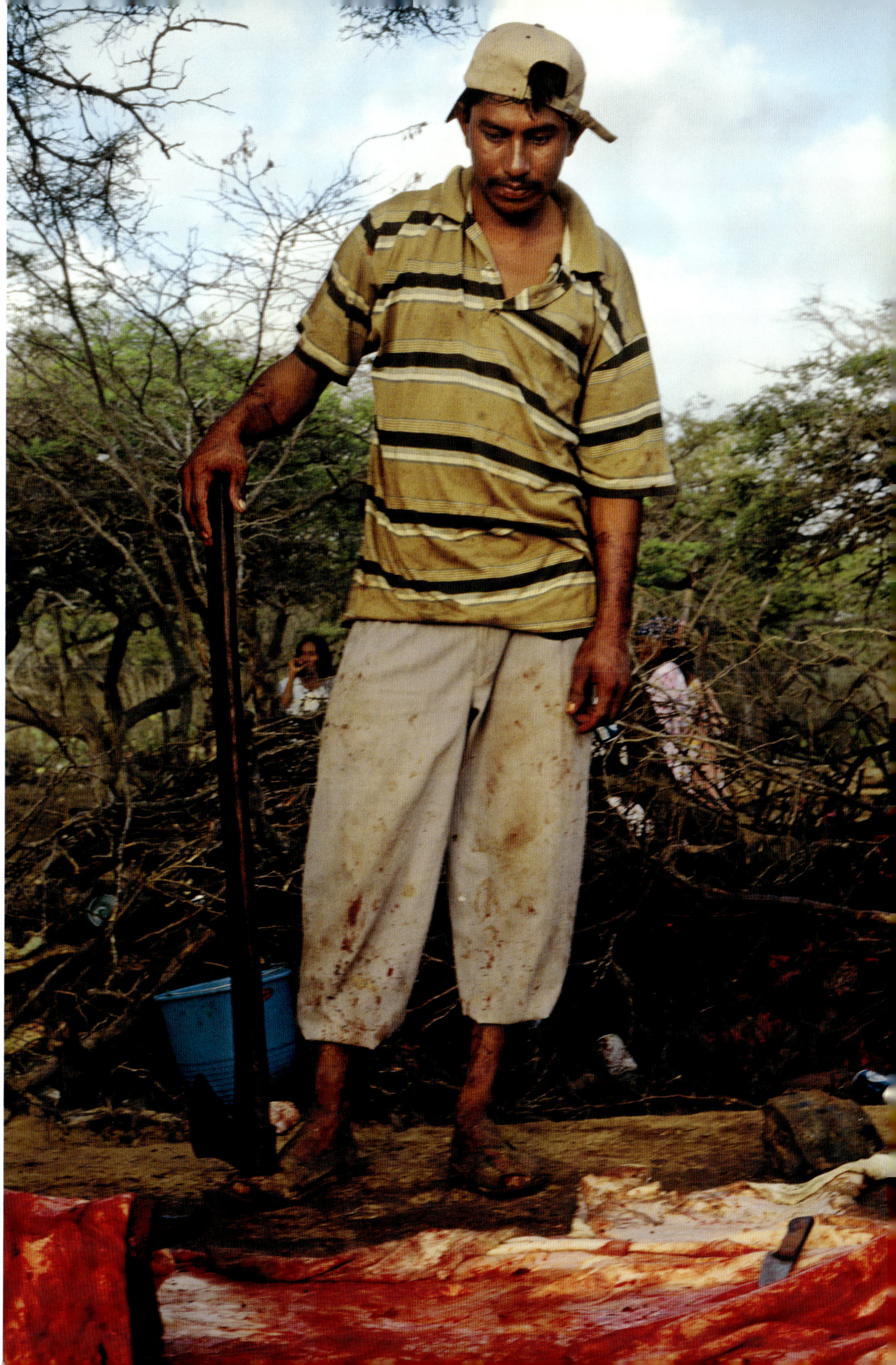

Warasimow

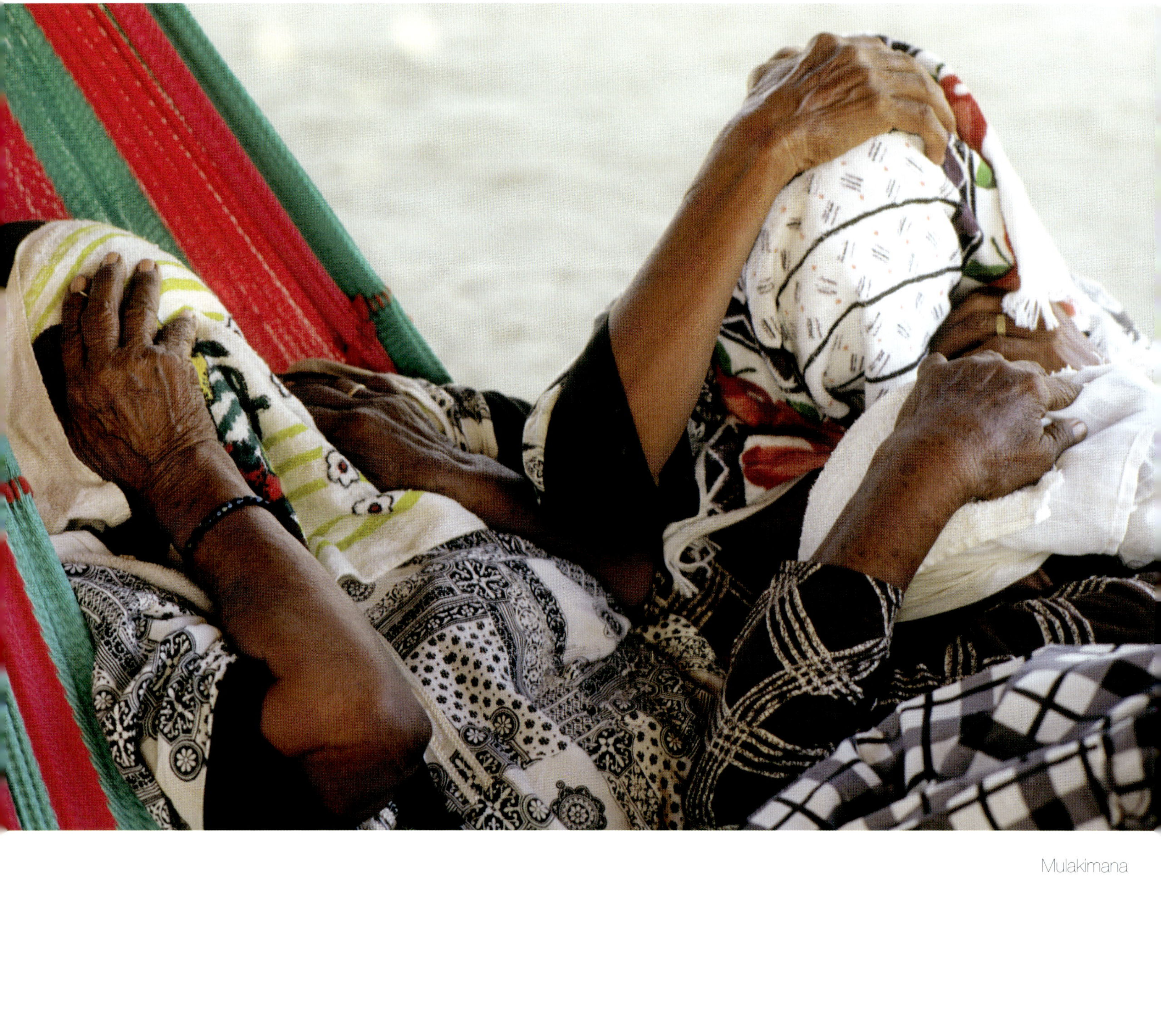

Mulakimana

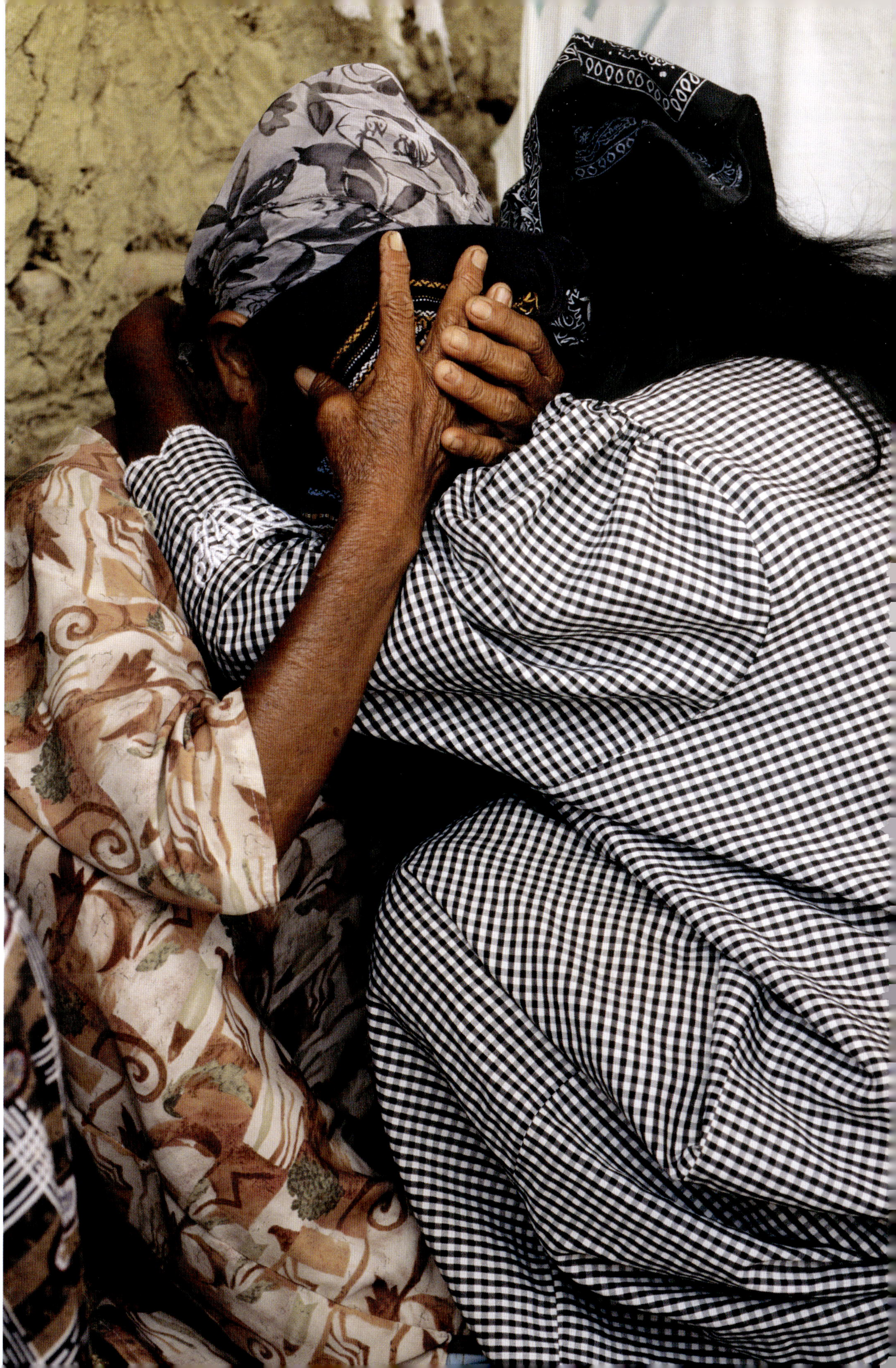

Siapana

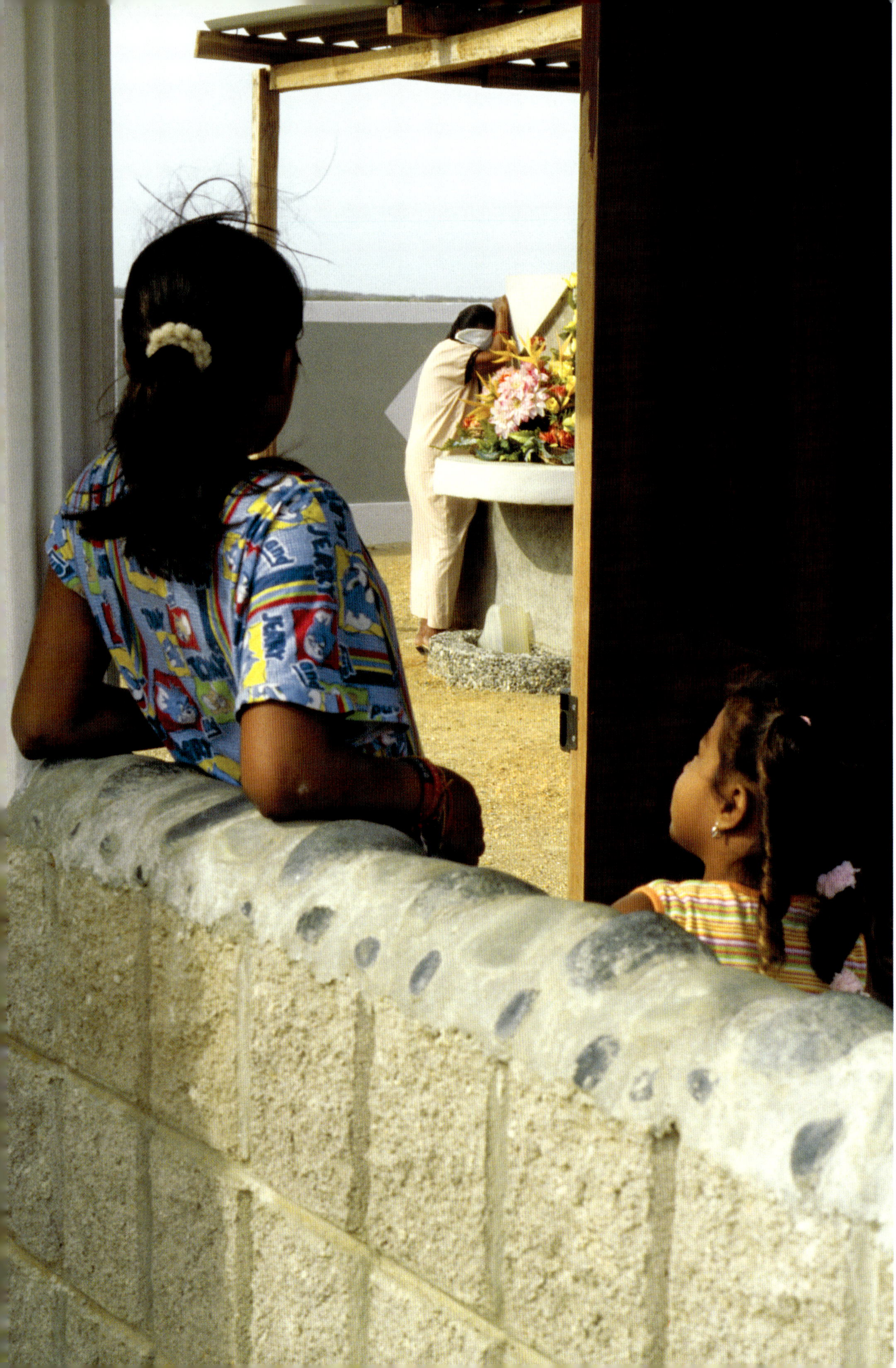

Shiteo

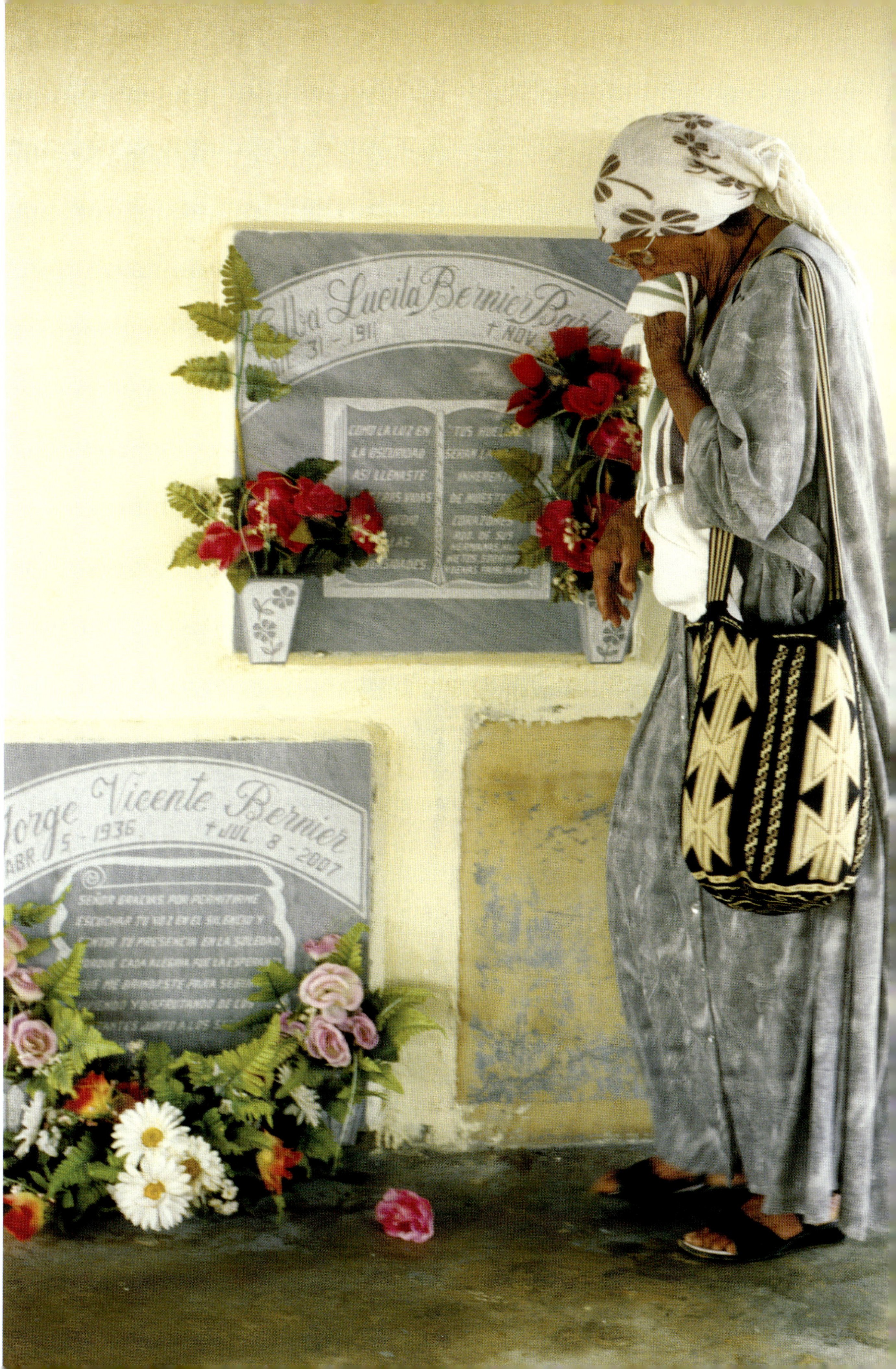
Lucila Bermier
31 - 1911
+ NOV
COMO LA LUZ EN
LA OSCURIDAD
ASÍ LLENASTE
CORAZONES
Vicente Bermier
ABR. 5 - 1936
+ JUL. 8 - 2007
SEÑOR GRACIAS POR PERMITIRME
ESCUCHAR TU VOZ EN EL SILENCIO Y

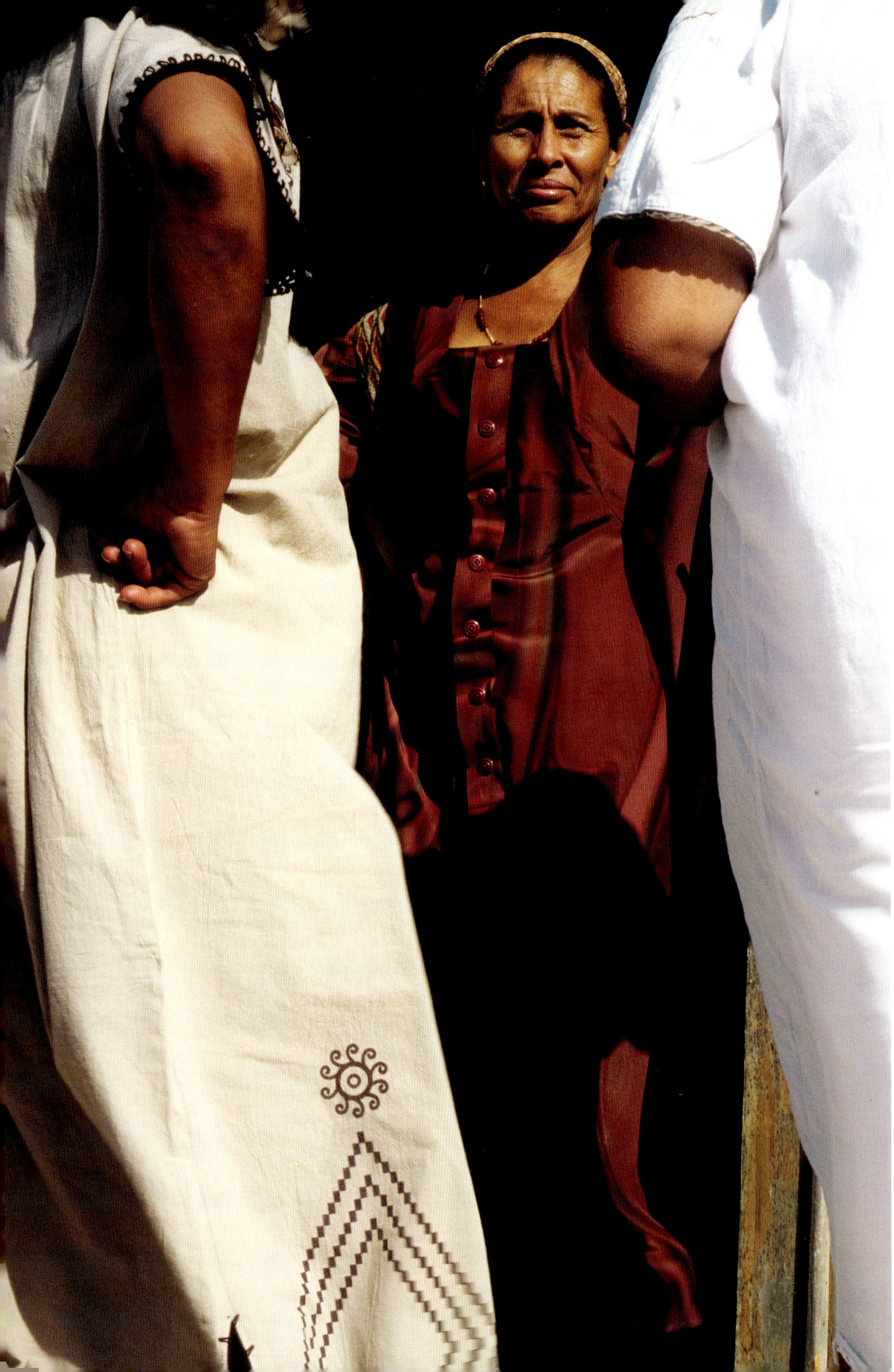

Shiteo

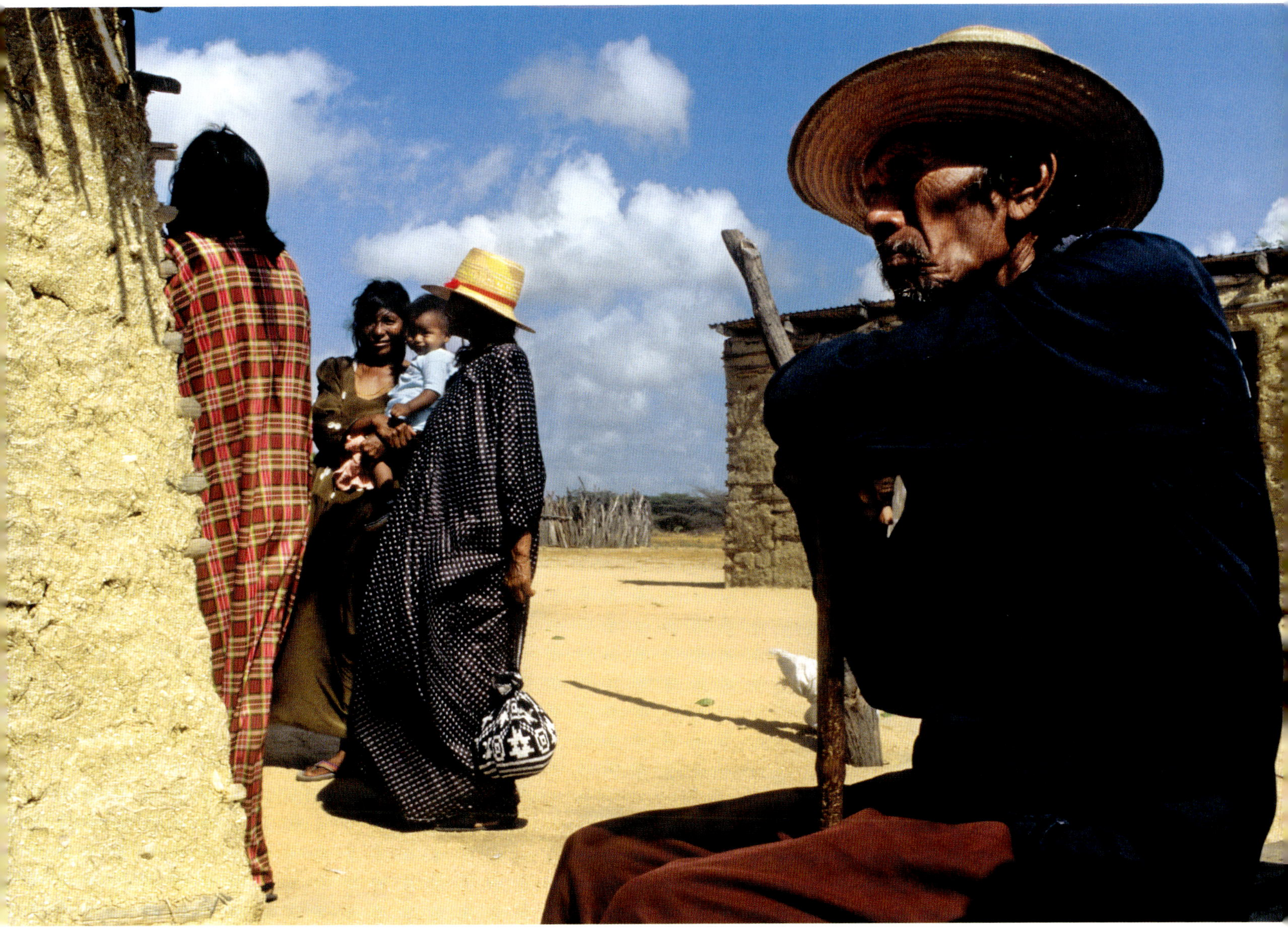

Siapana

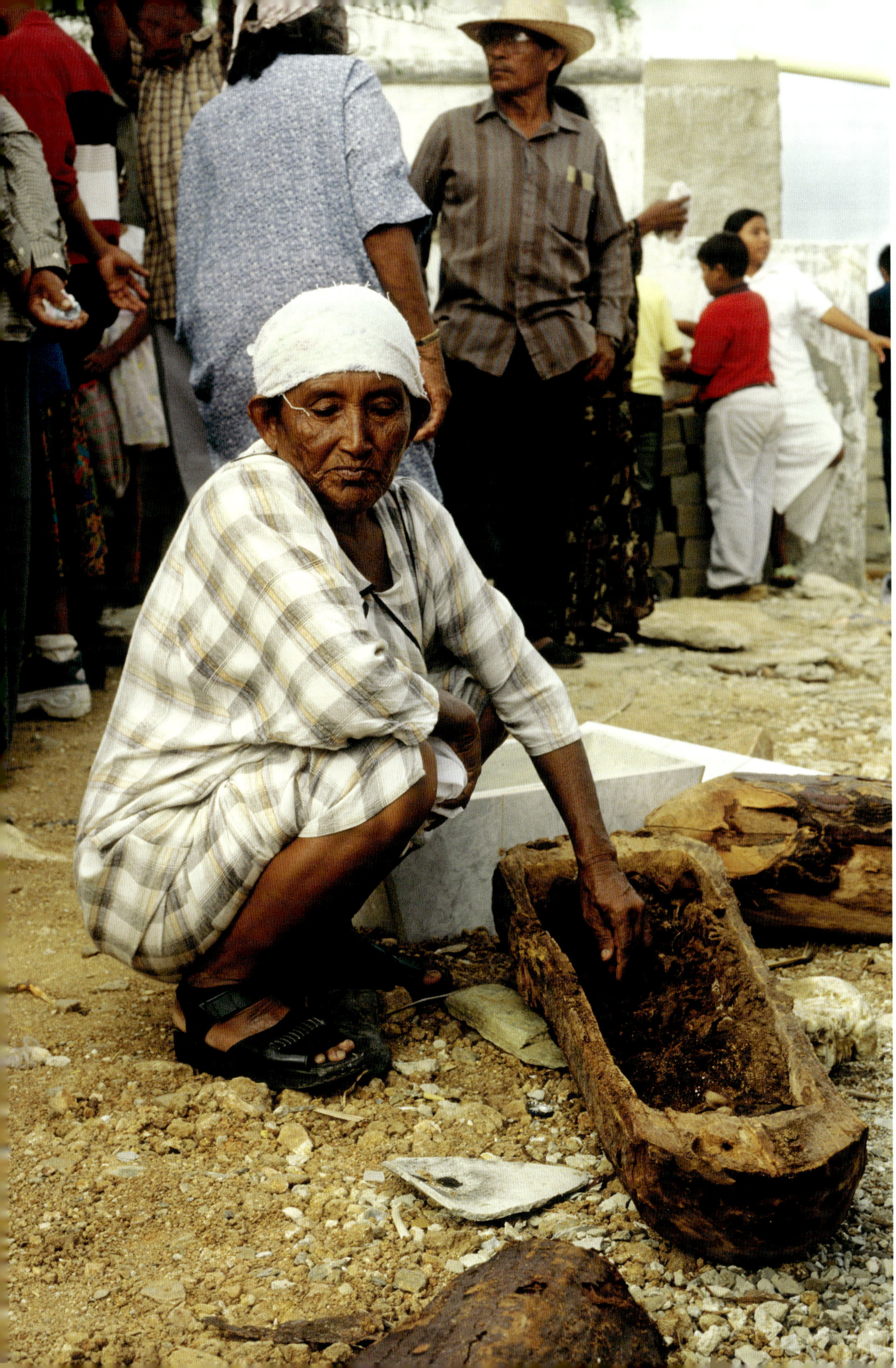

Warasimow

Páginas siguientes
Jeisparu

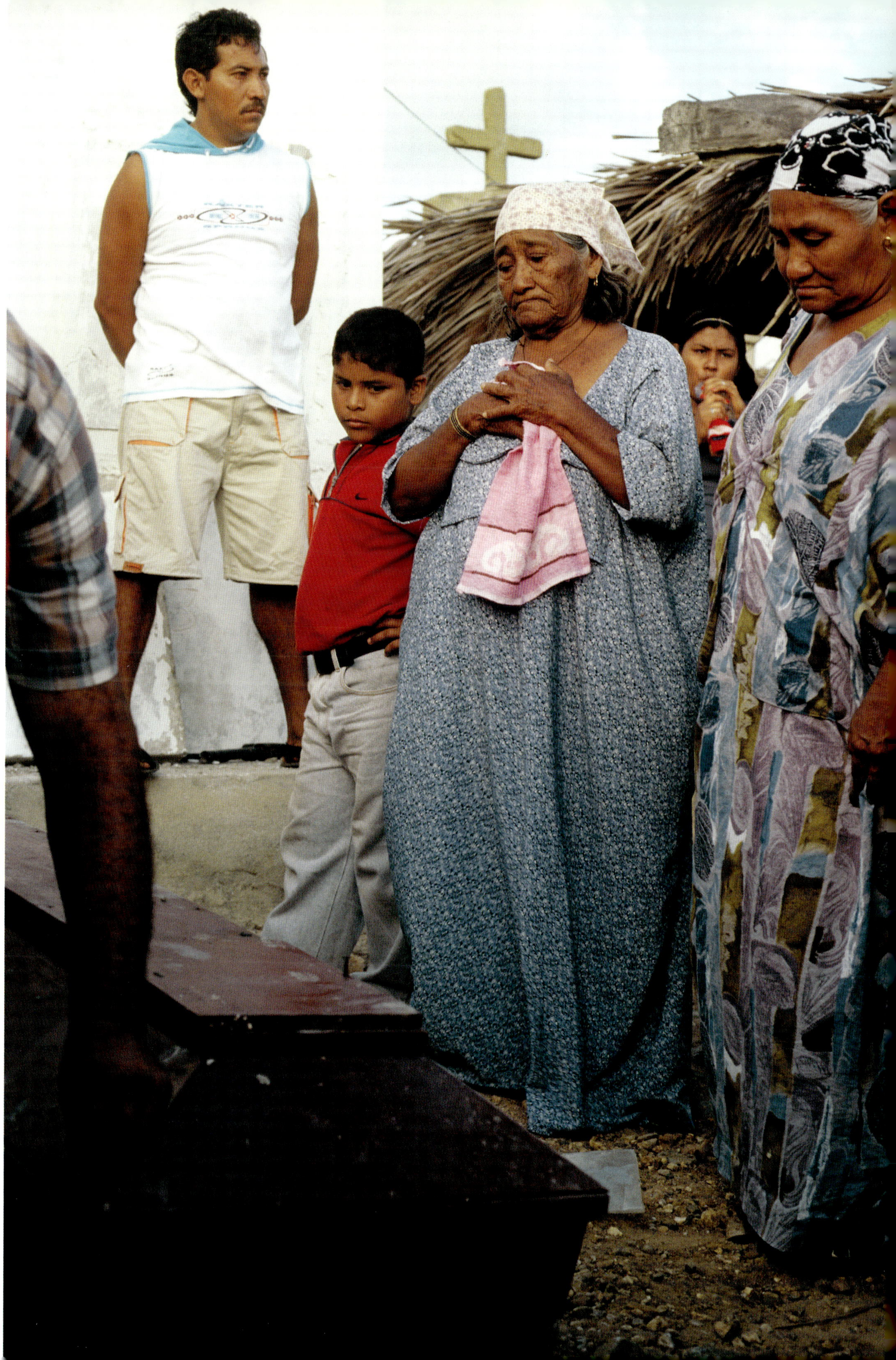

Warasimow

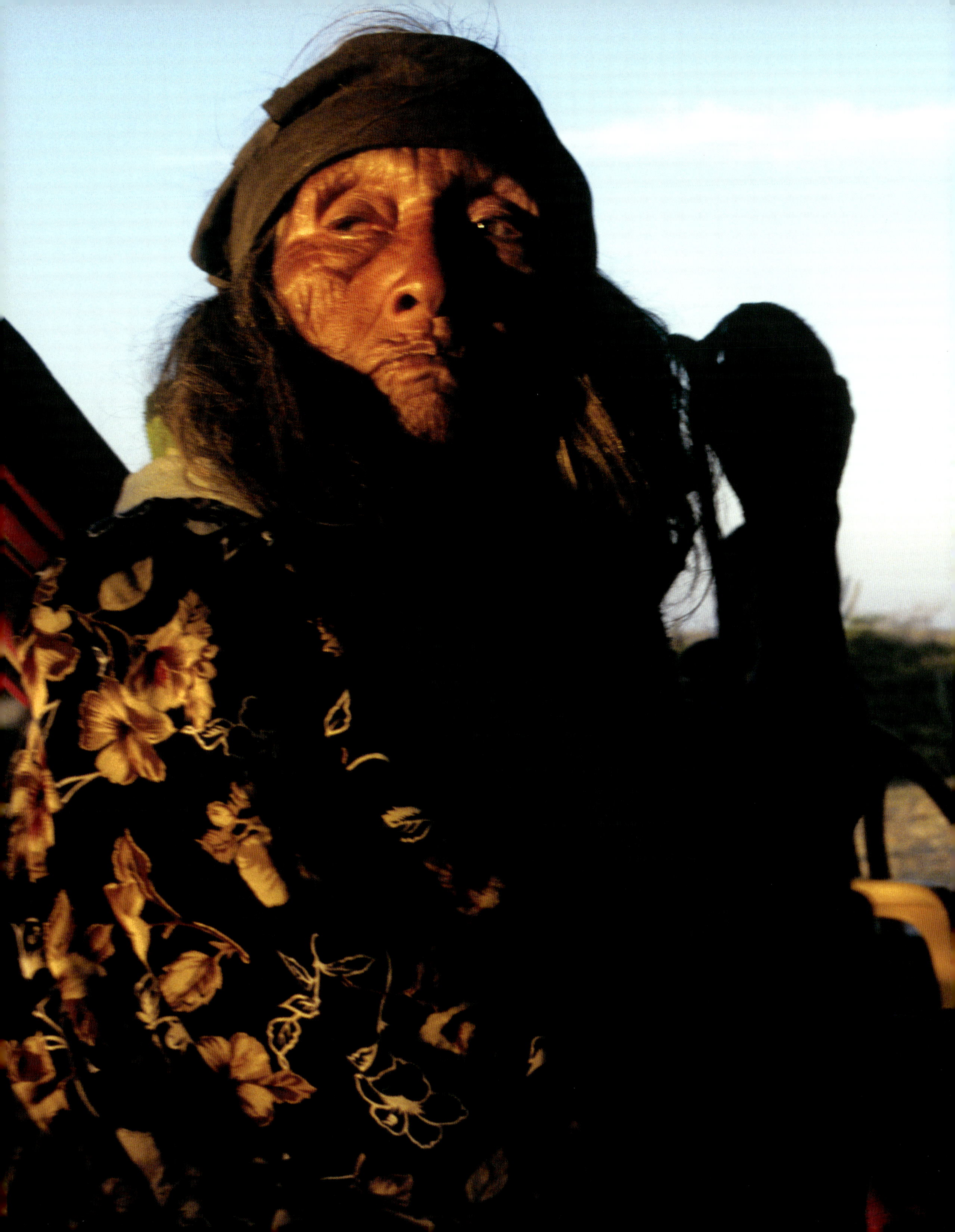

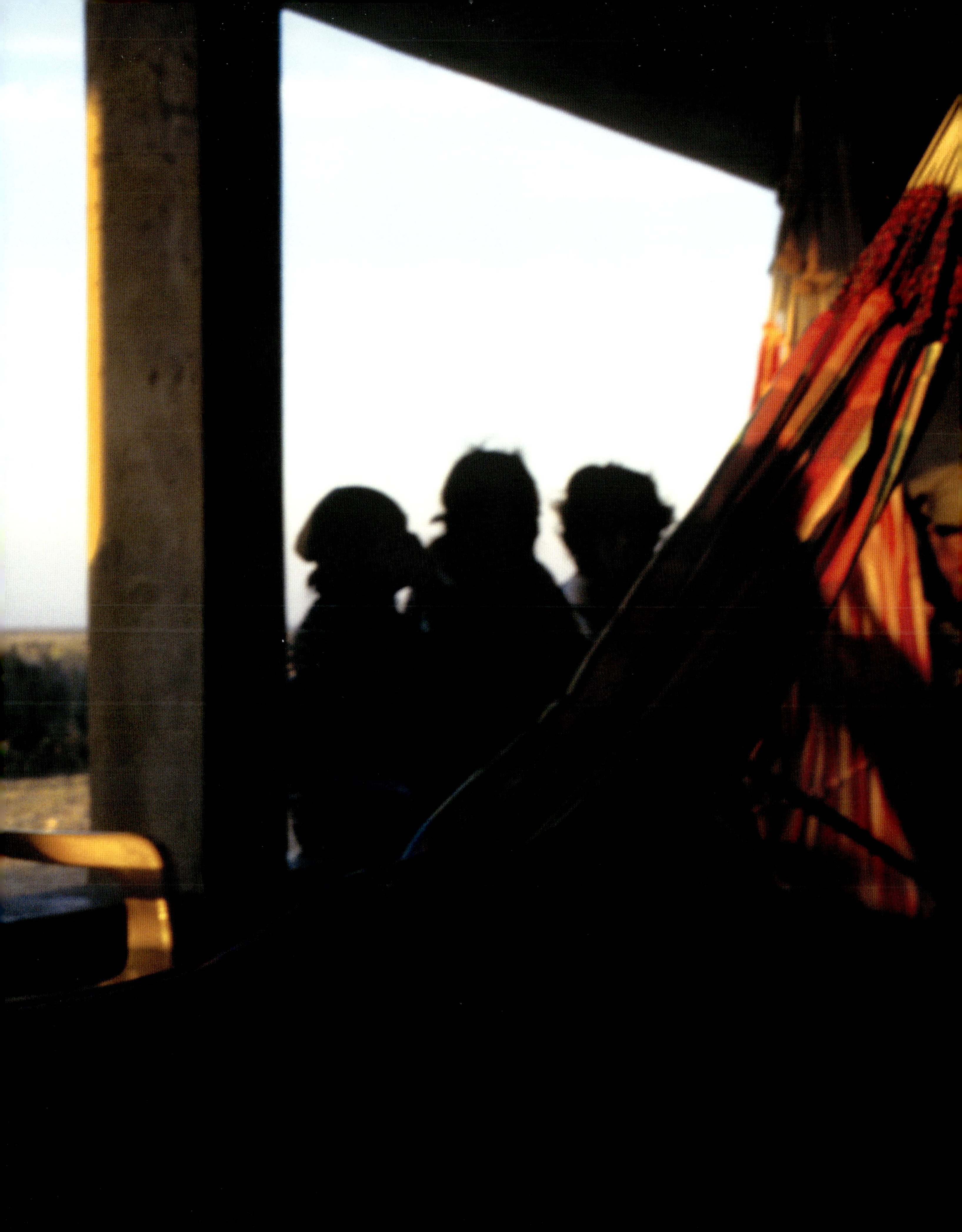

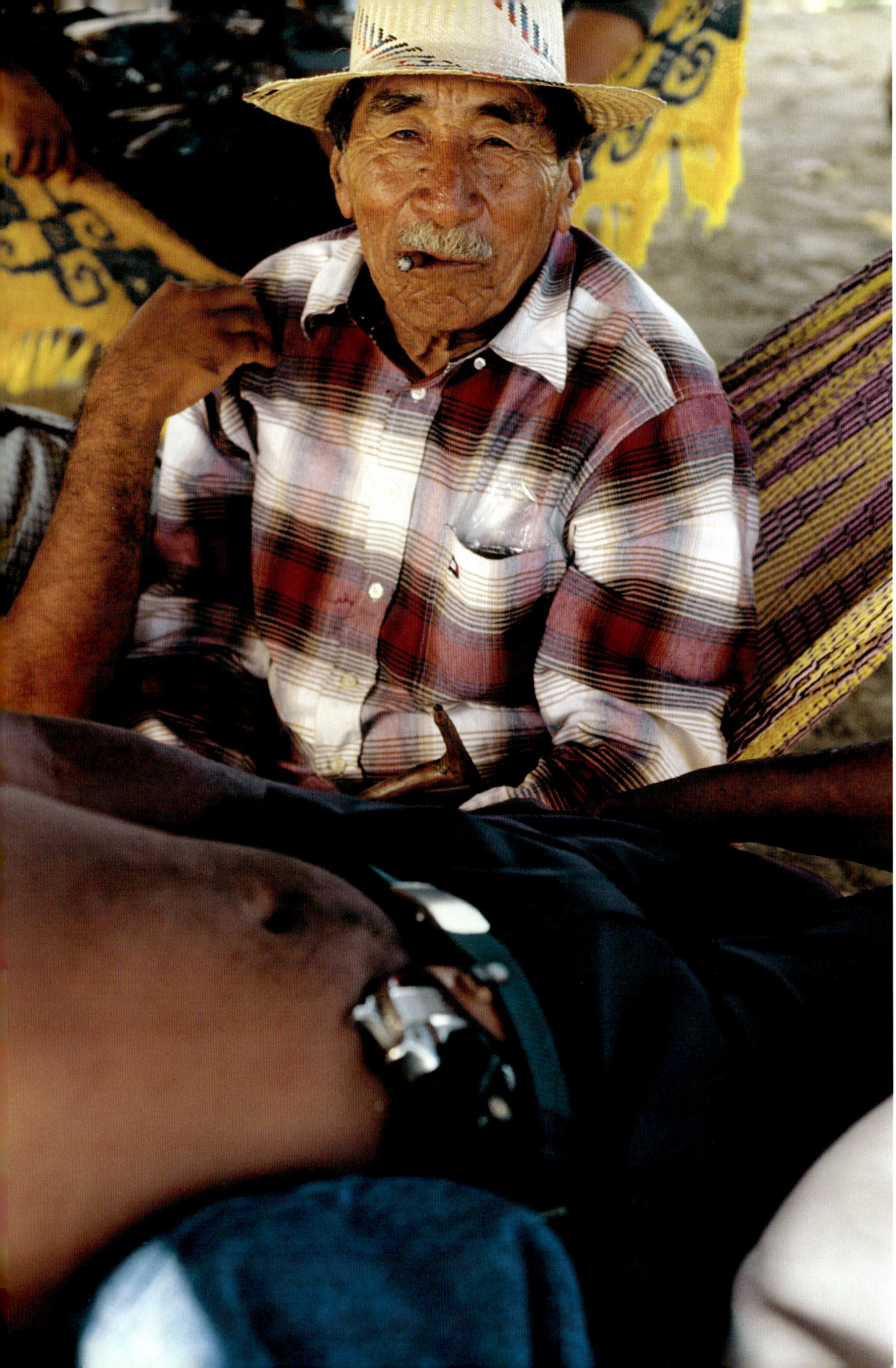

Warasimow

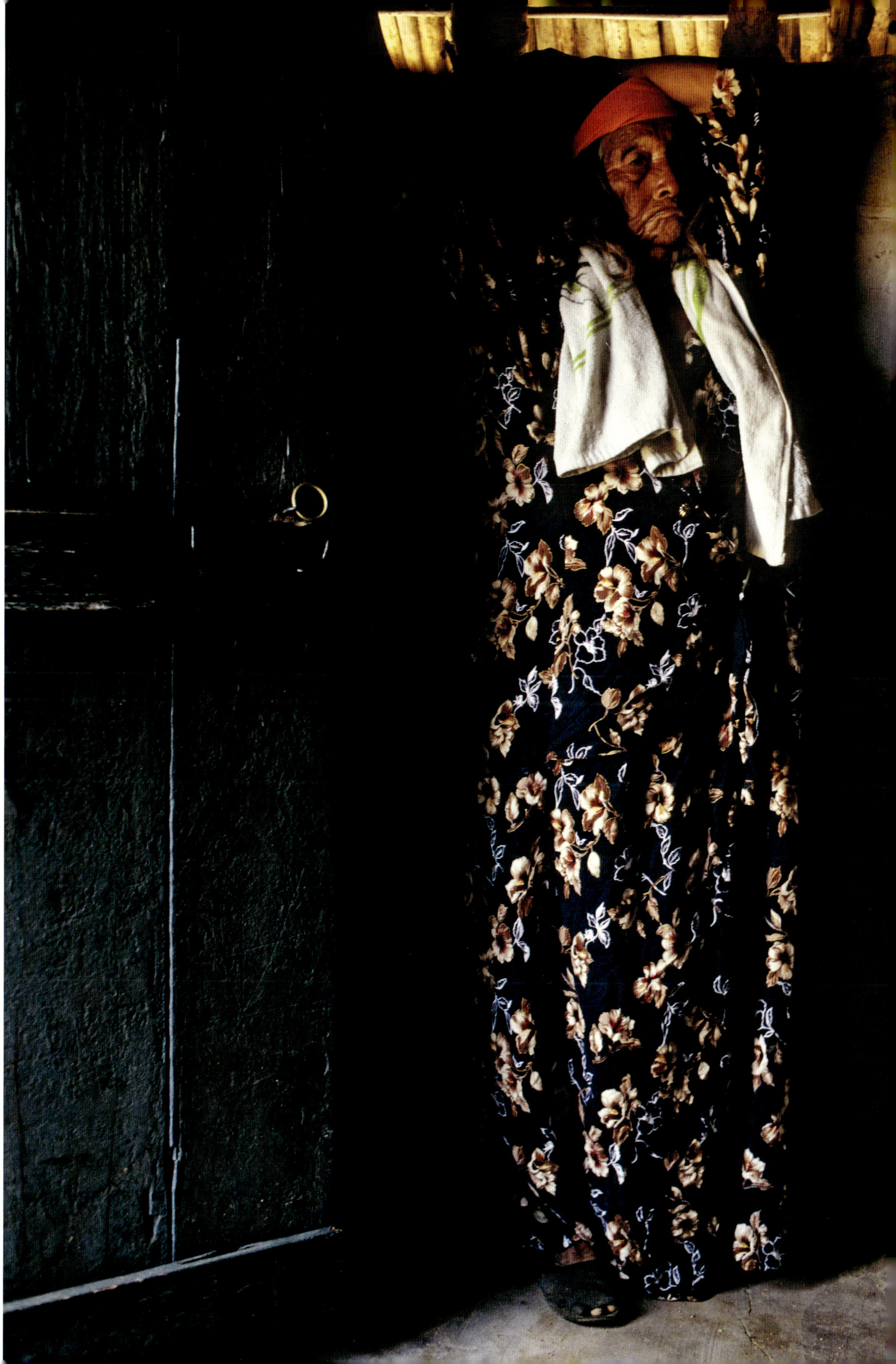

Jeisparu

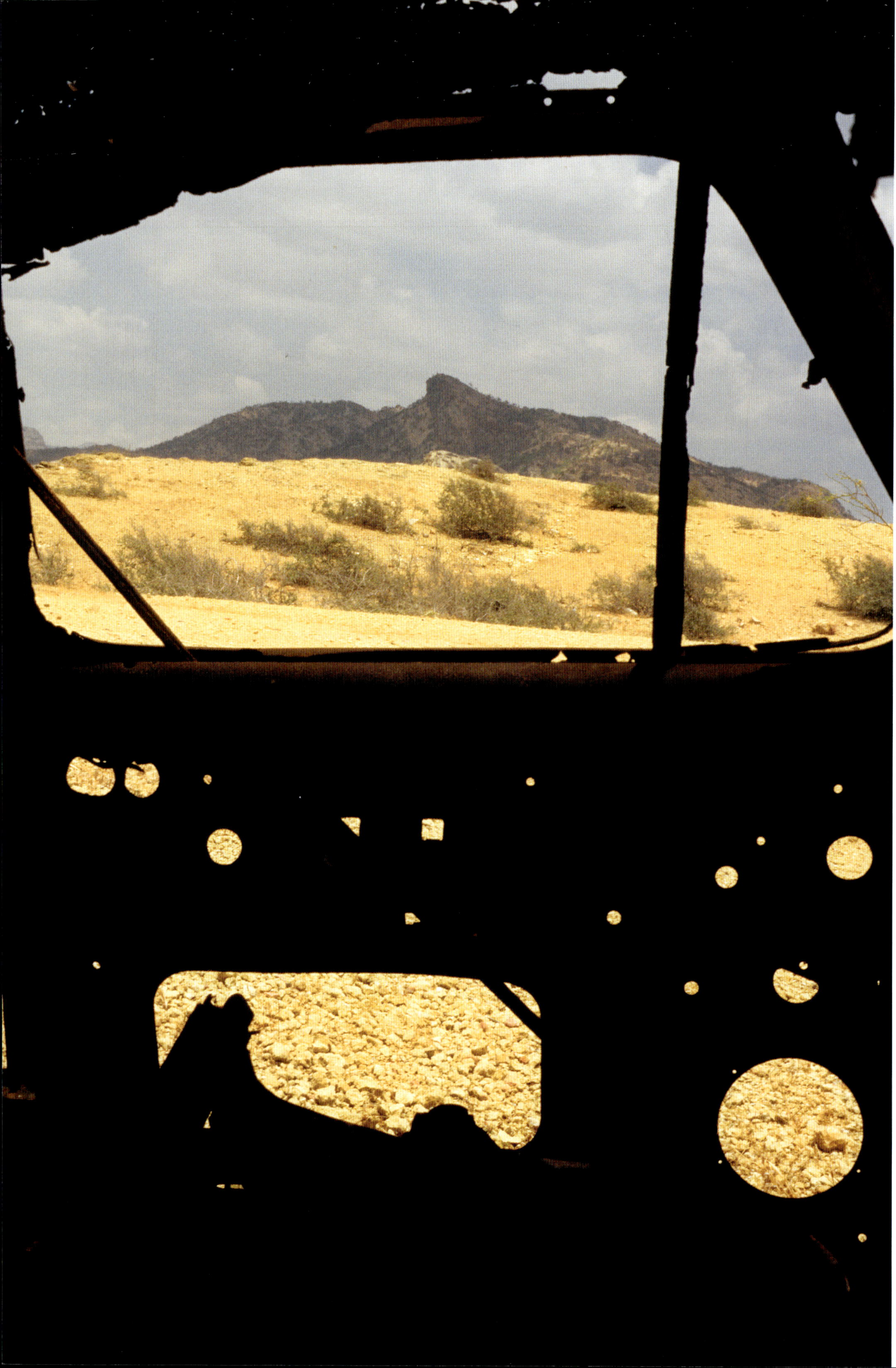

Serranía de Jarara

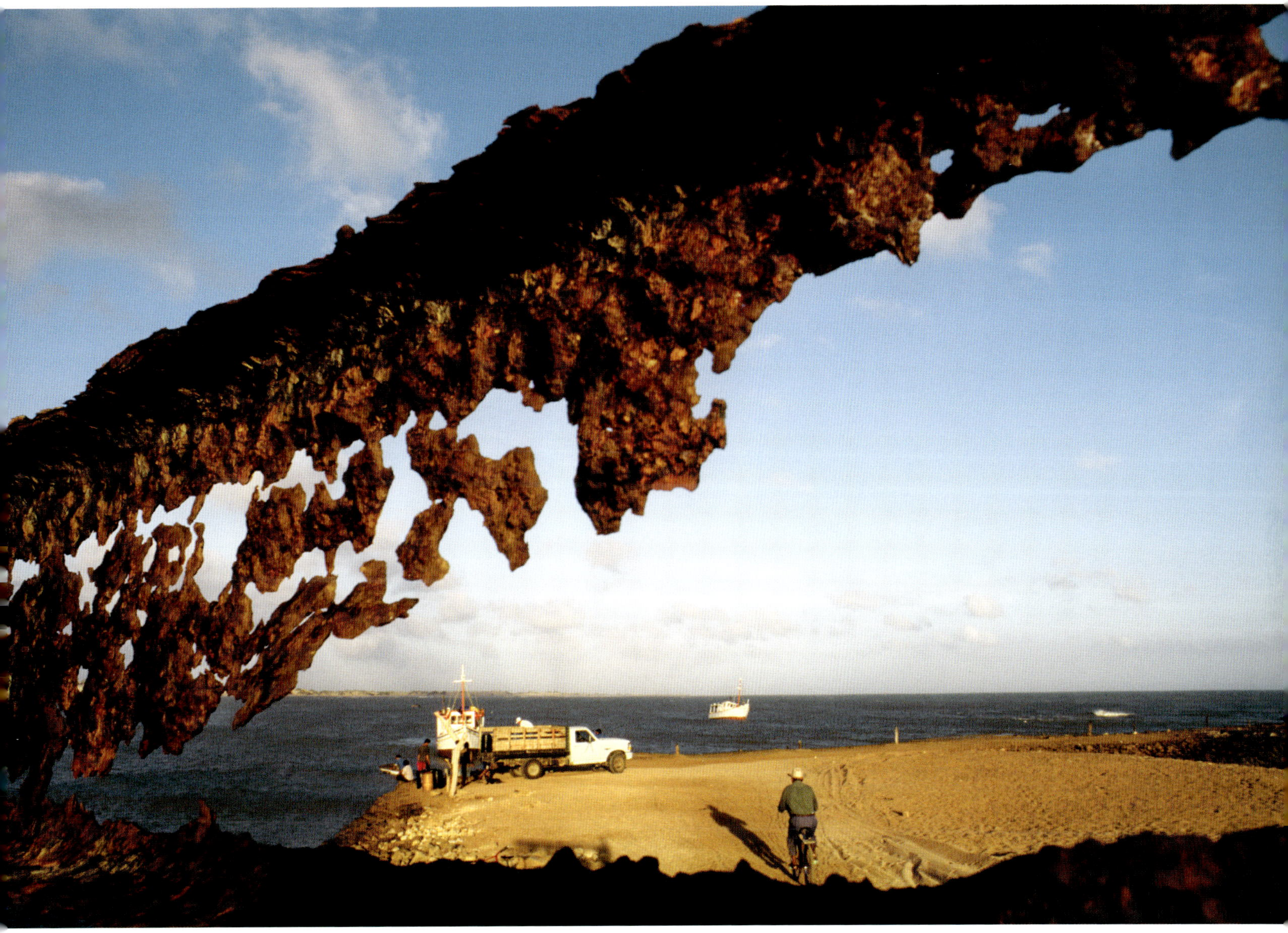

Puerto Estrella

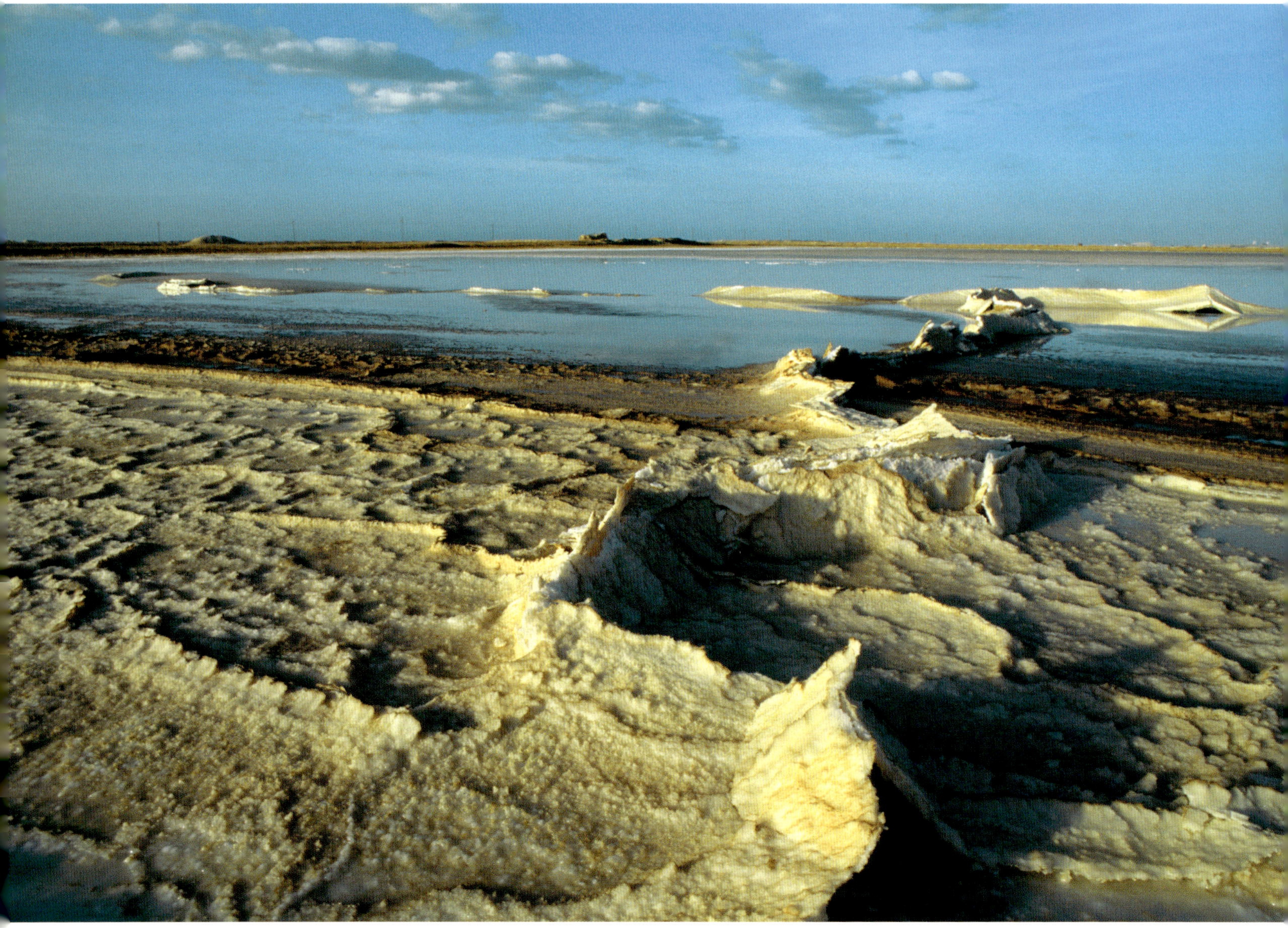

Manaure

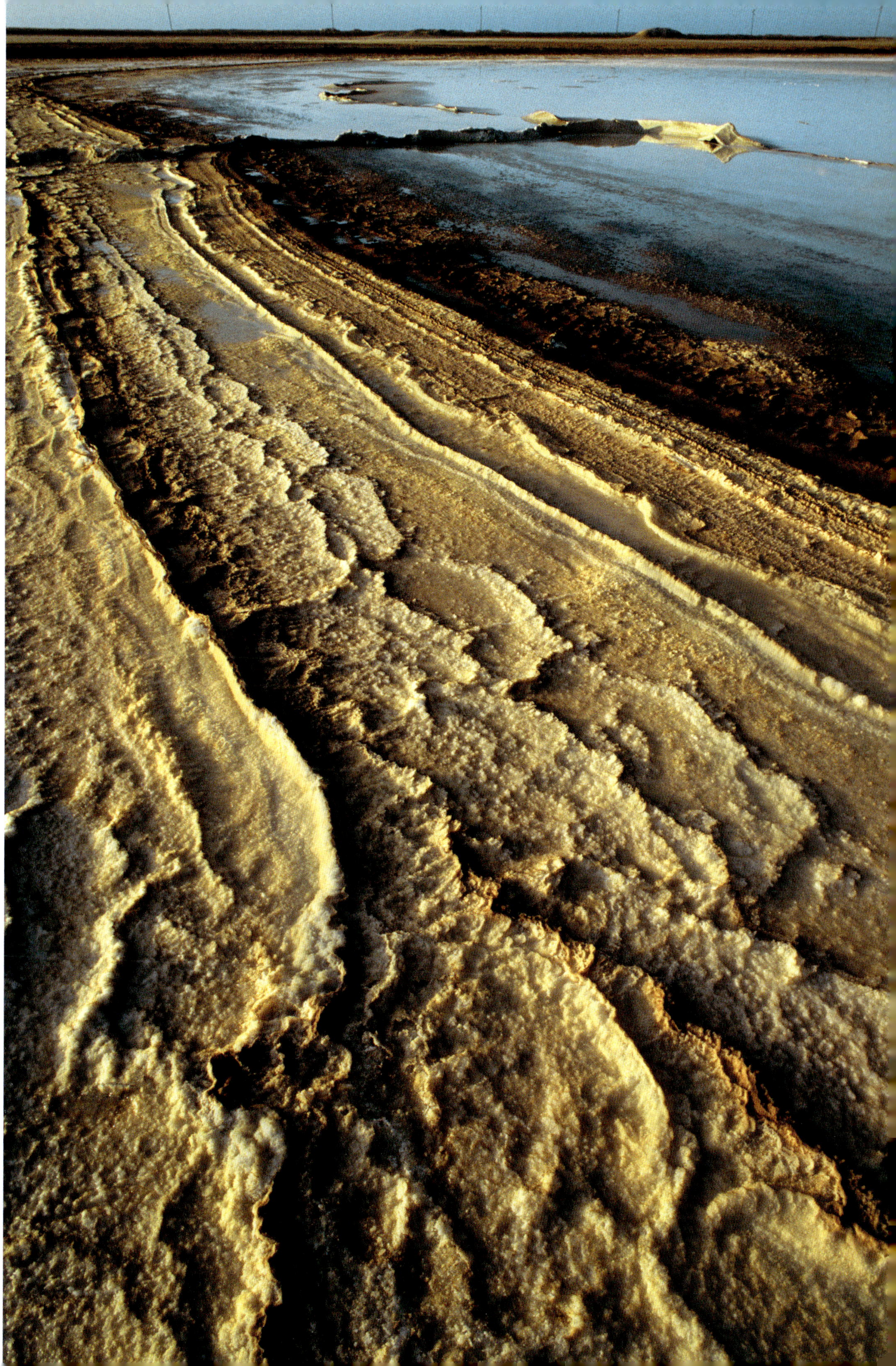

Manaure

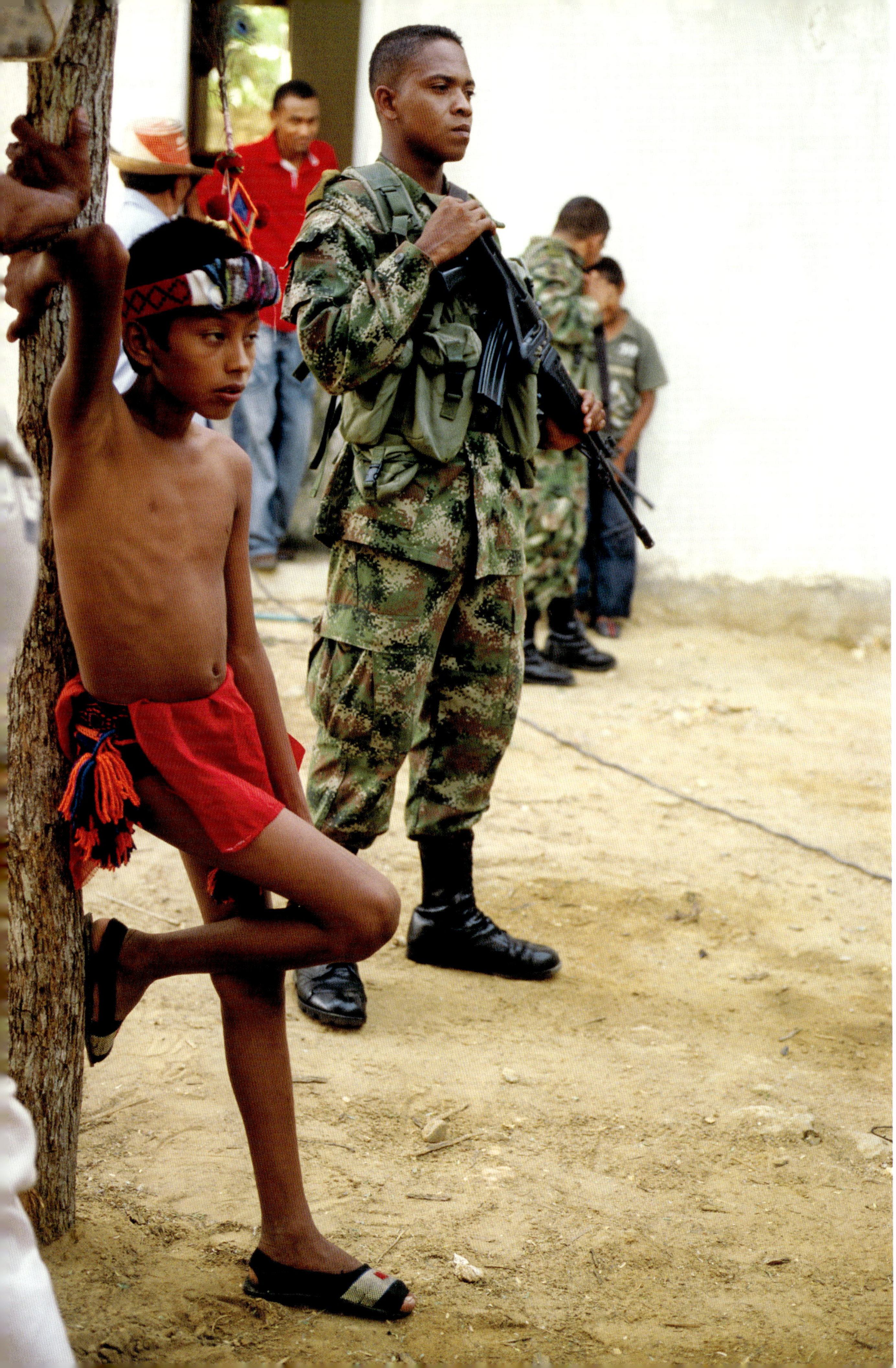

Uribia

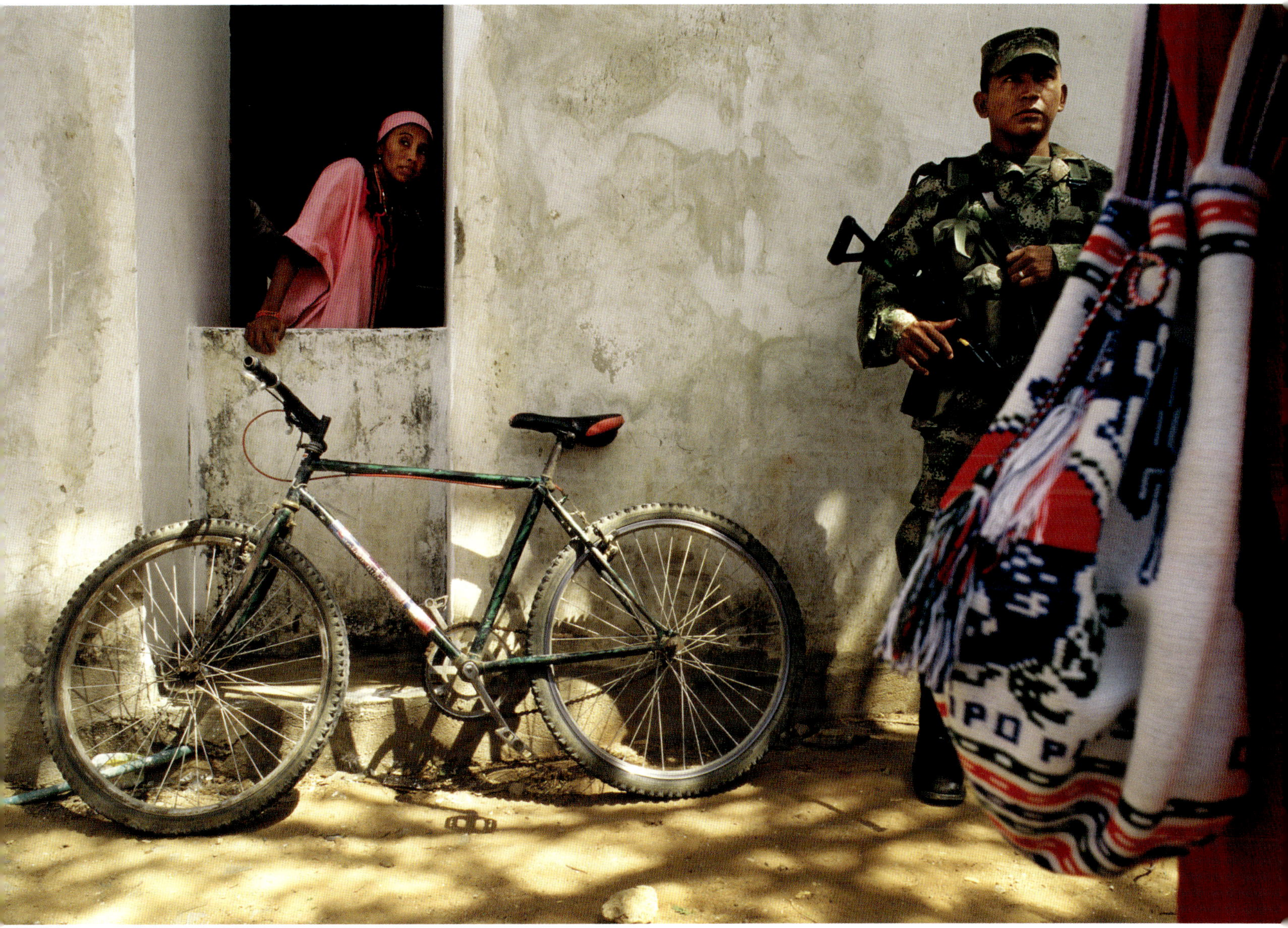

Uribia

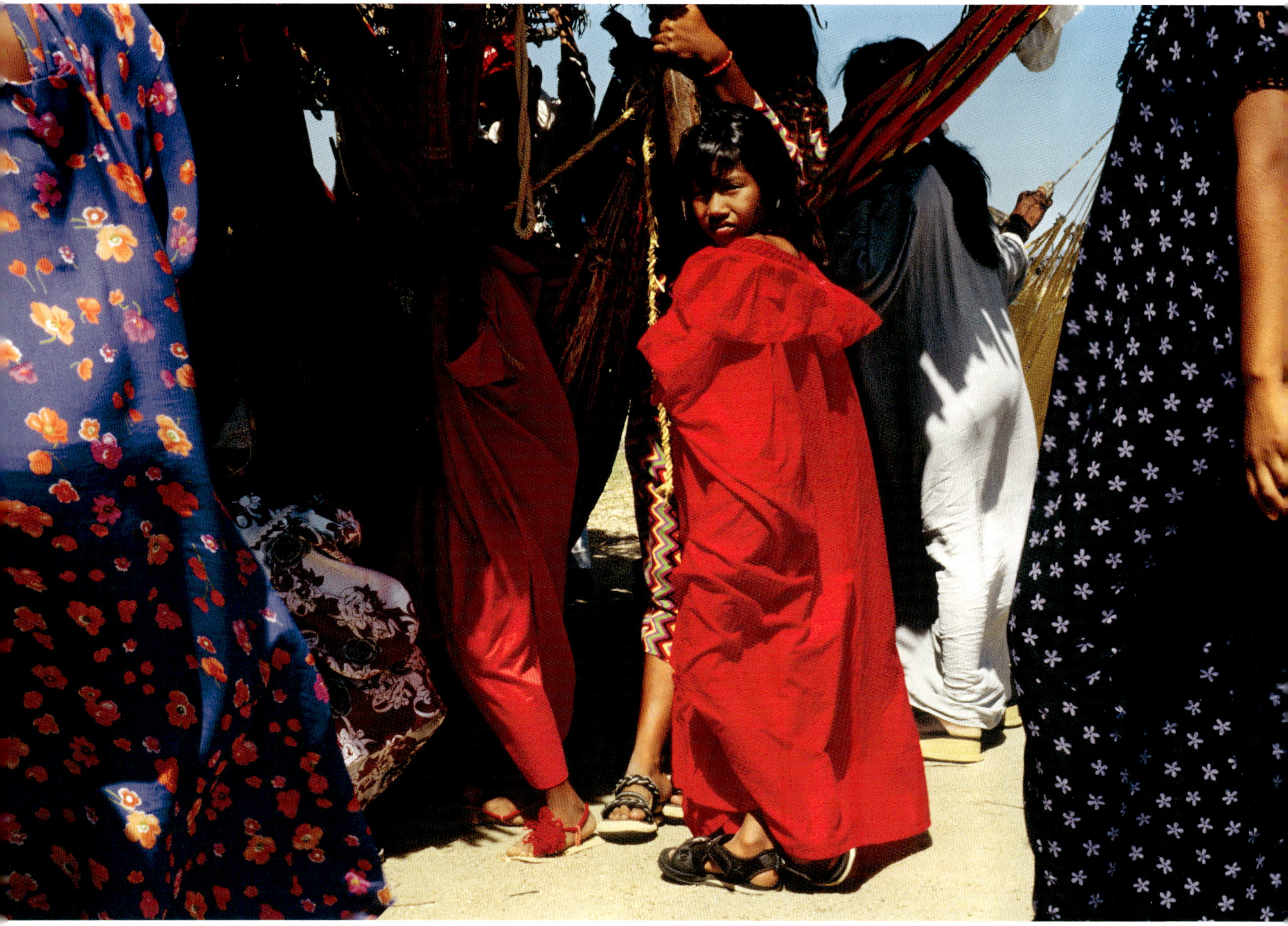

Lantacira

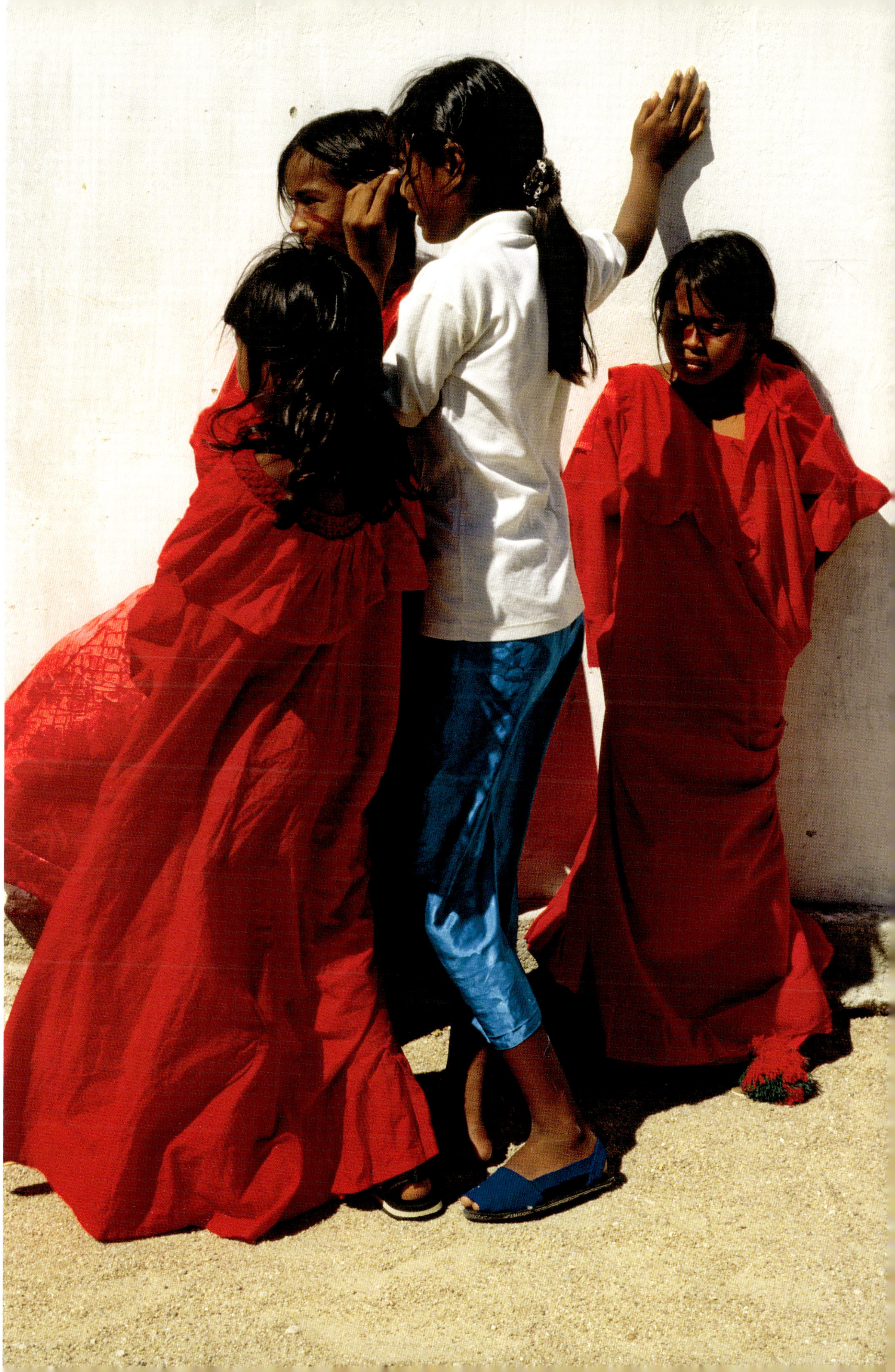

Lantacira

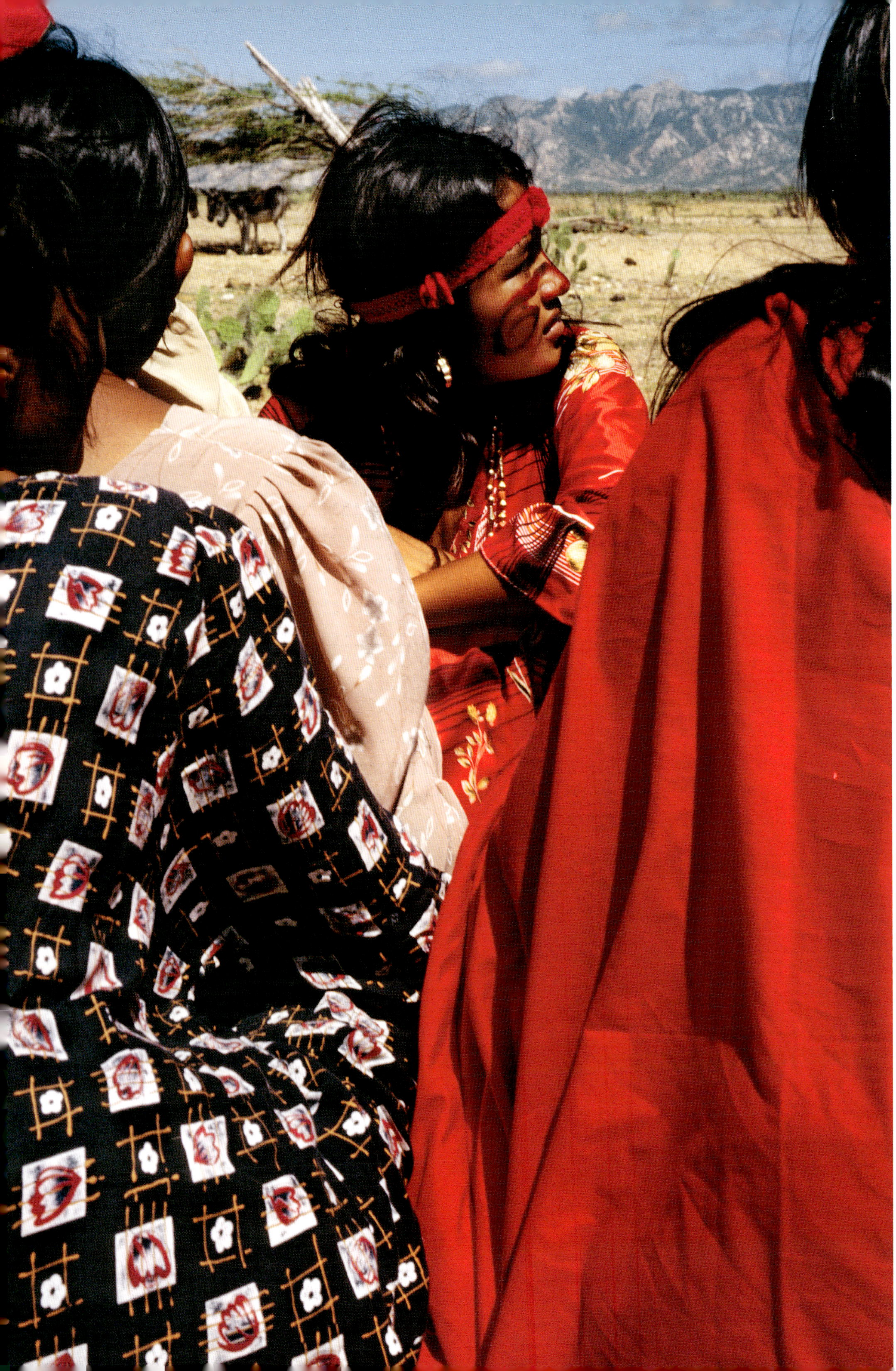

Lantacira

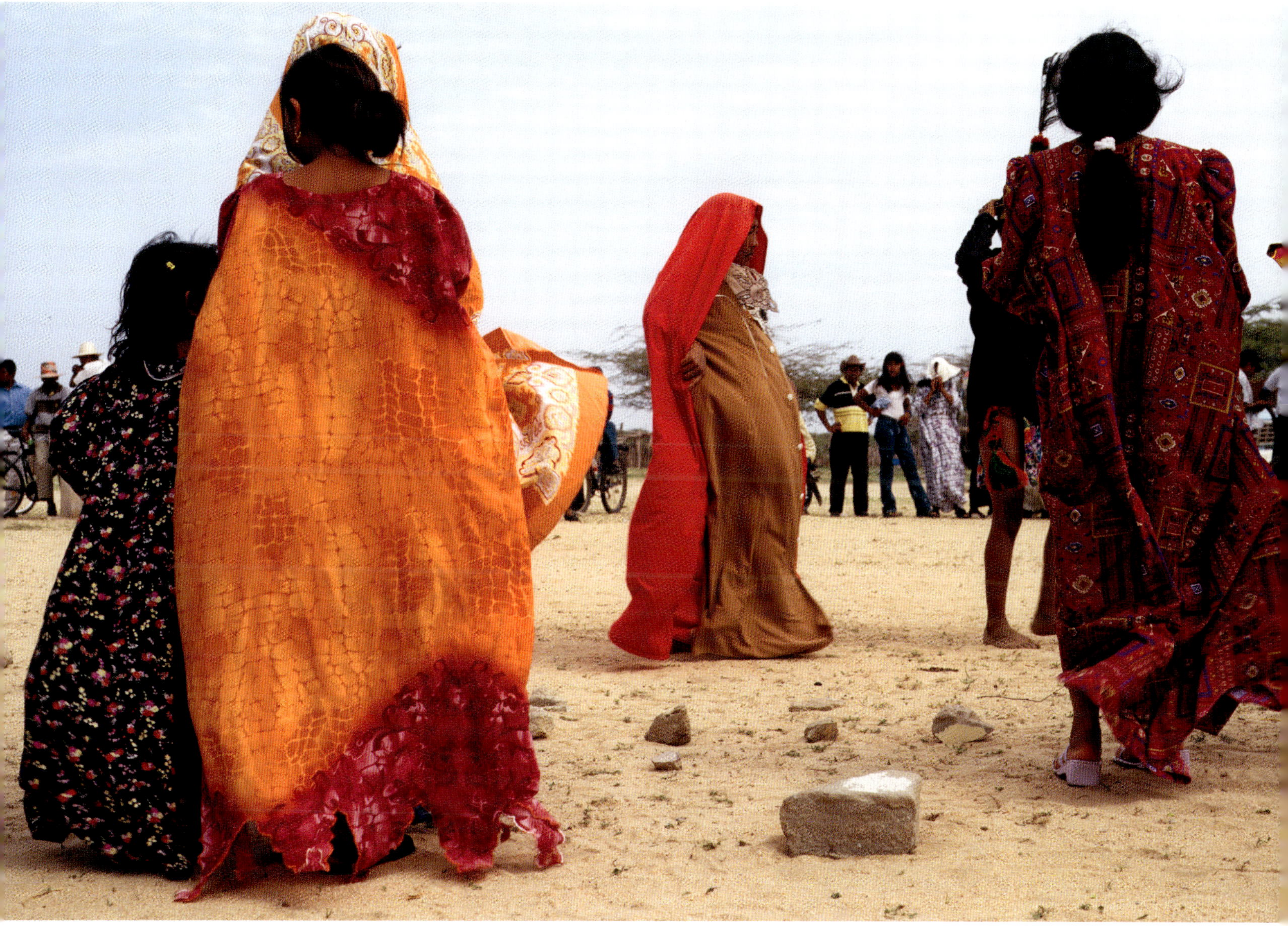

Siapana

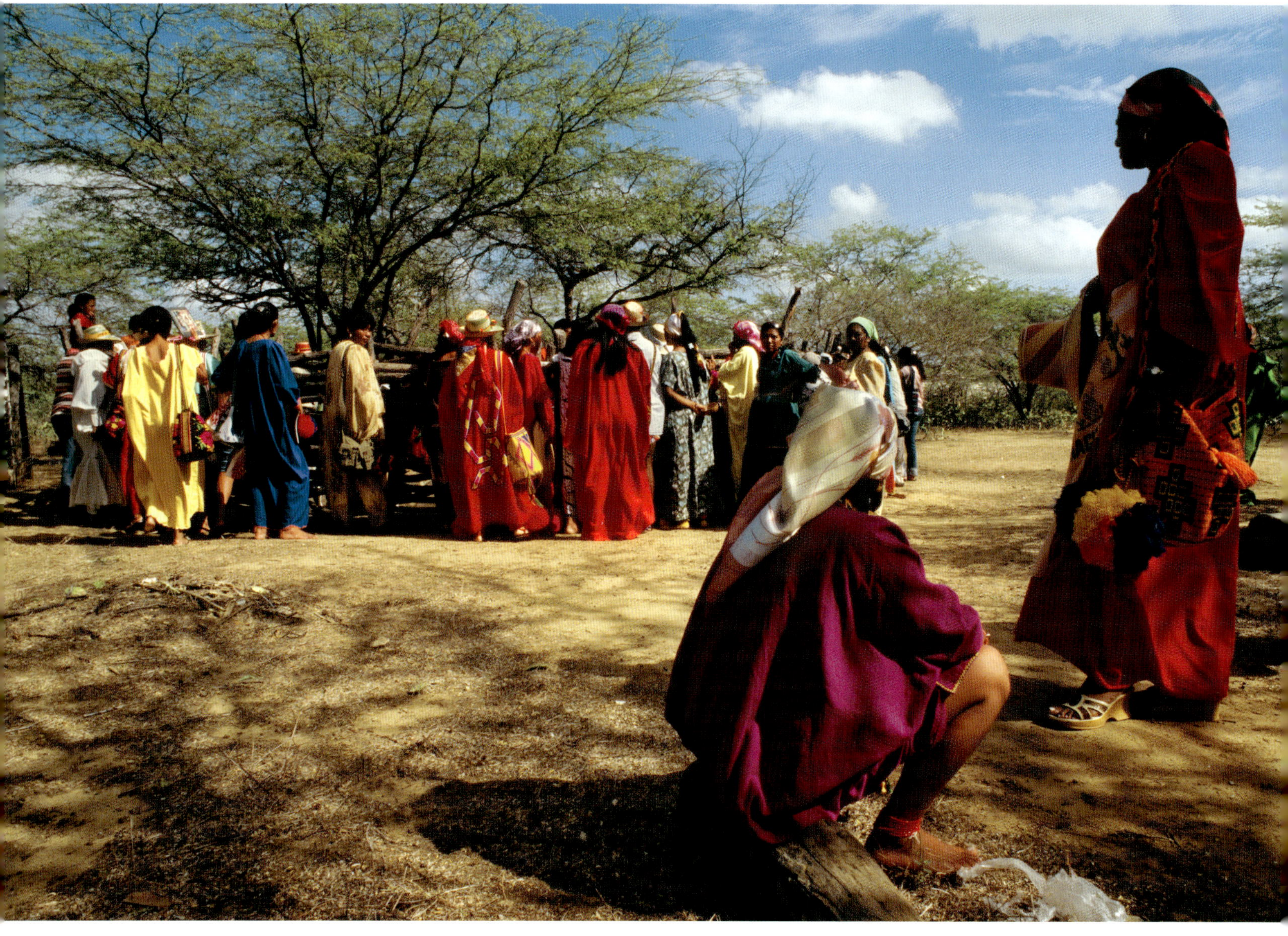

Uribia

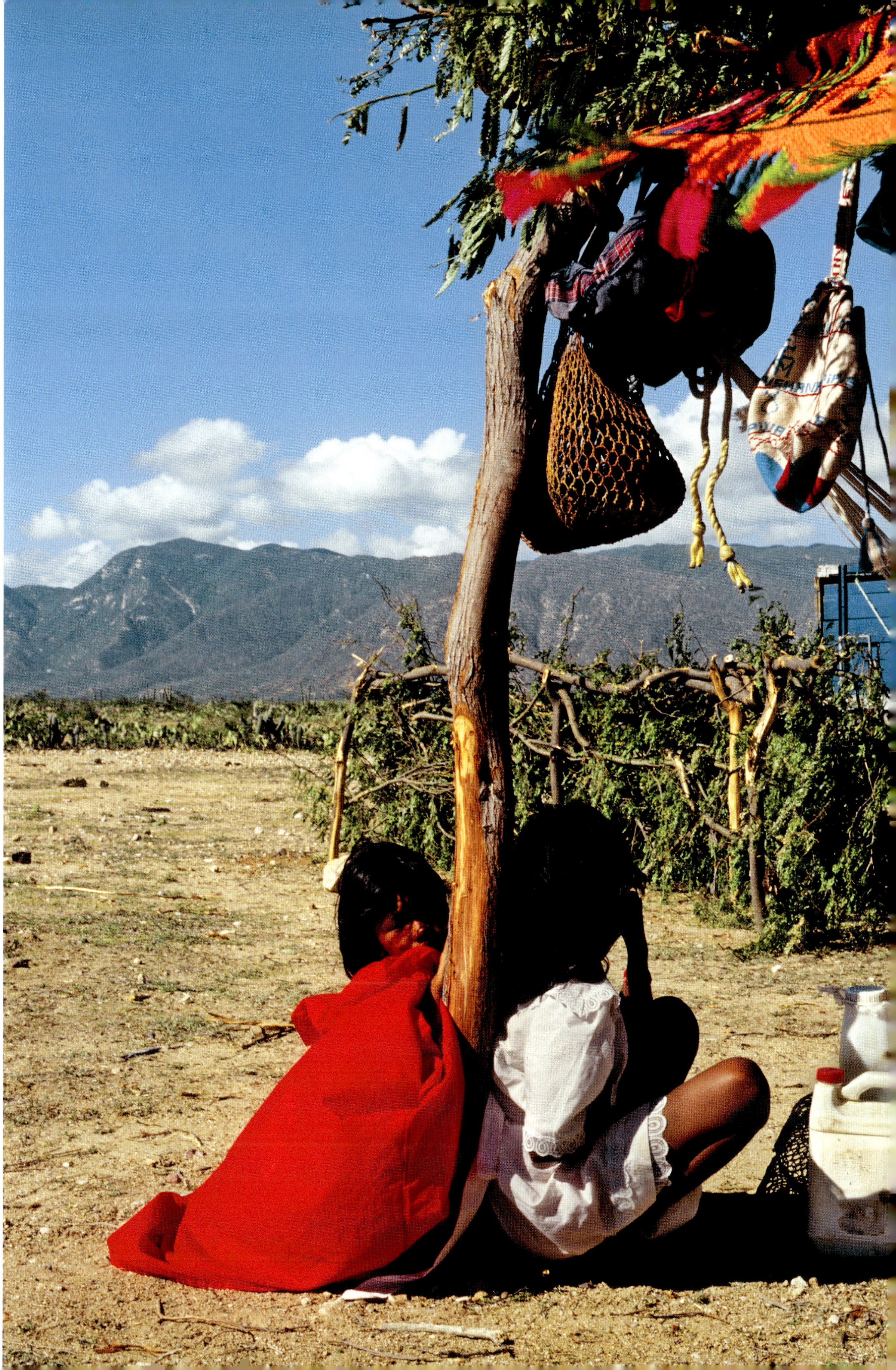

Lantacira

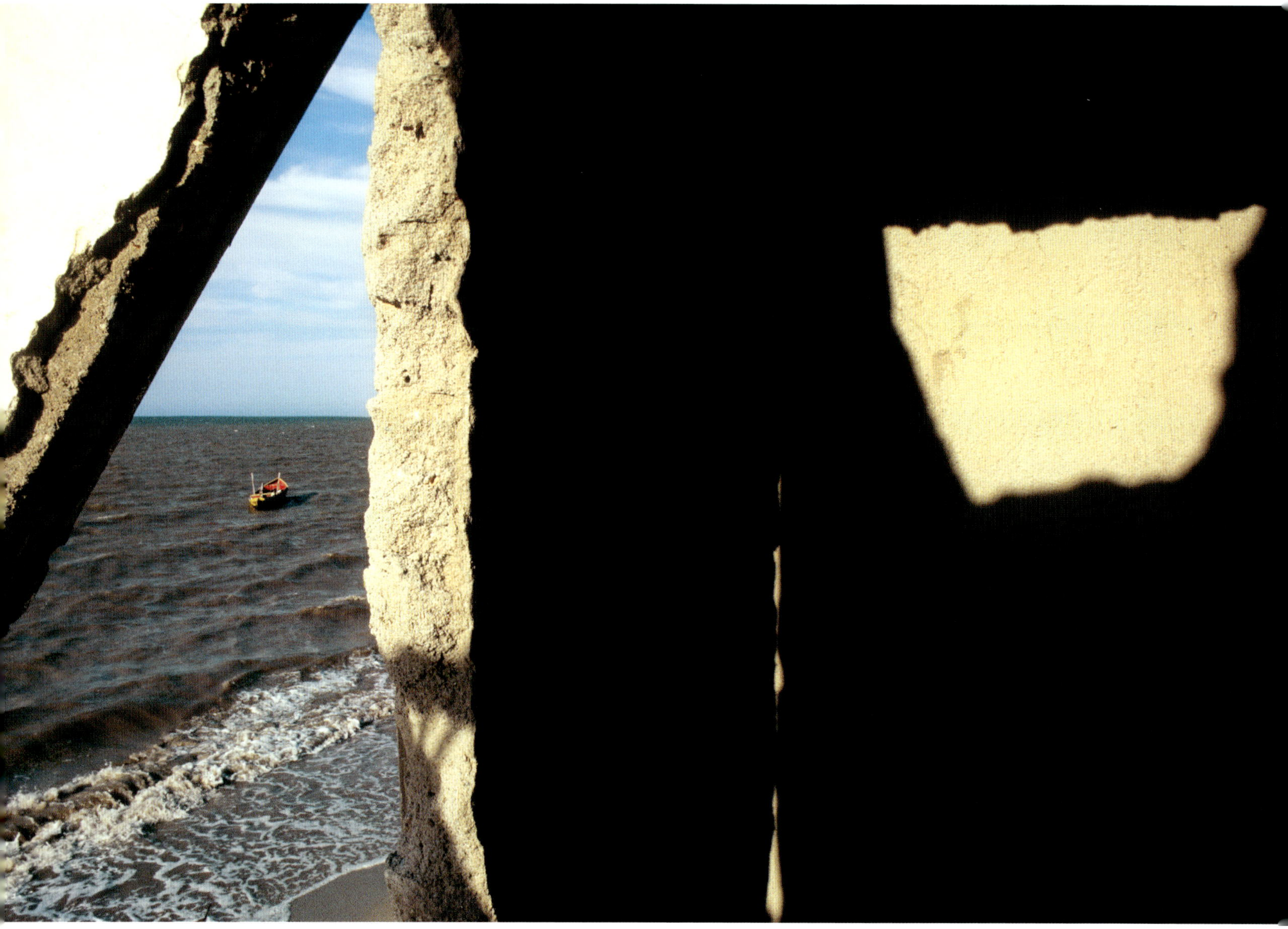

Cangrejito

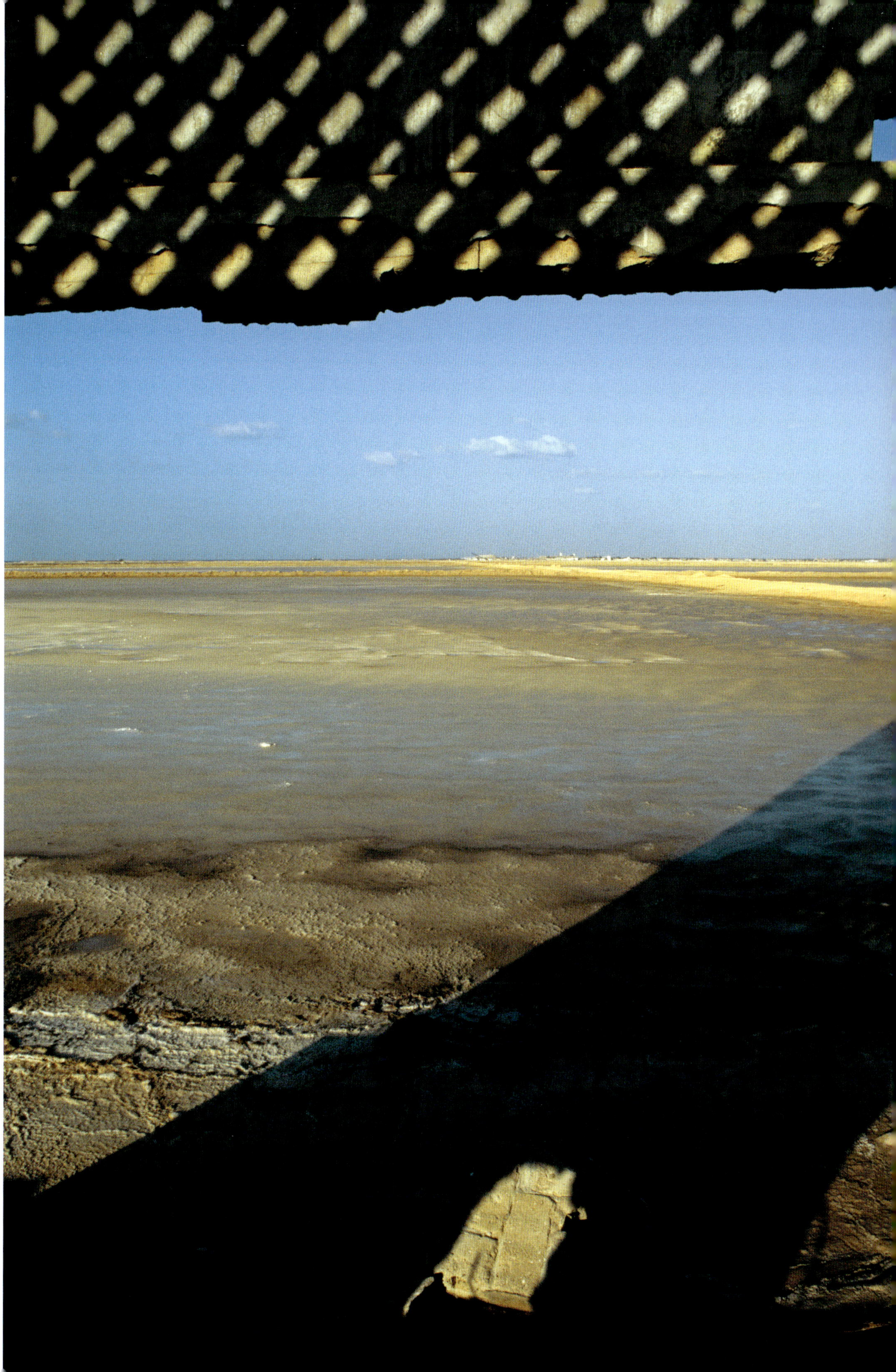

Manaure

Cabo de la Vela

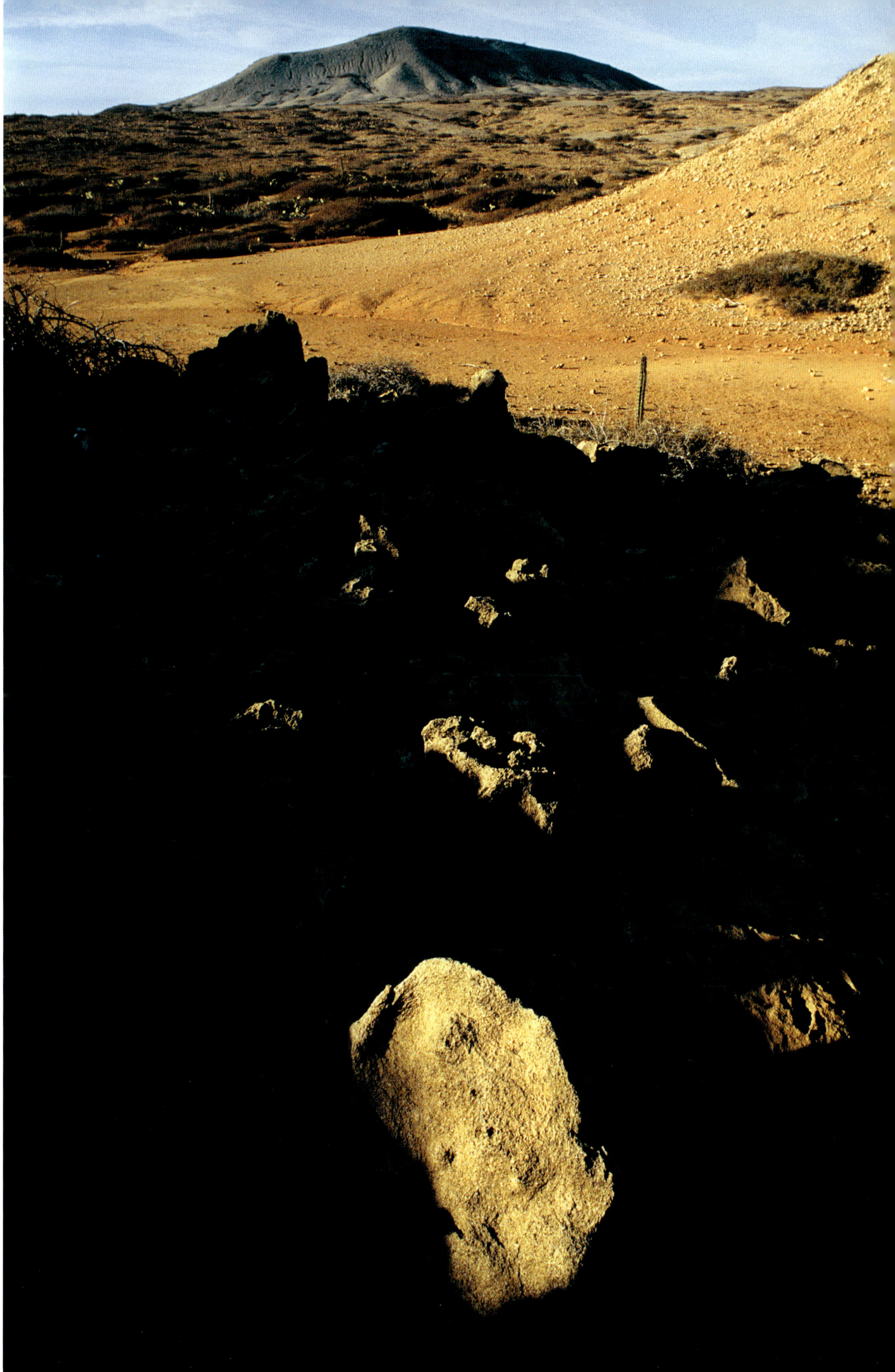

Cabo de la Vela

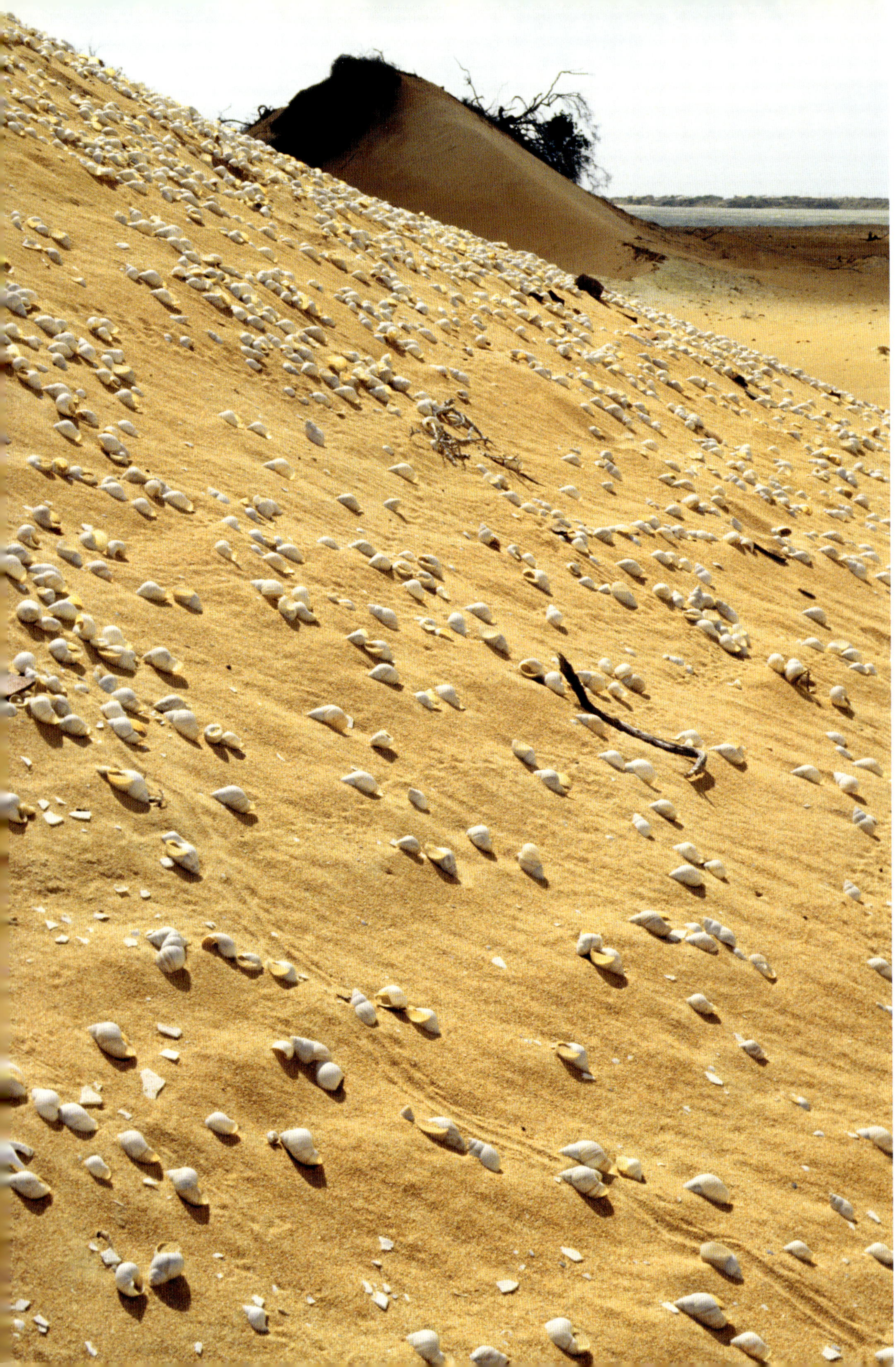

Puerto Estrella

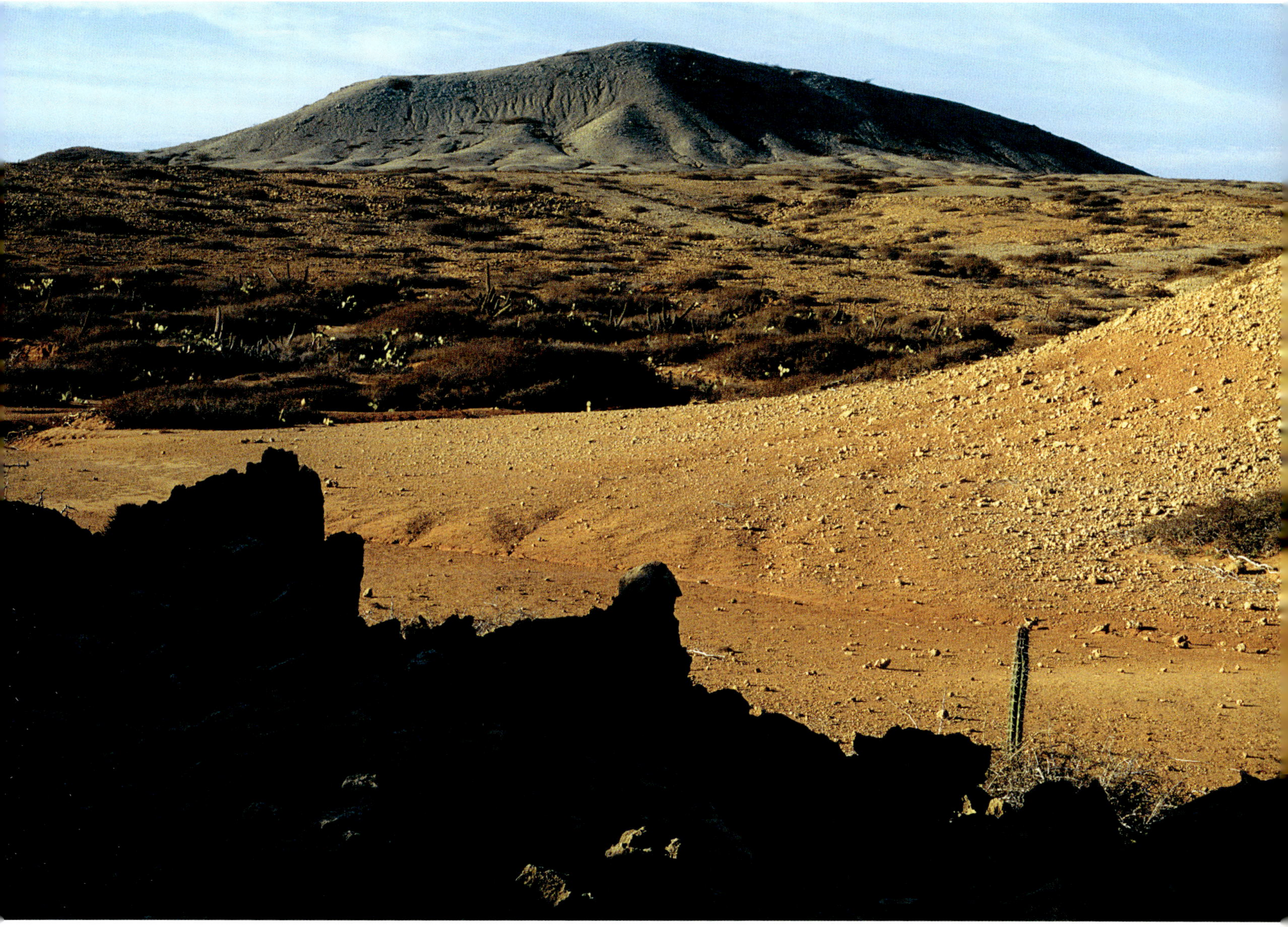

Cabo de la Vela

Páginas siguientes
Macaraipao

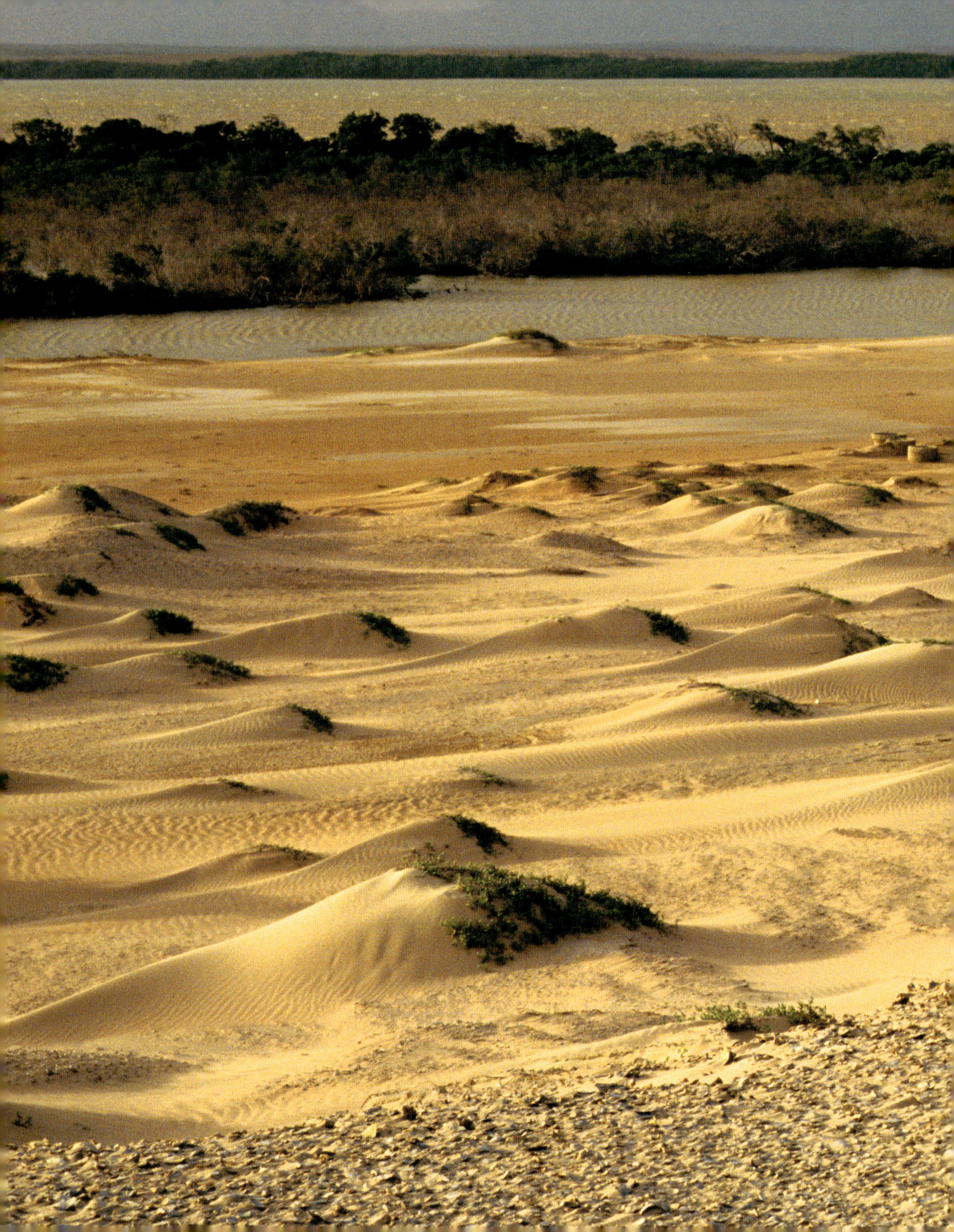

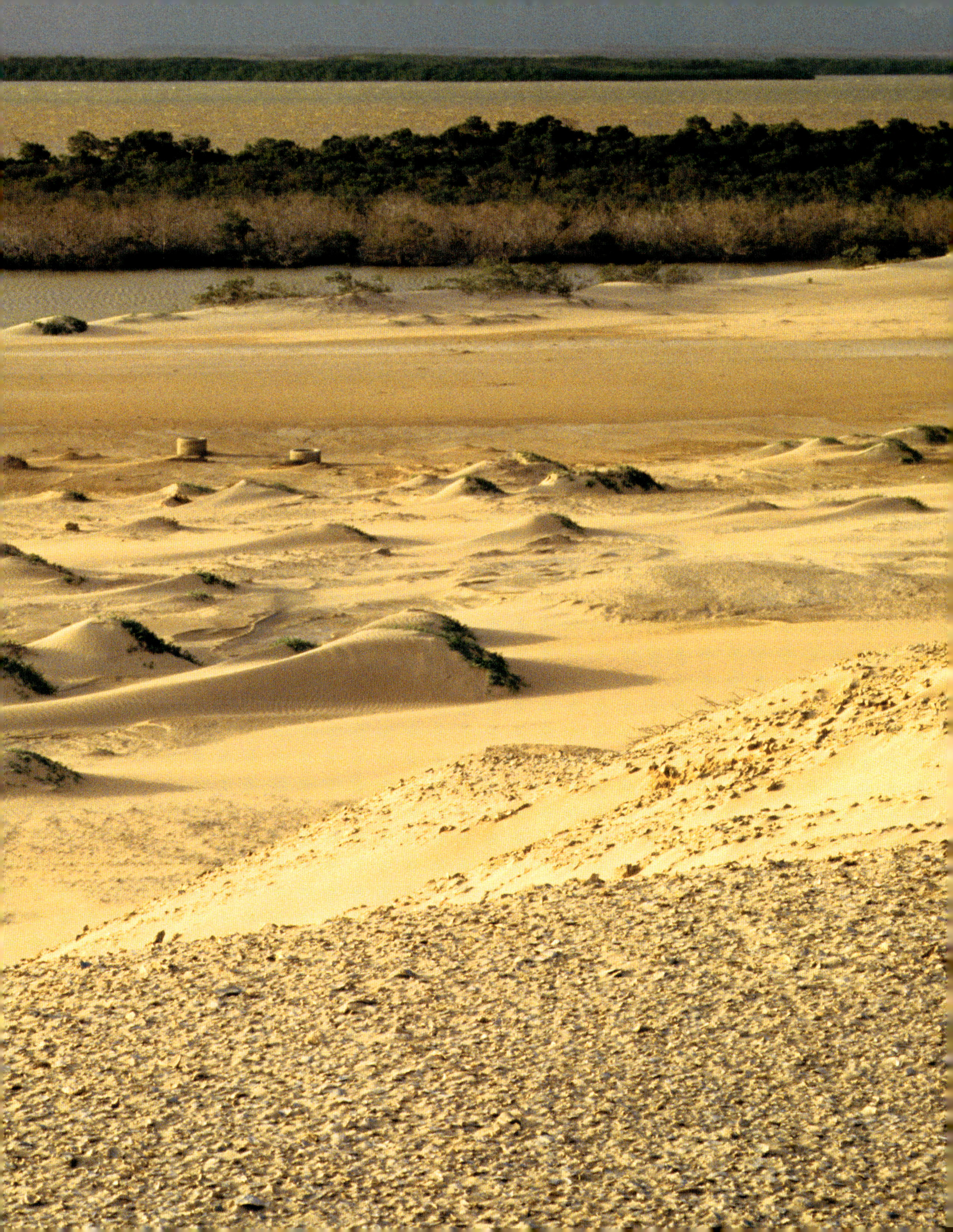

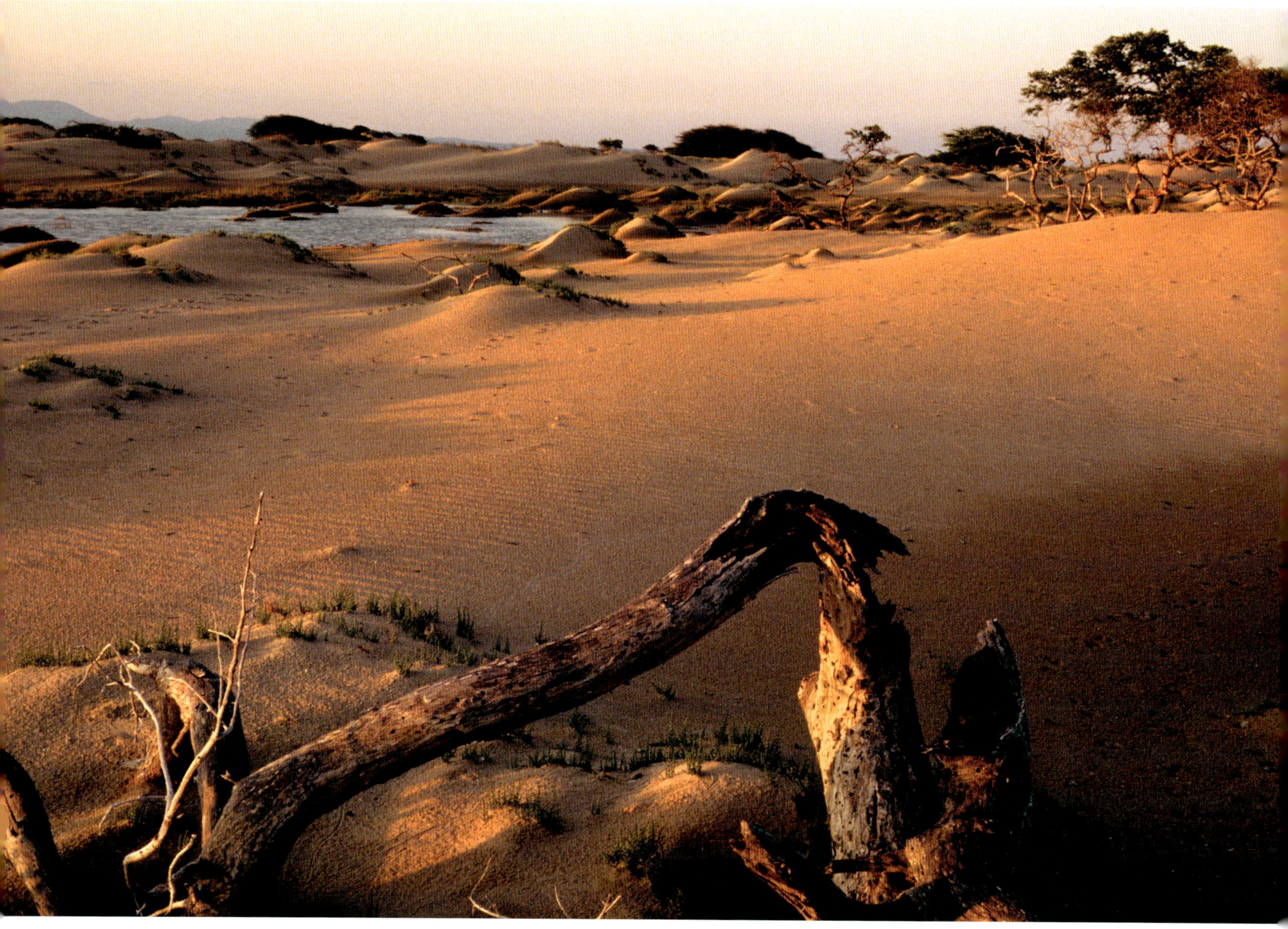

Puerto López

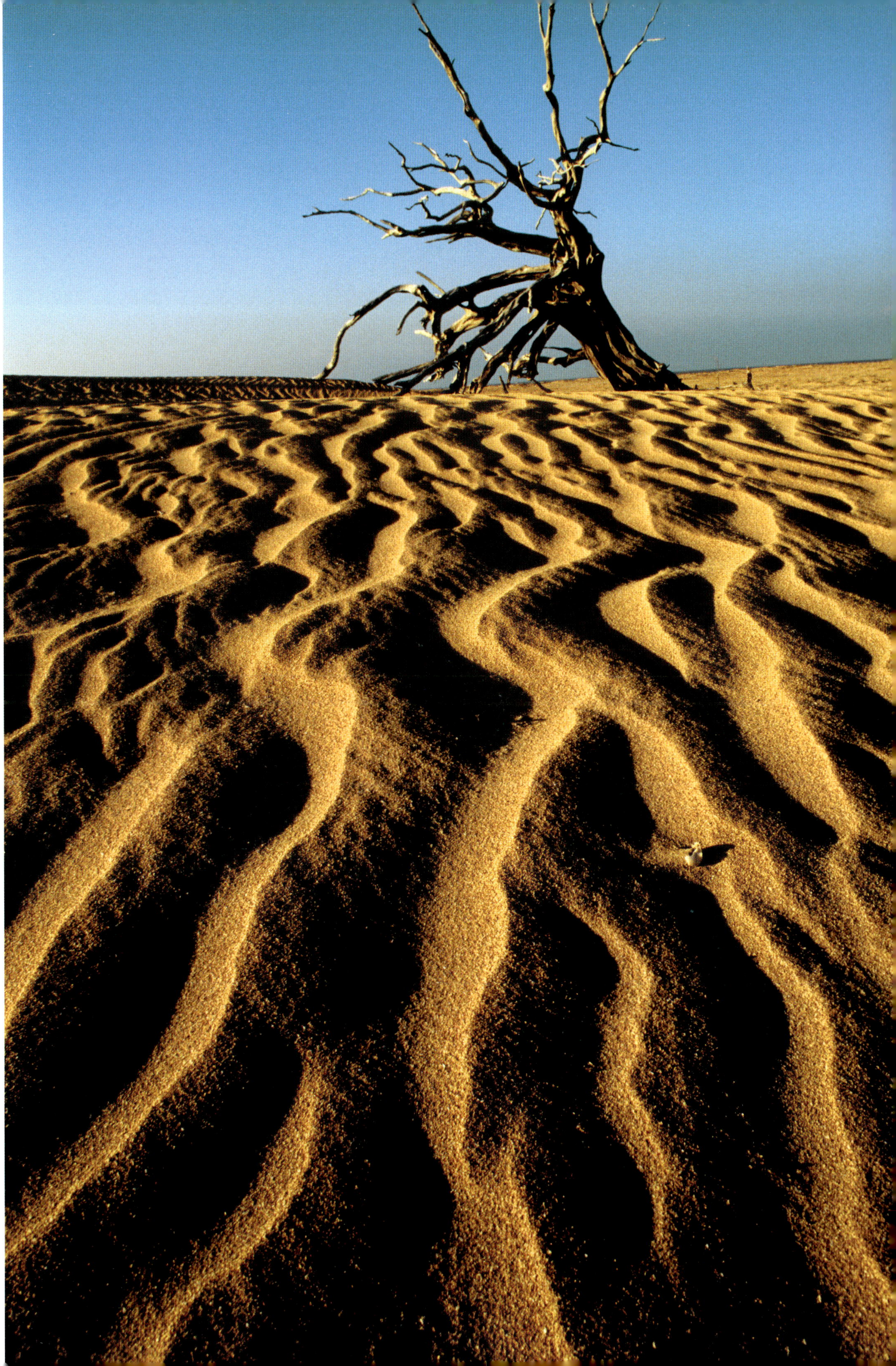

Puerto Estrella

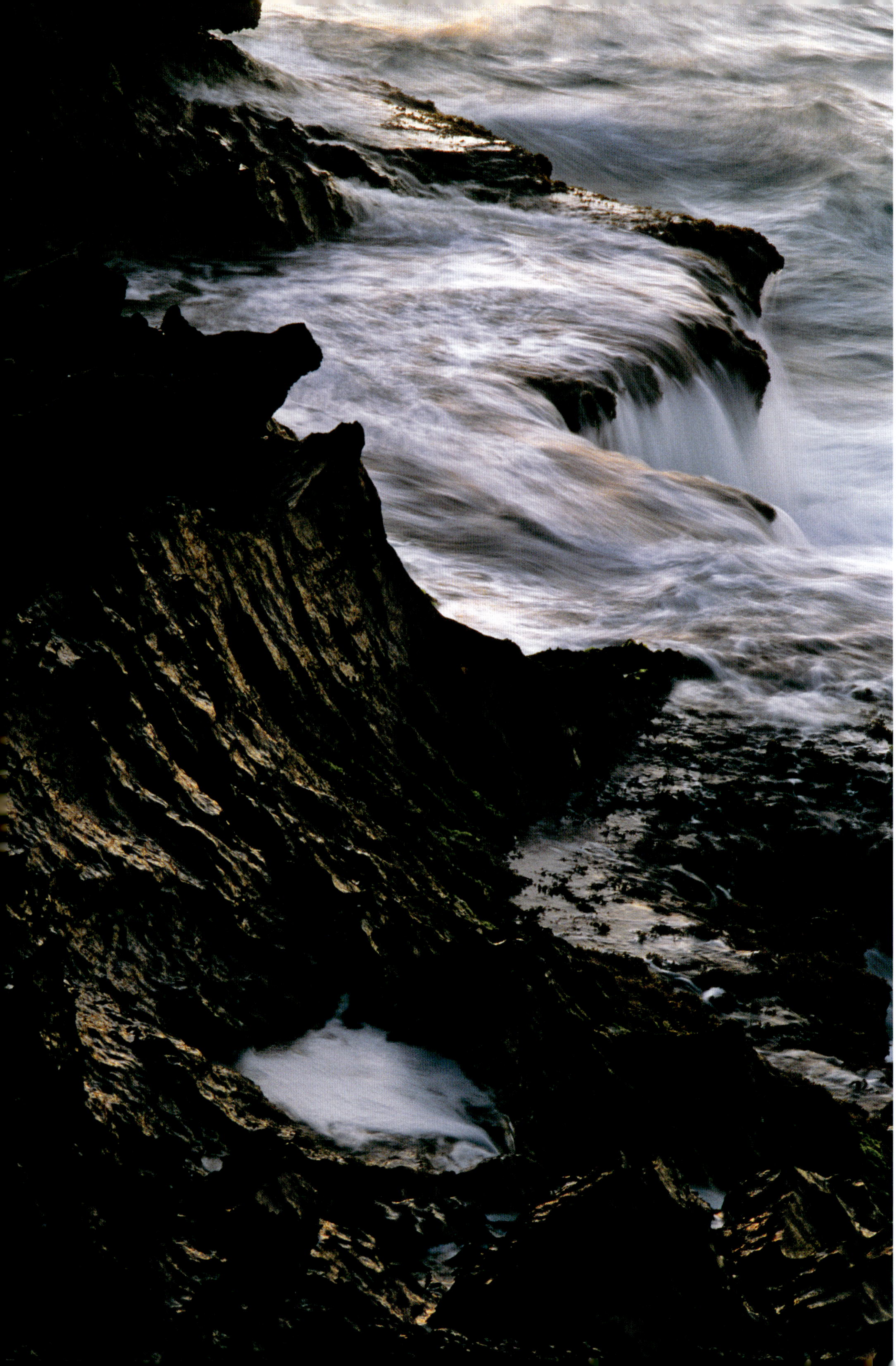

Cabo de la Vela

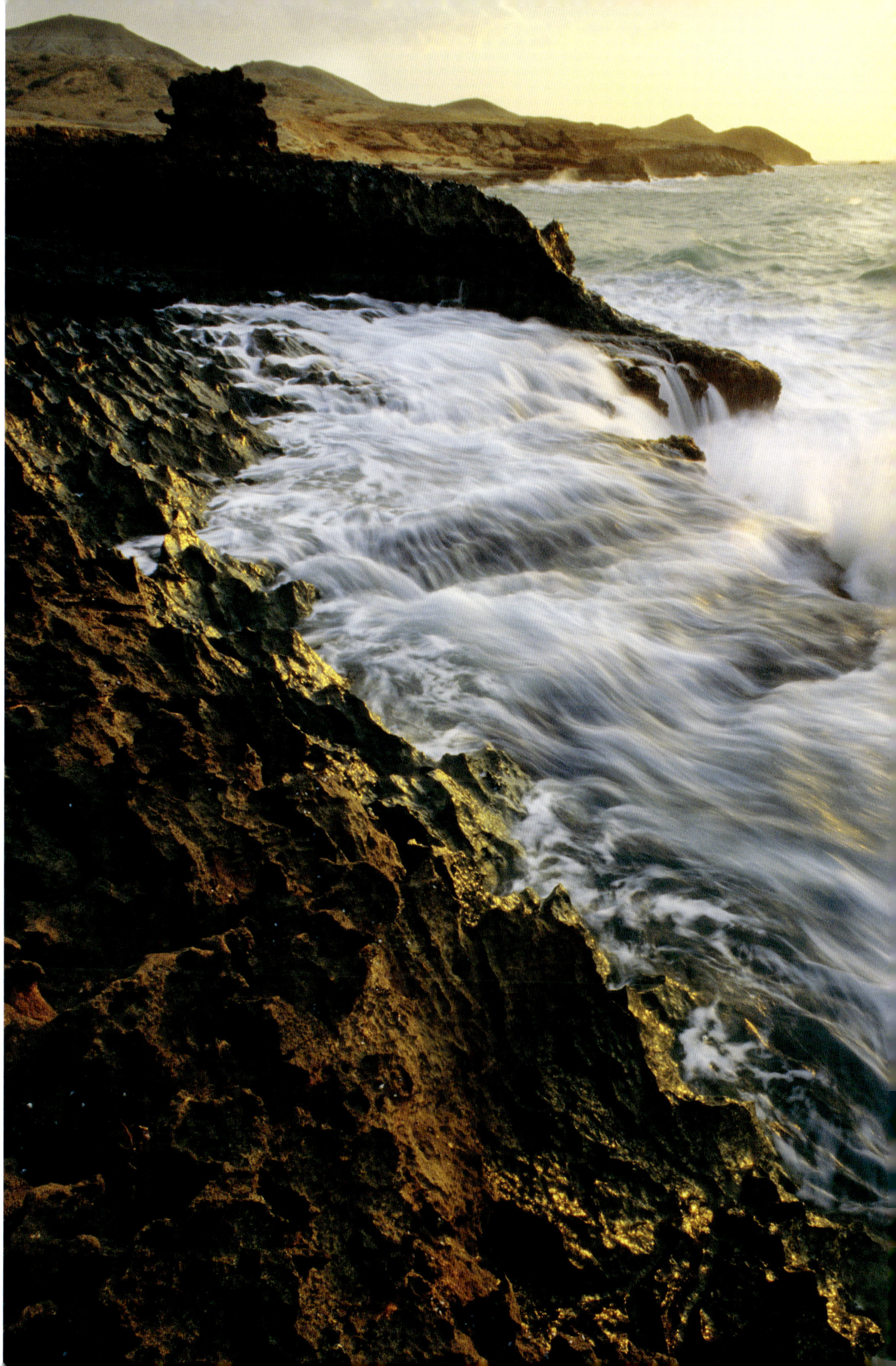

Cabo de la Vela

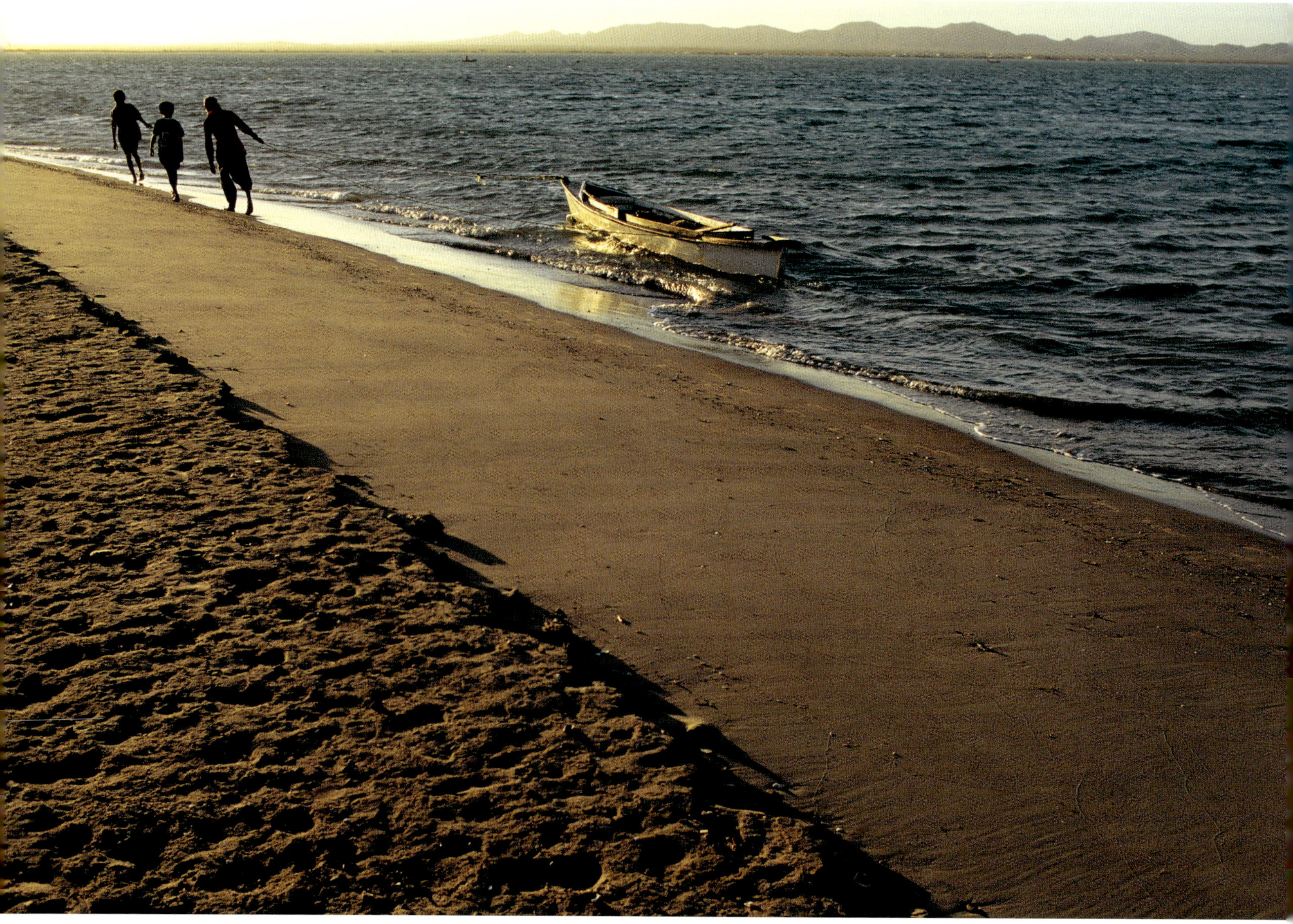

Cabo de la Vela

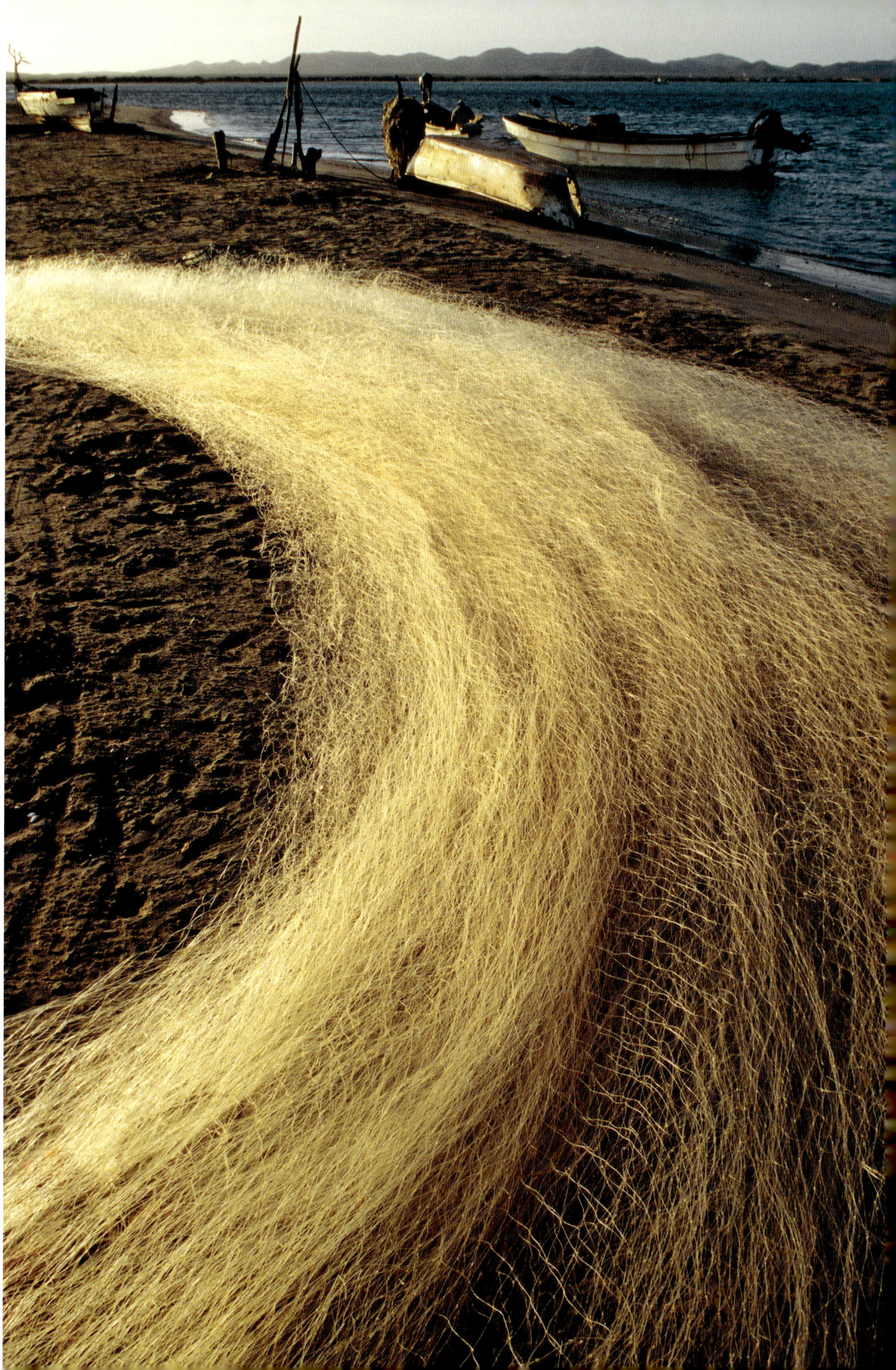

Cabo de la Vela

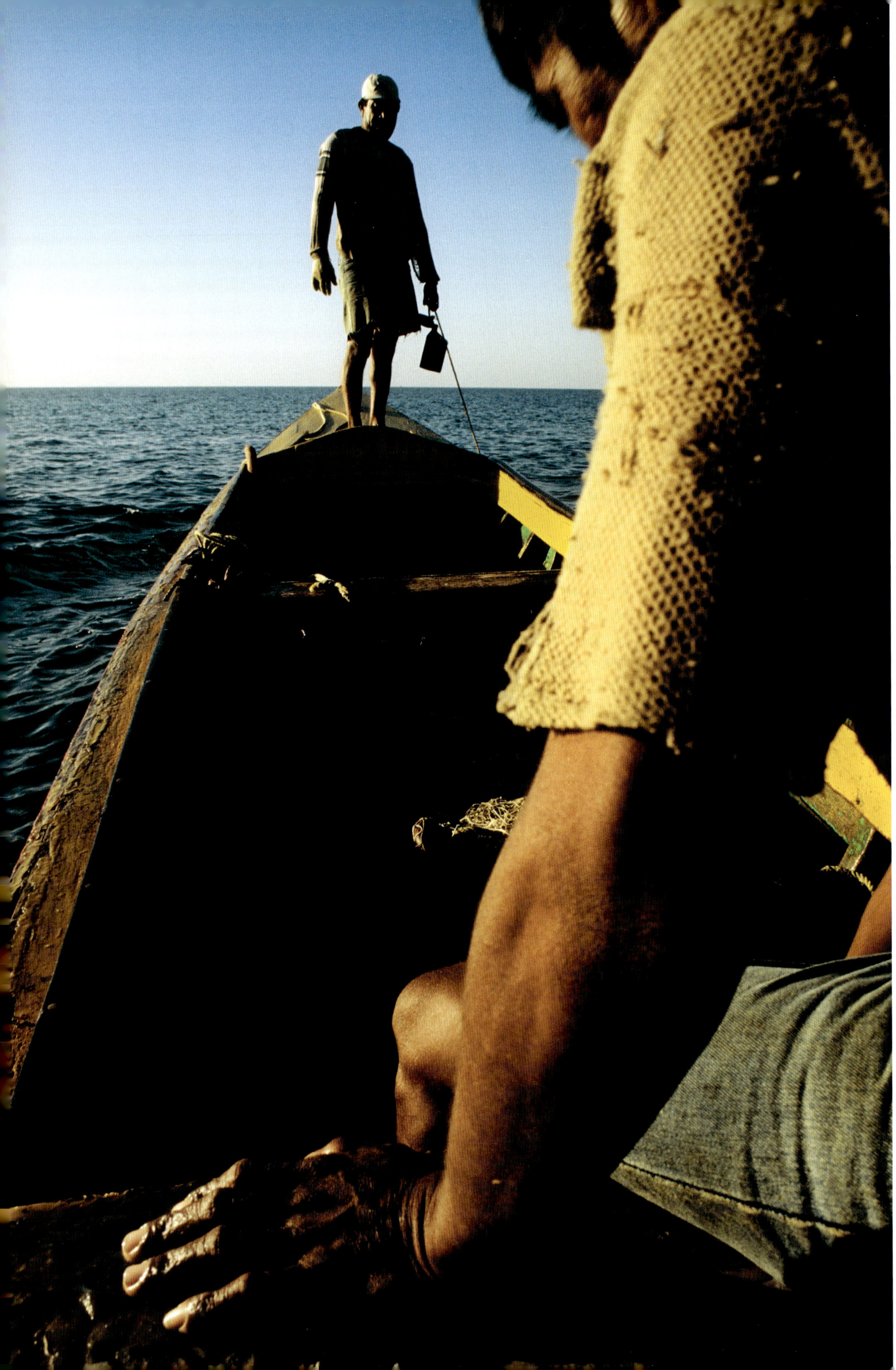

Cabo de la Vela

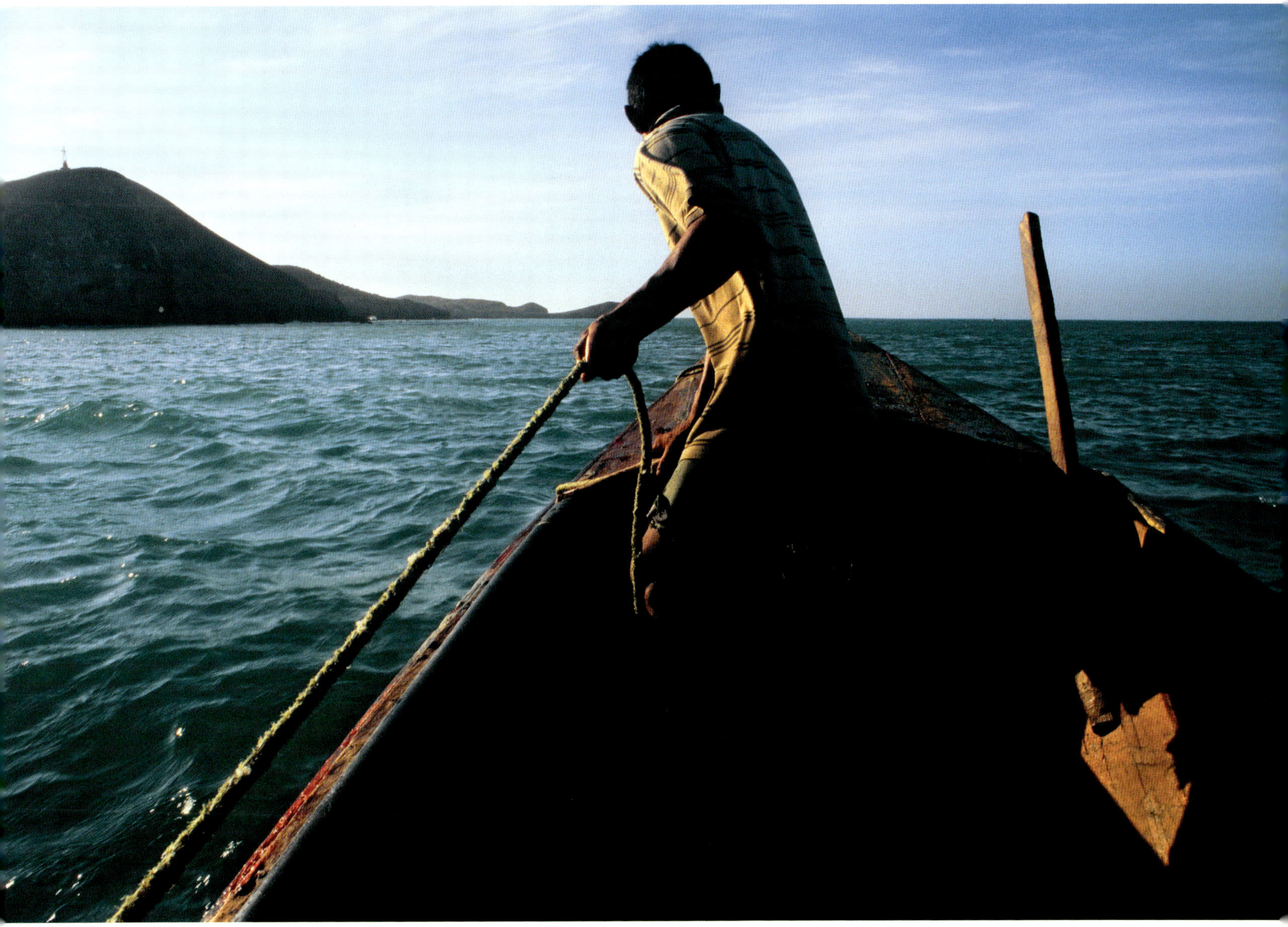

Cabo de la Vela

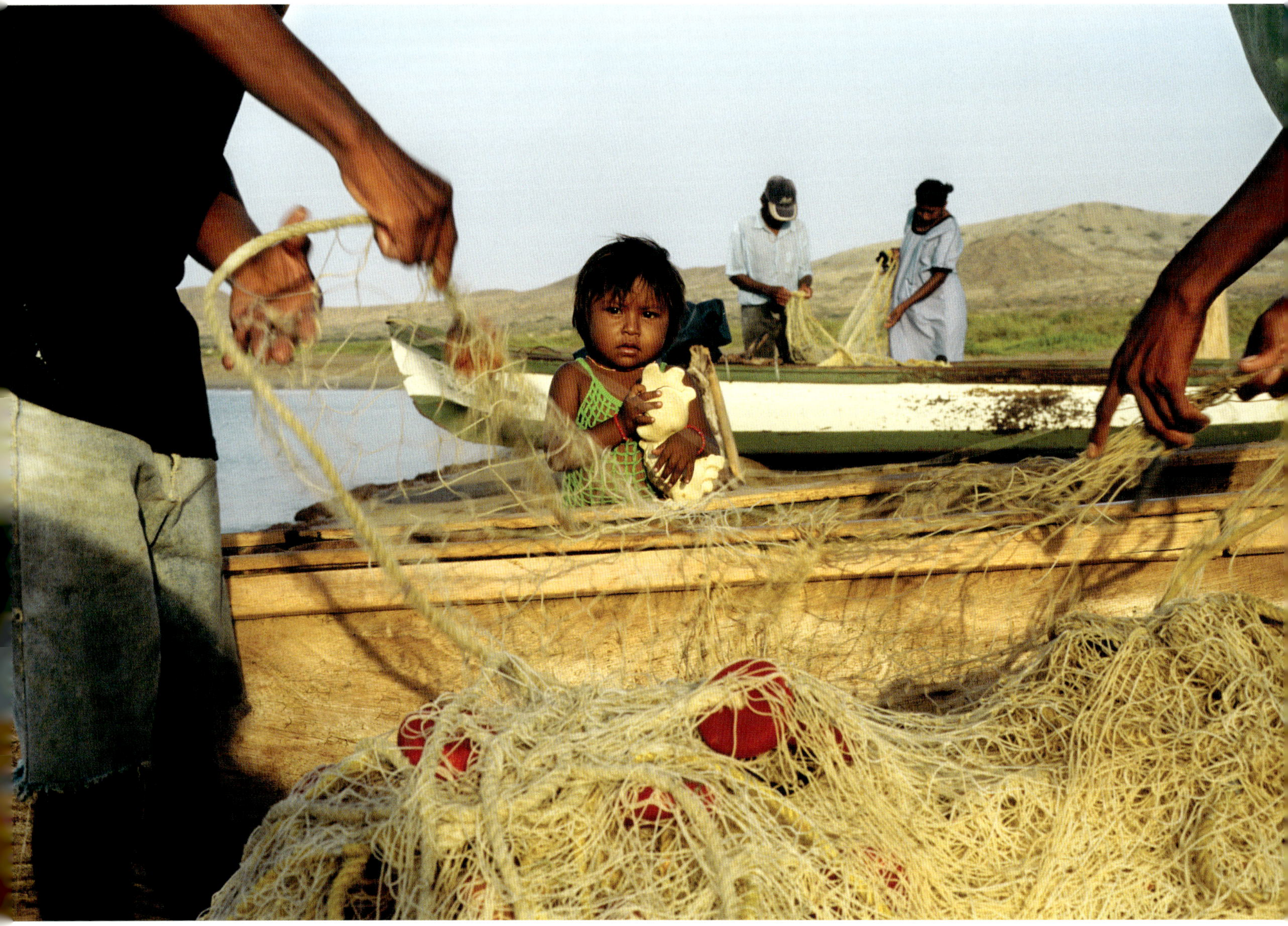

Cabo de la Vela

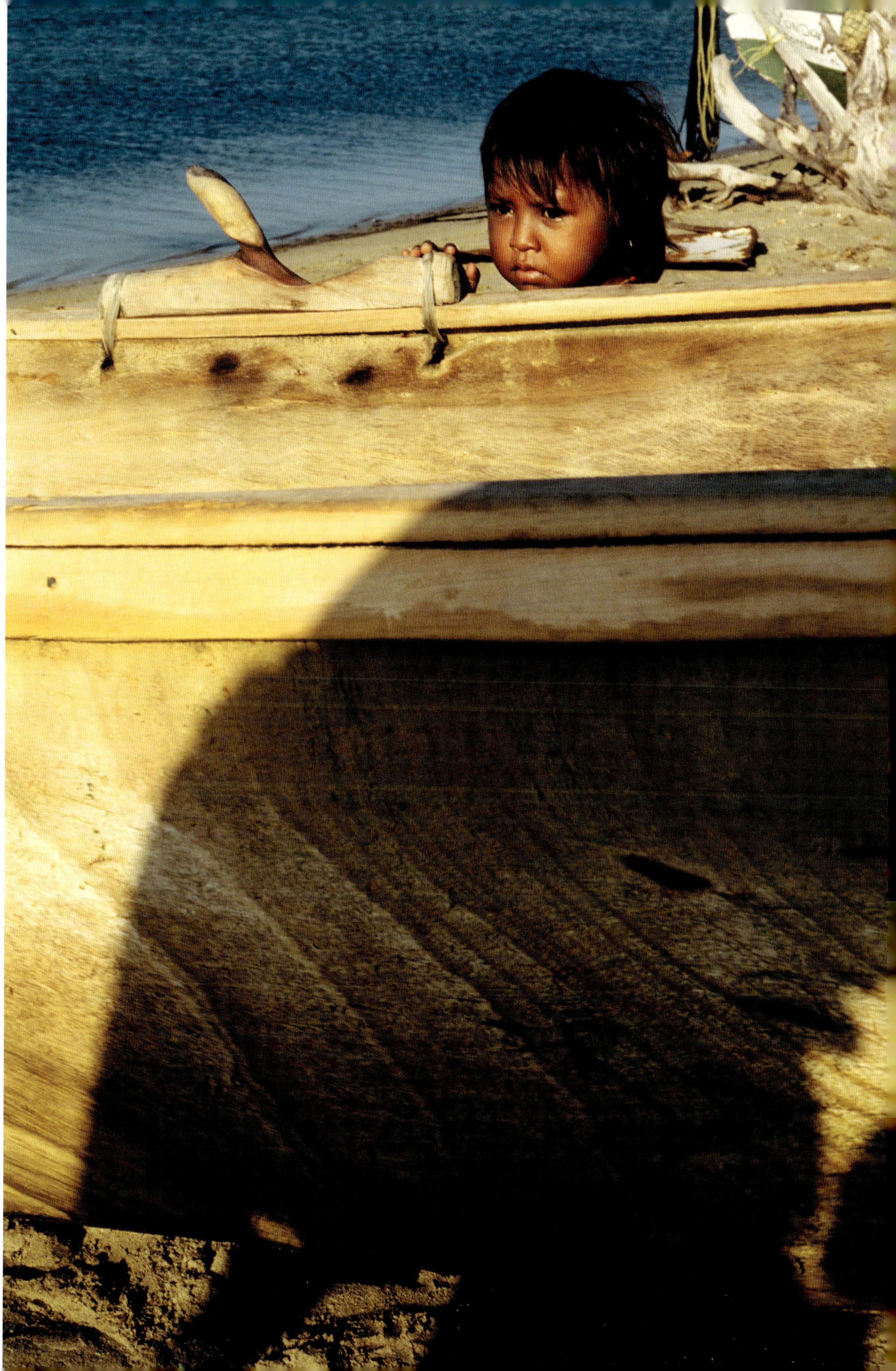

Cabo de la Vela

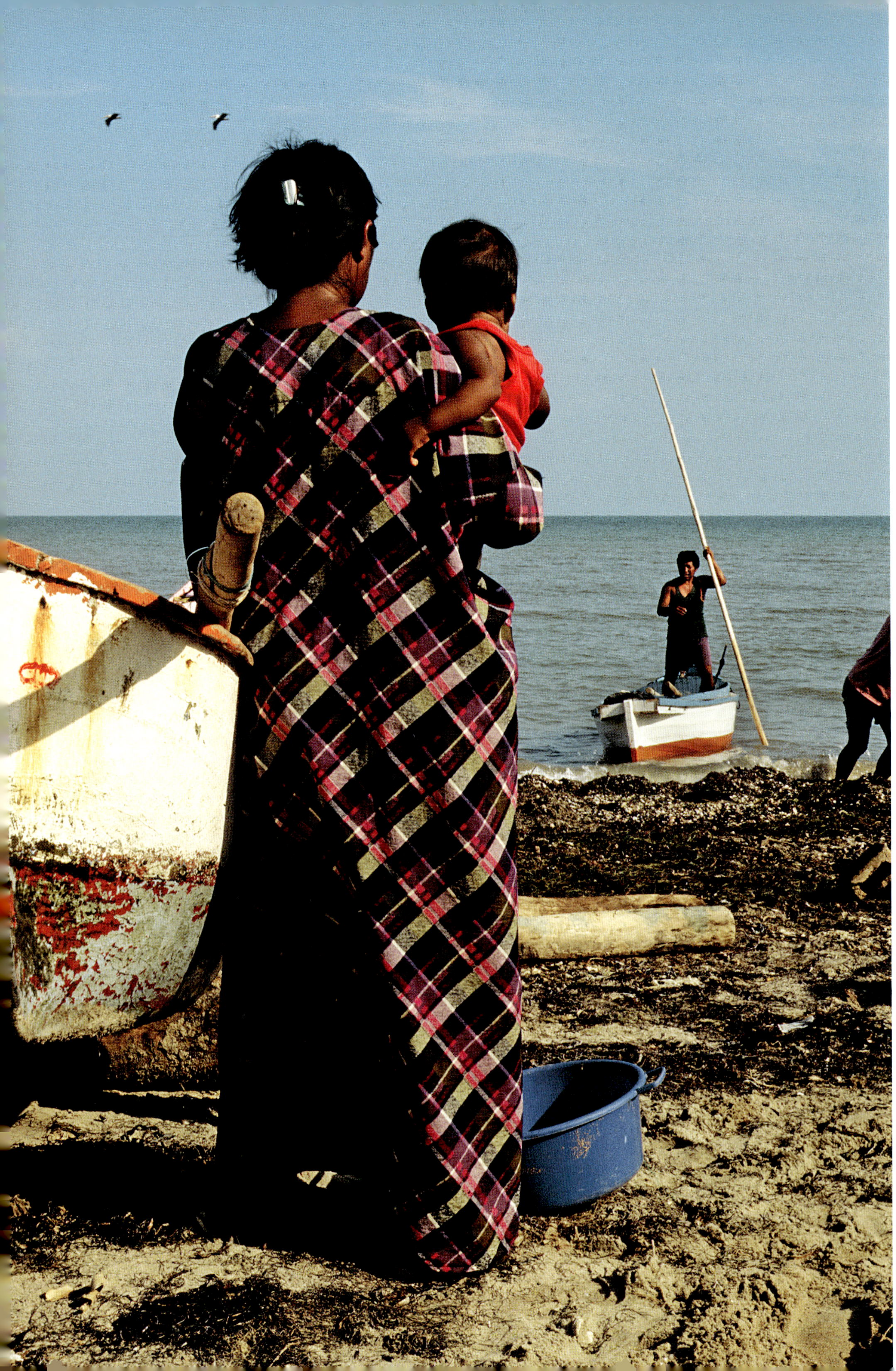

Cangrejito

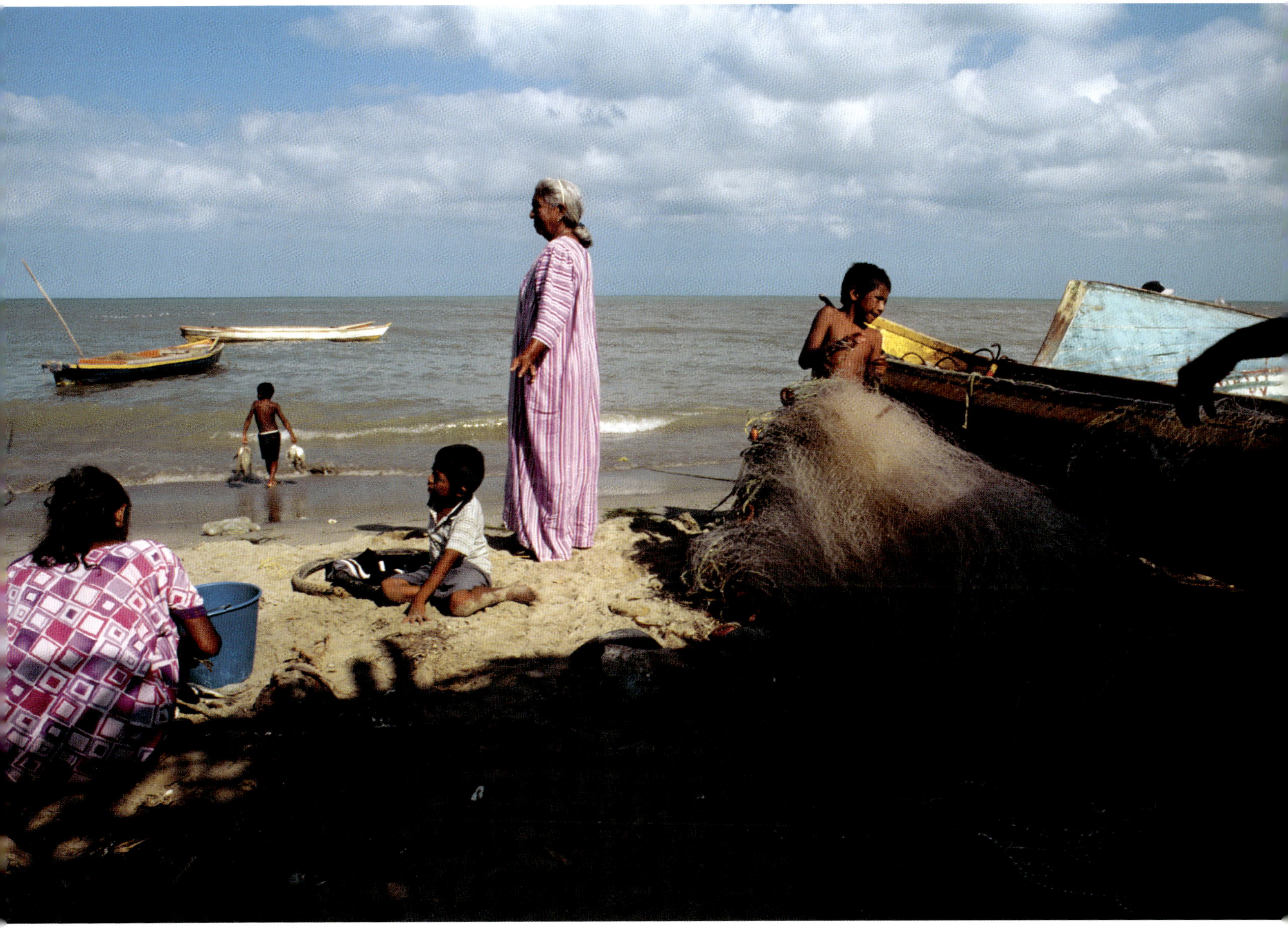

Cangrejito

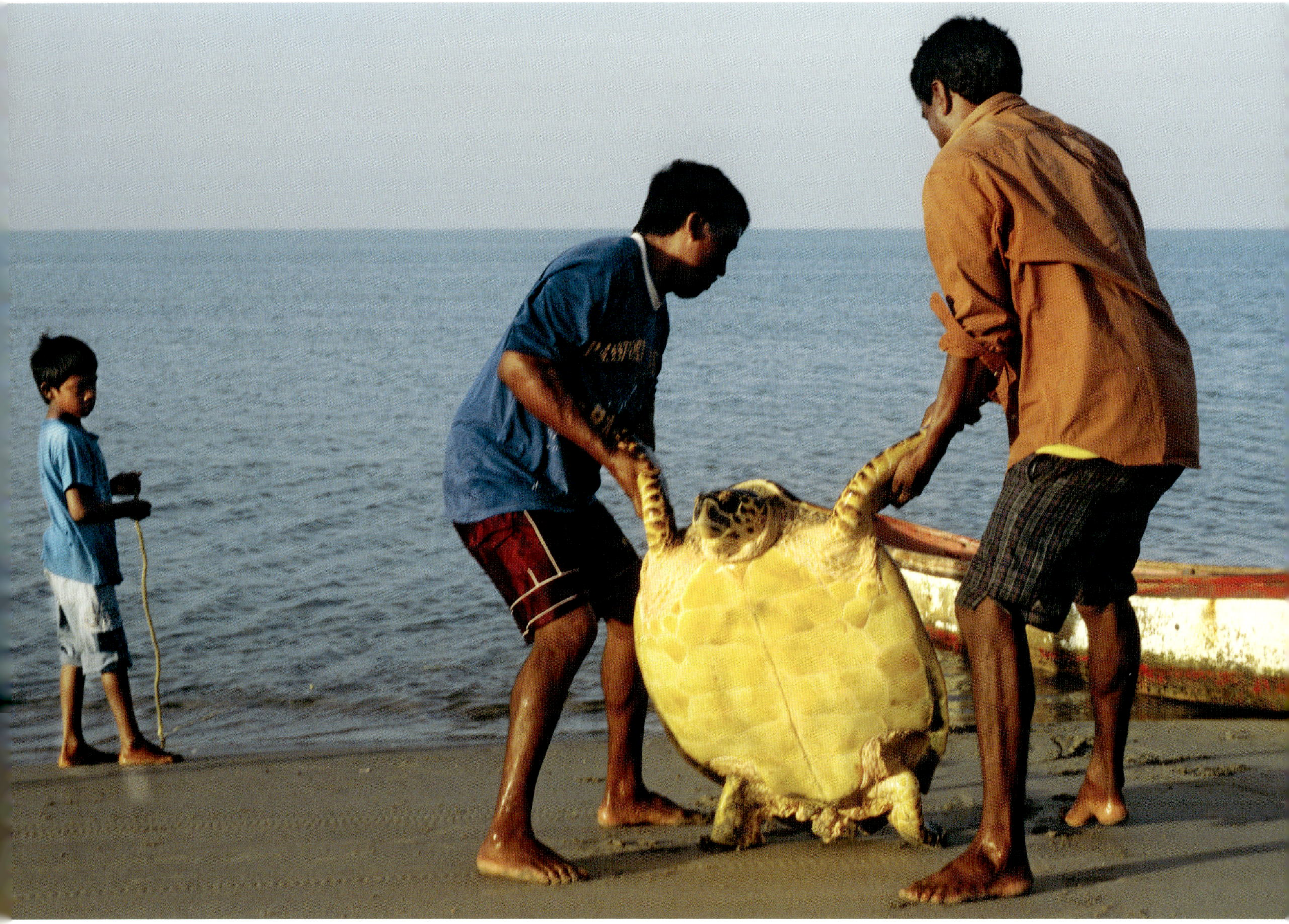

Cabo de la Vela

Páginas siguientes
Cangrejito

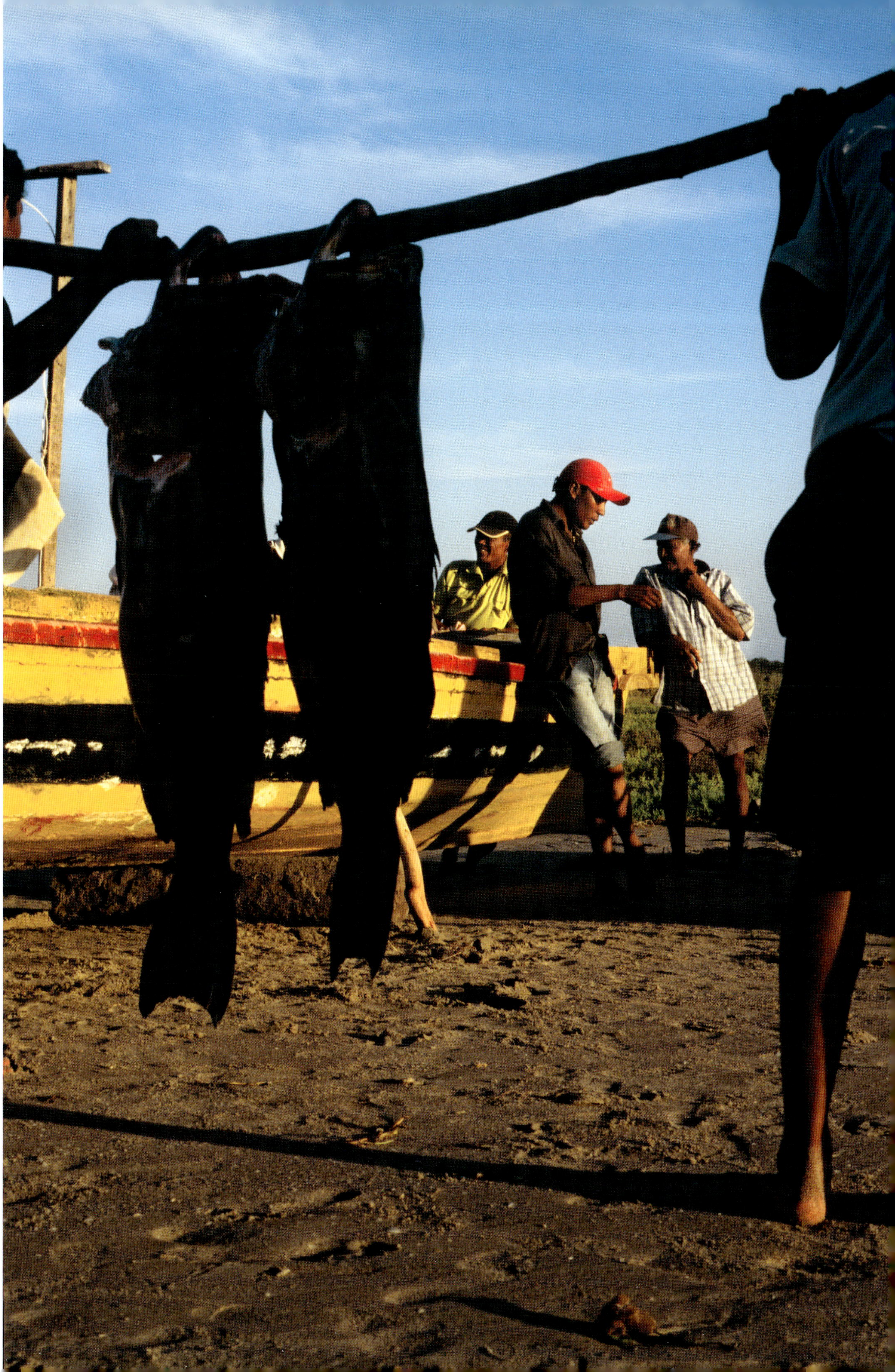

Cangrejito

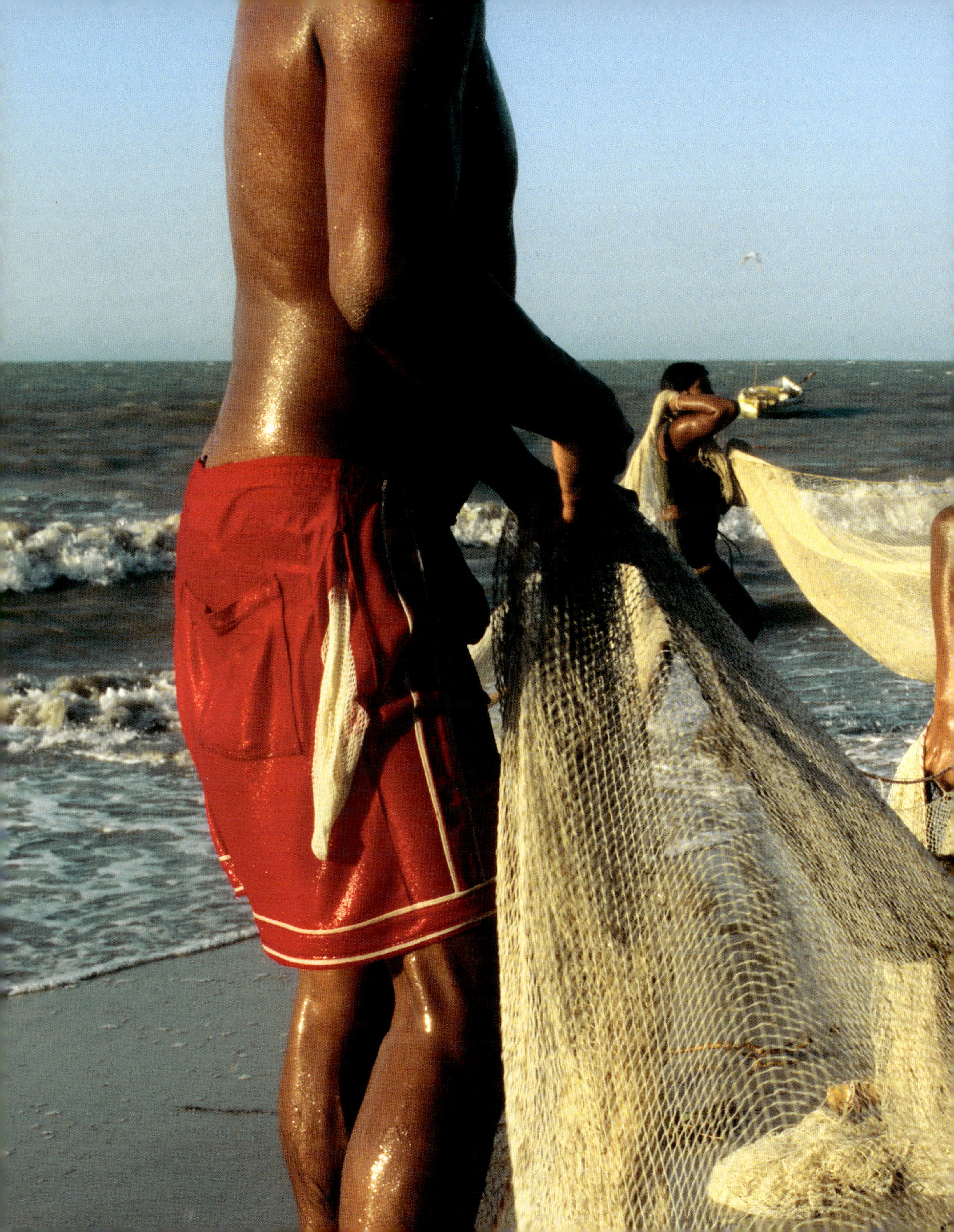

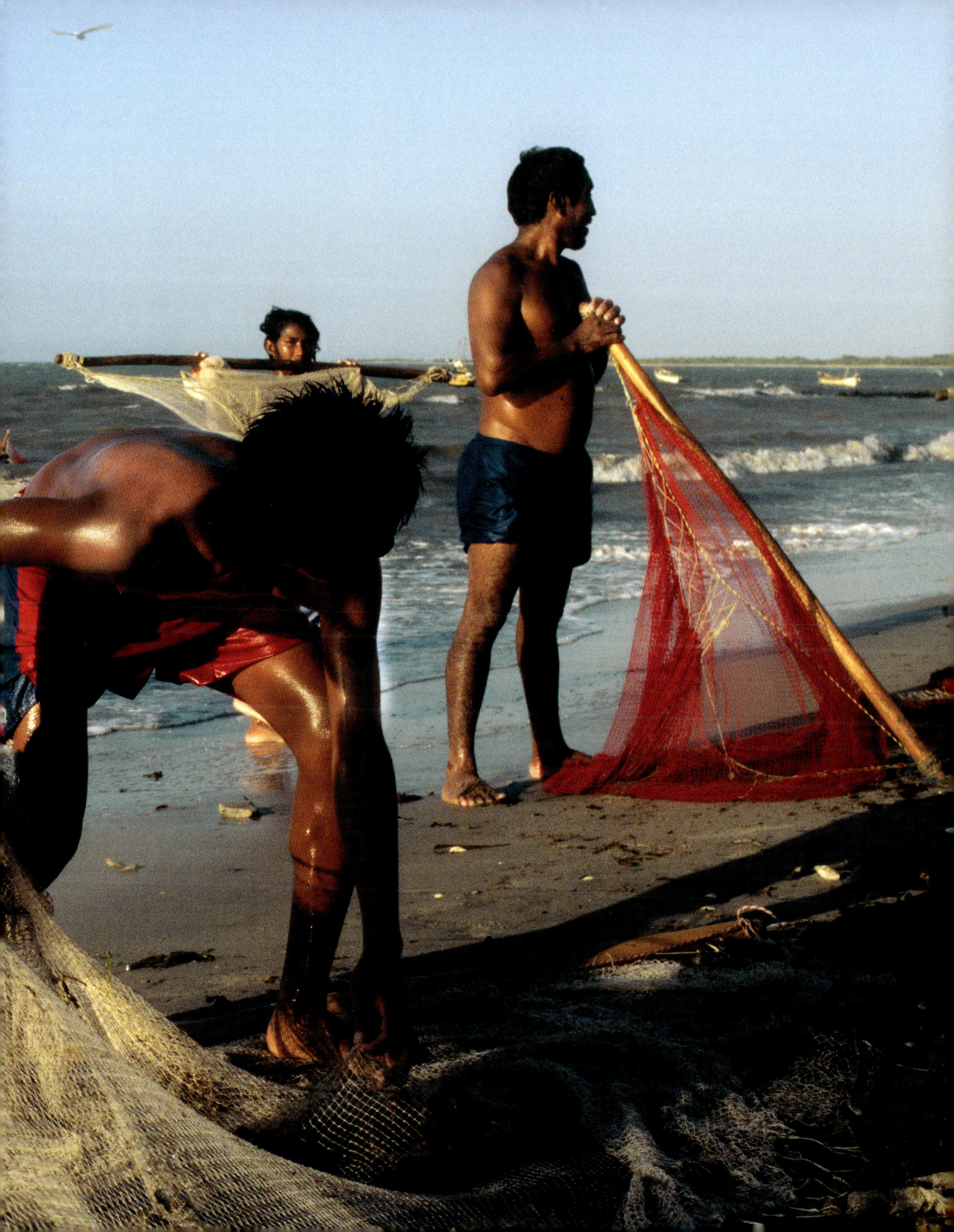

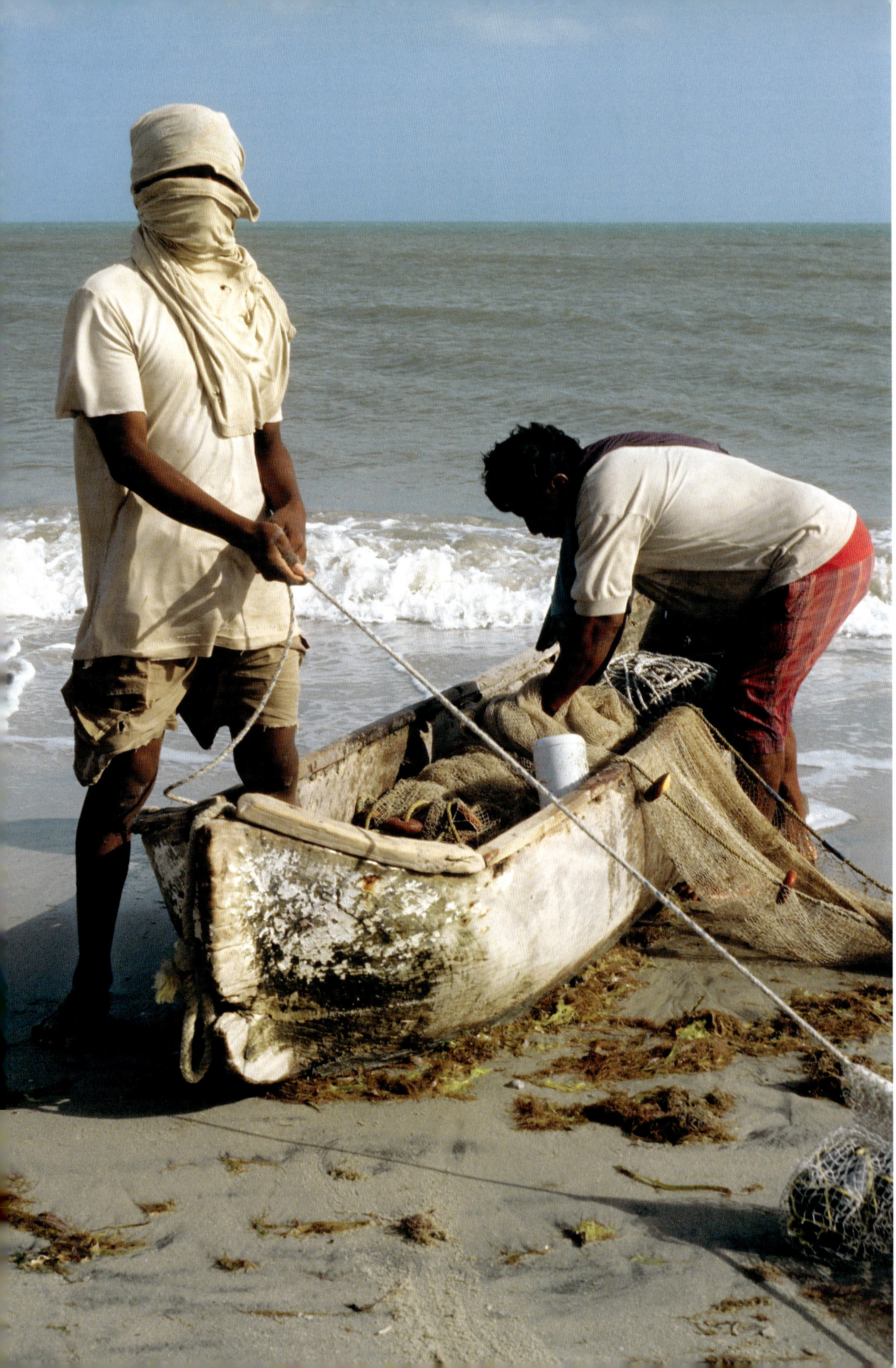

Cangrejito

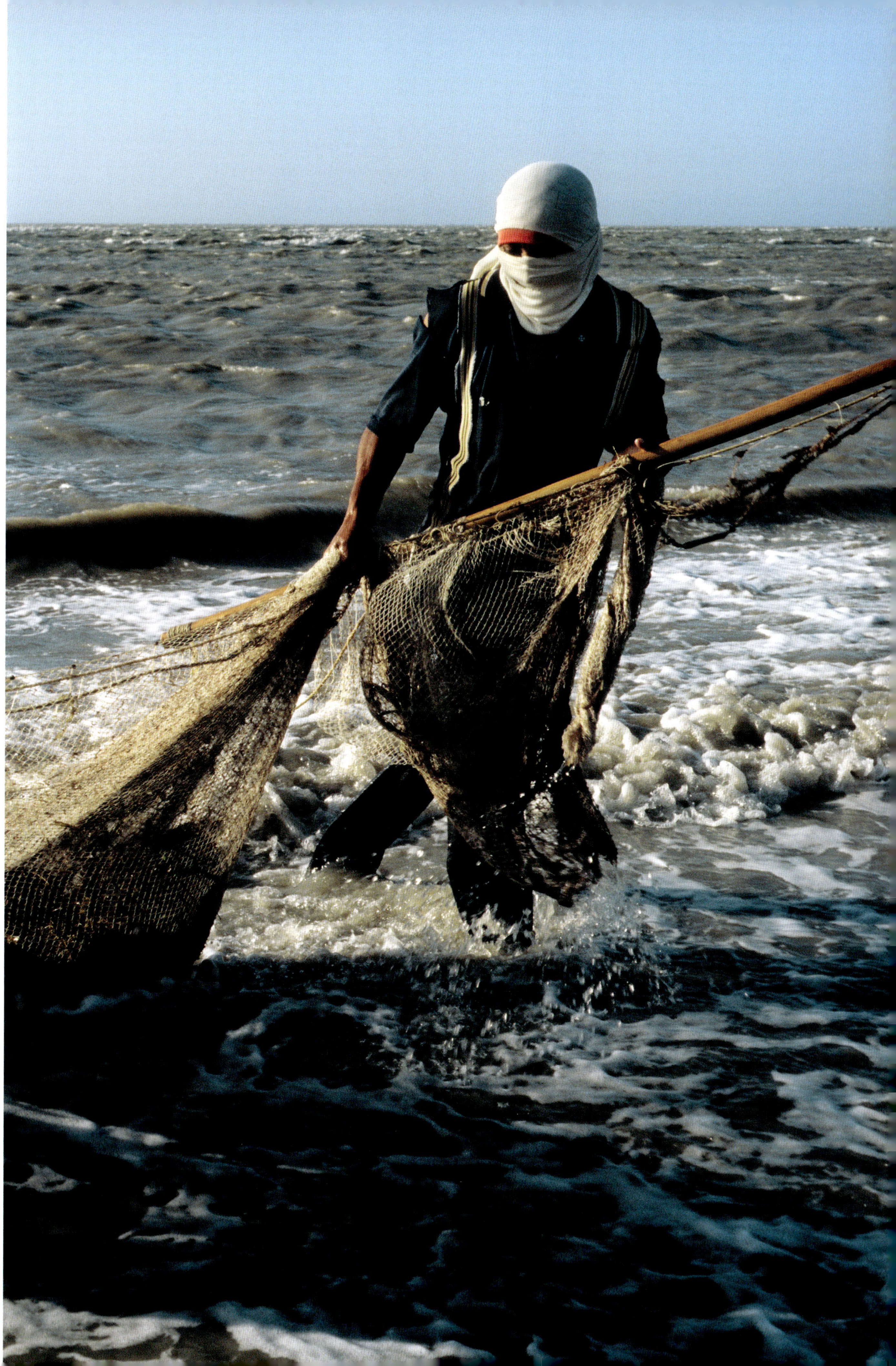

Cangrejito

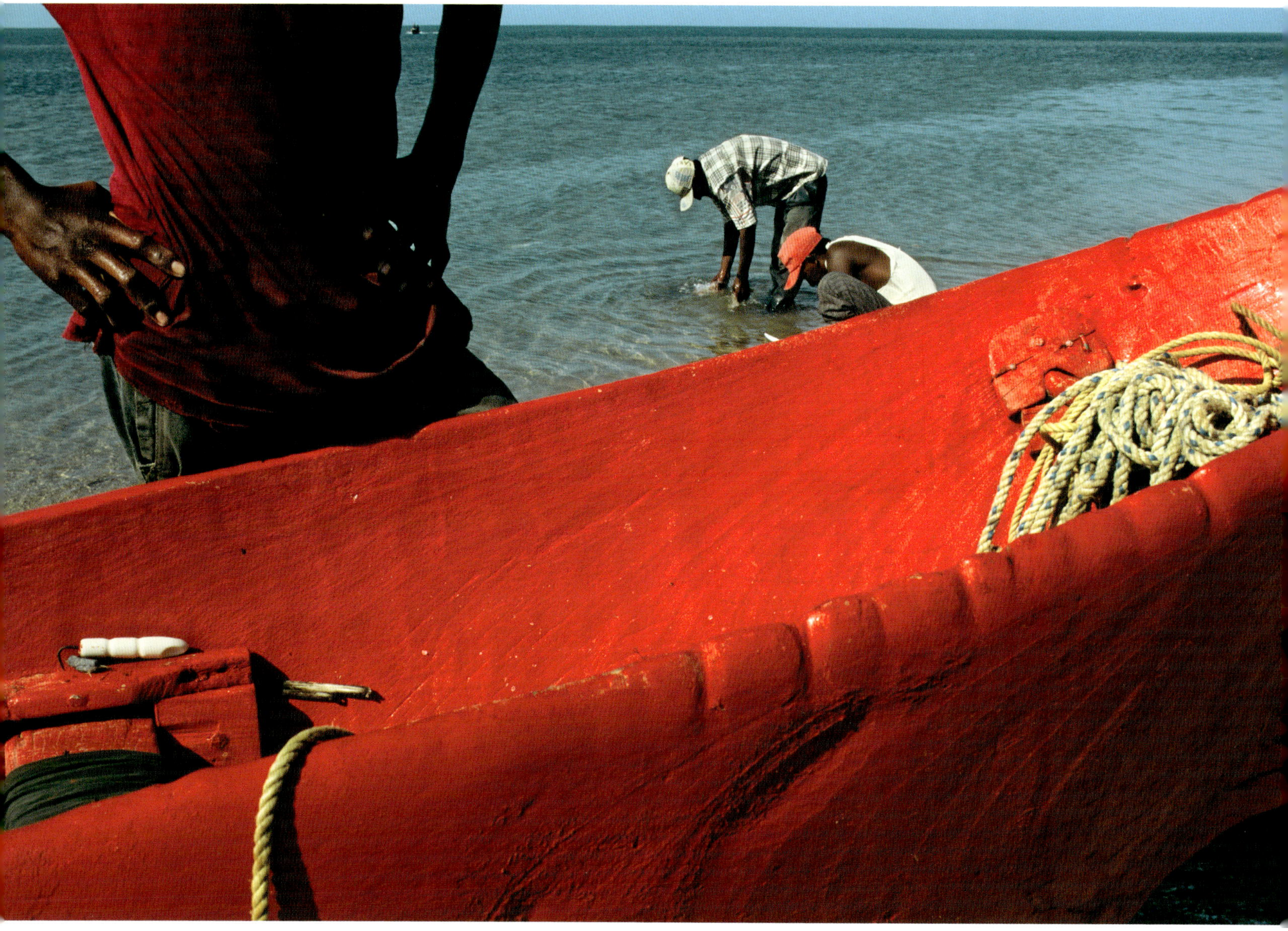

Cabo de la Vela

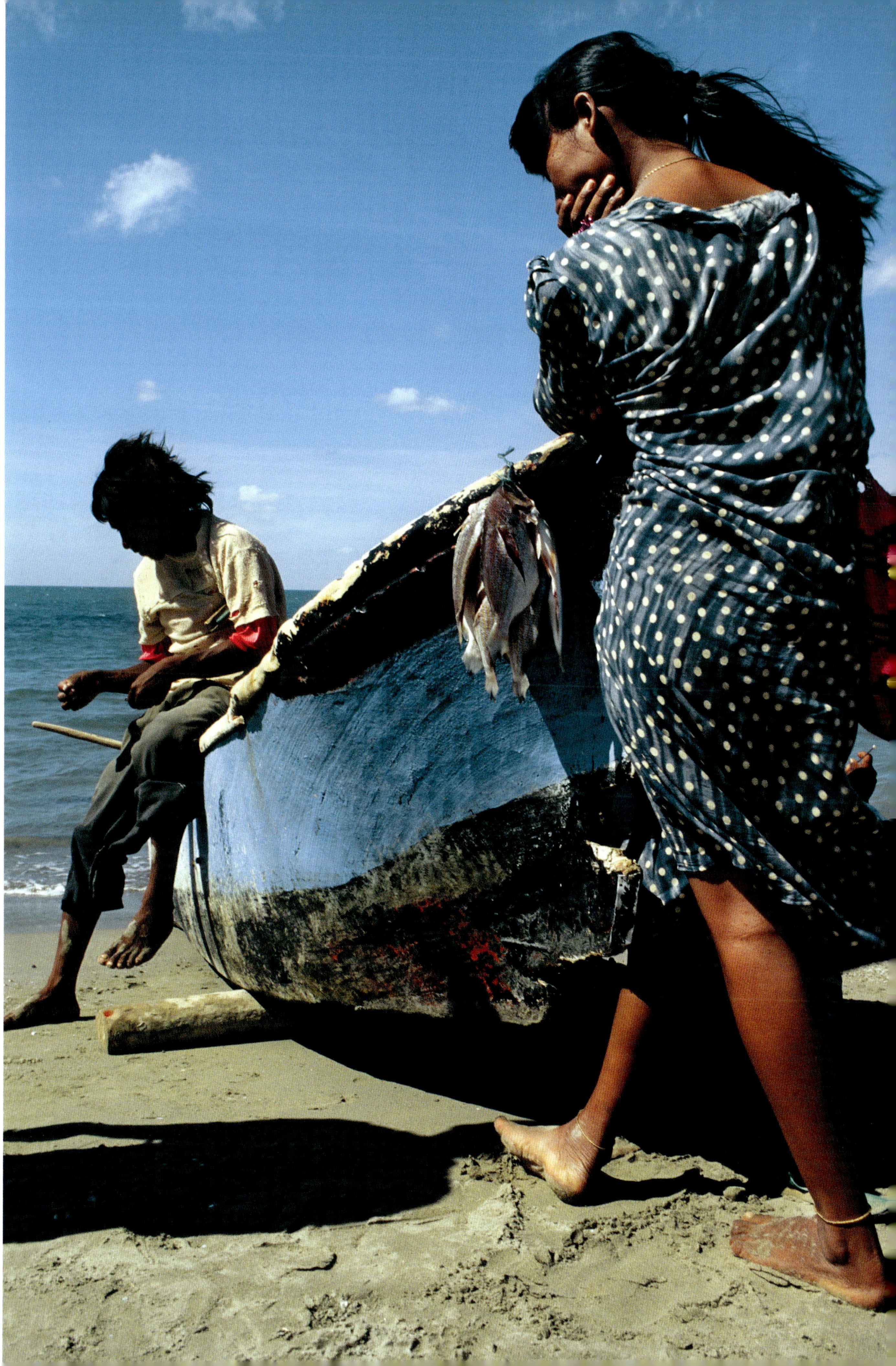

Cabo de la Vela

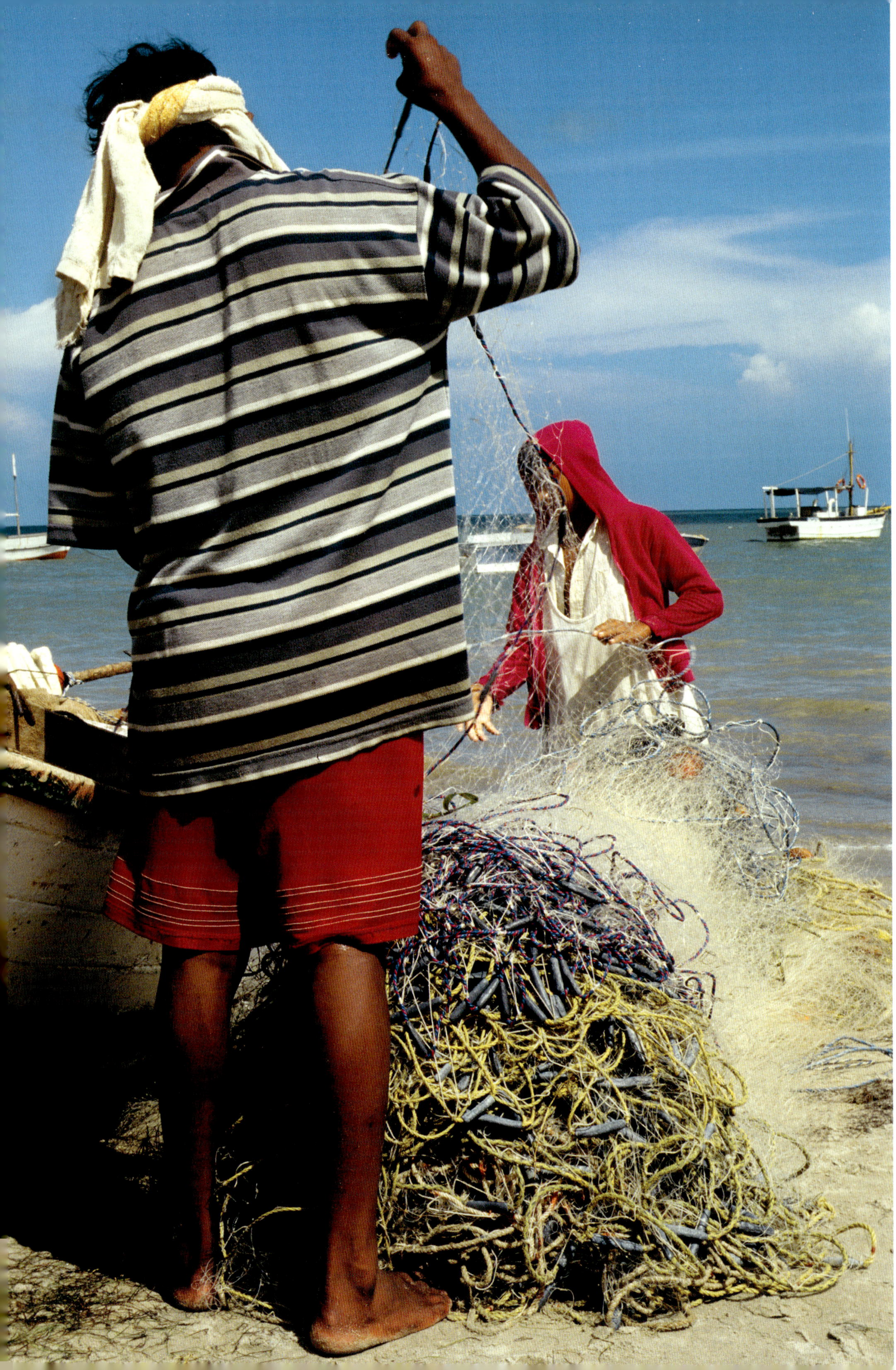

Cangrejito

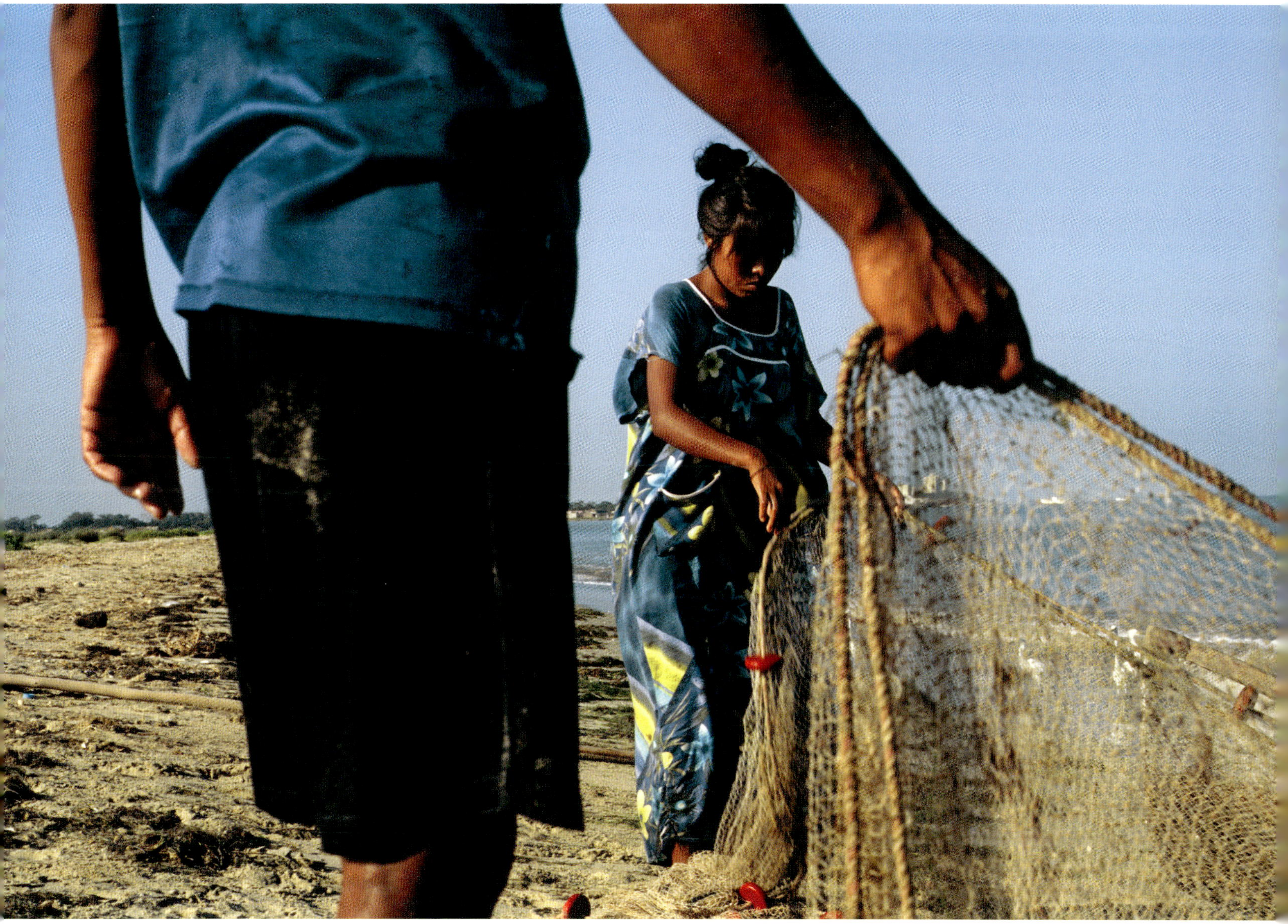

Cangrejito

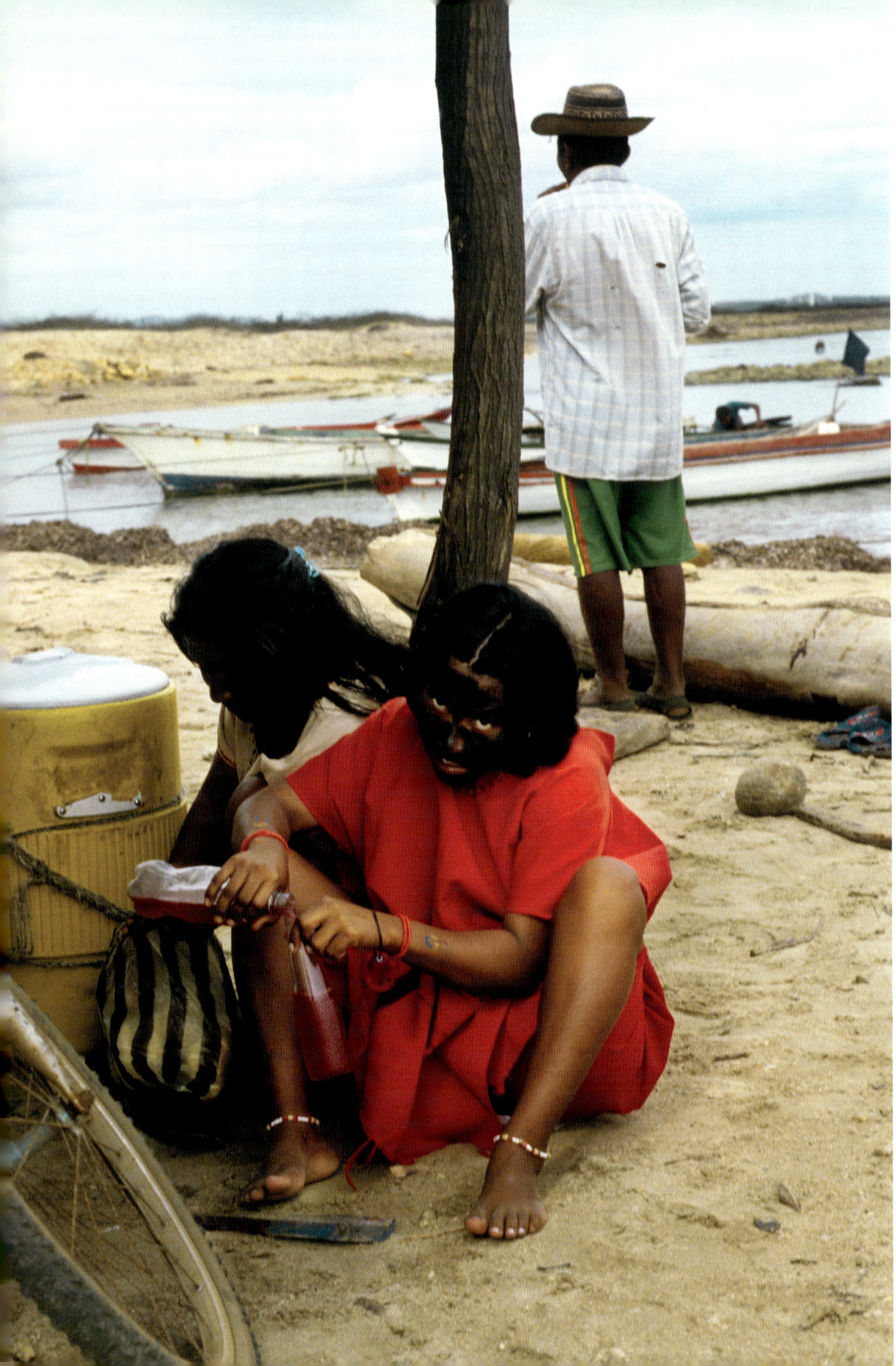

Yukoyukoshi

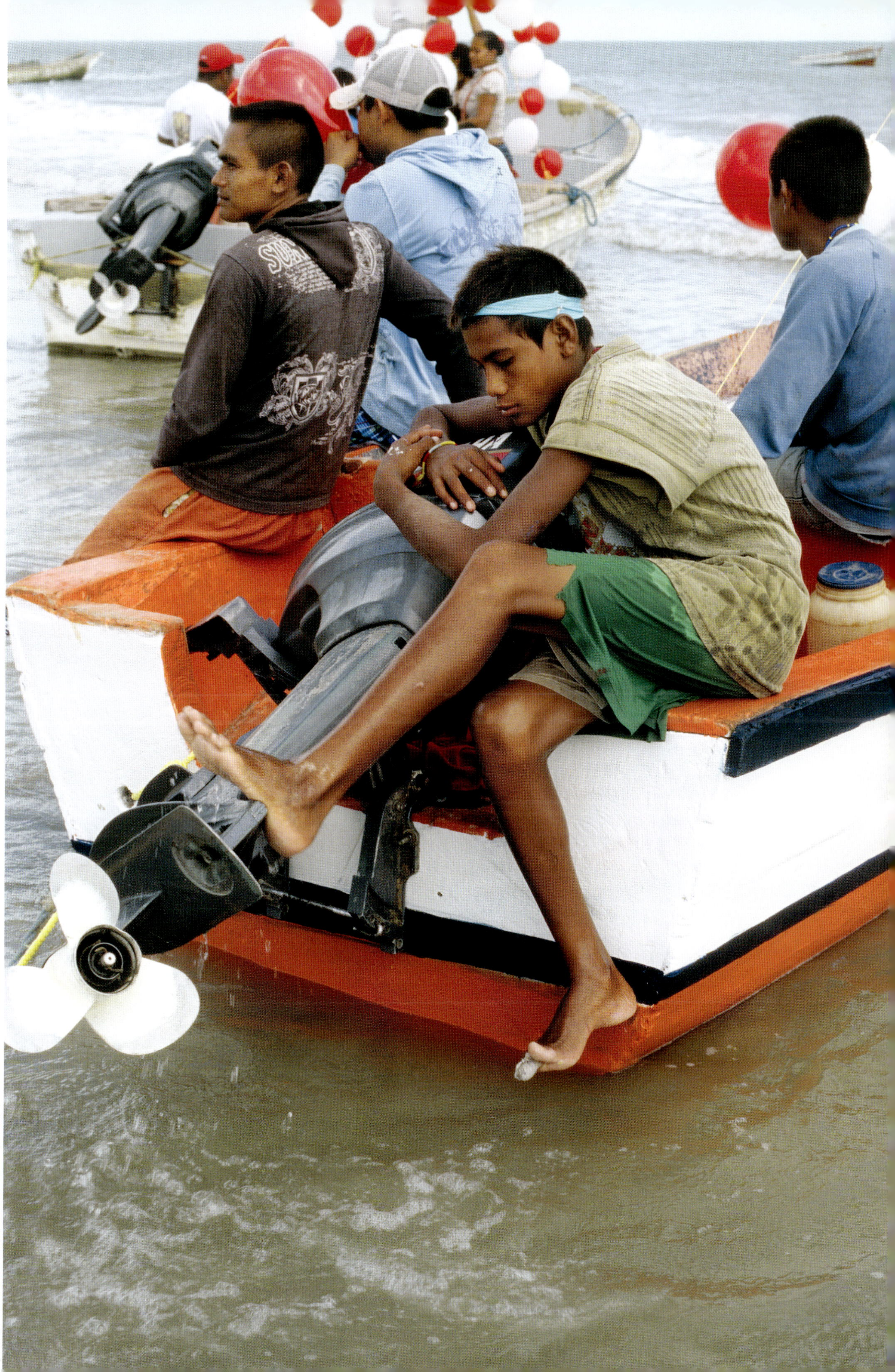

Villa Fátima

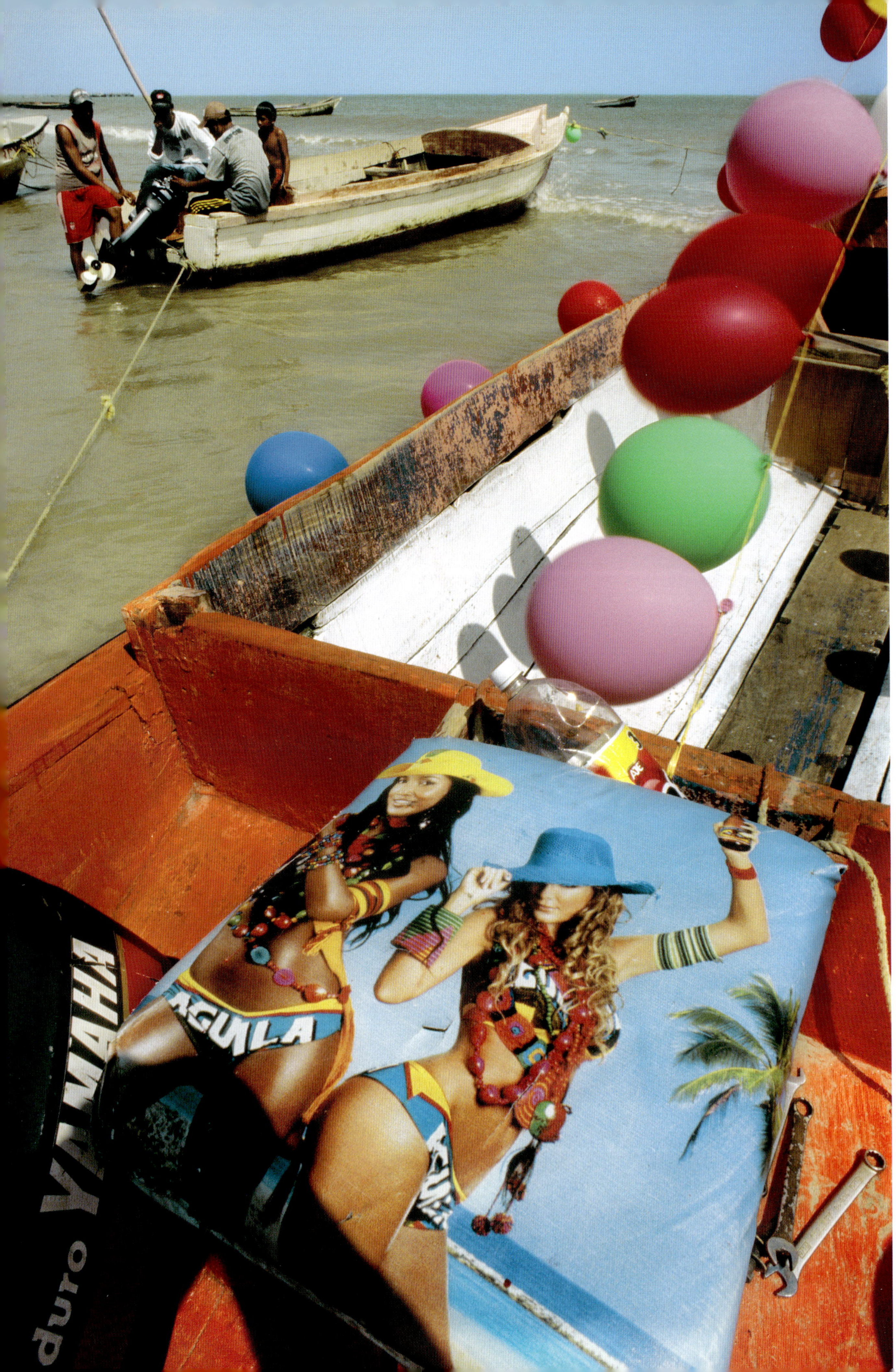

Villa Fátima

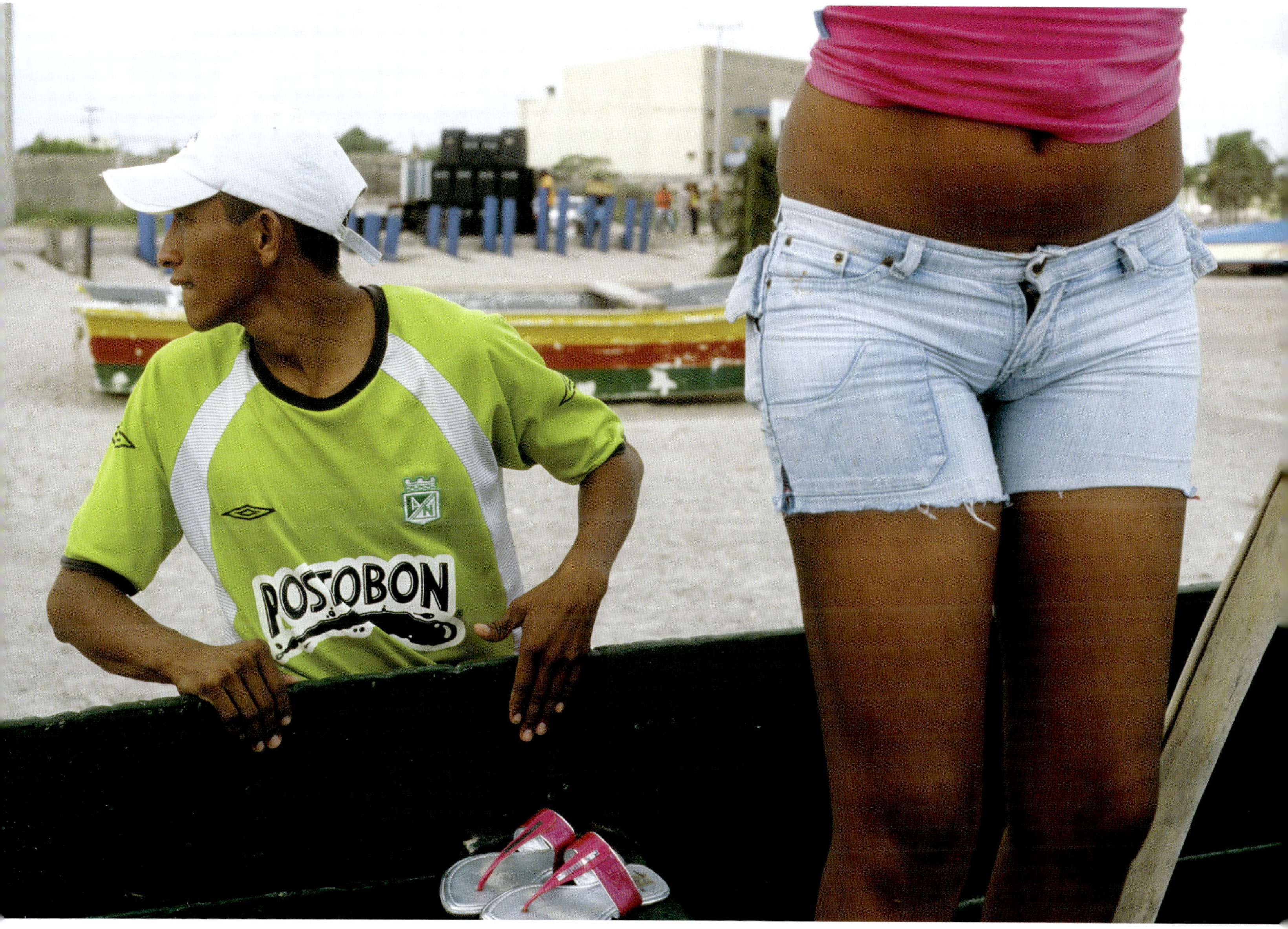

Villa Fátima

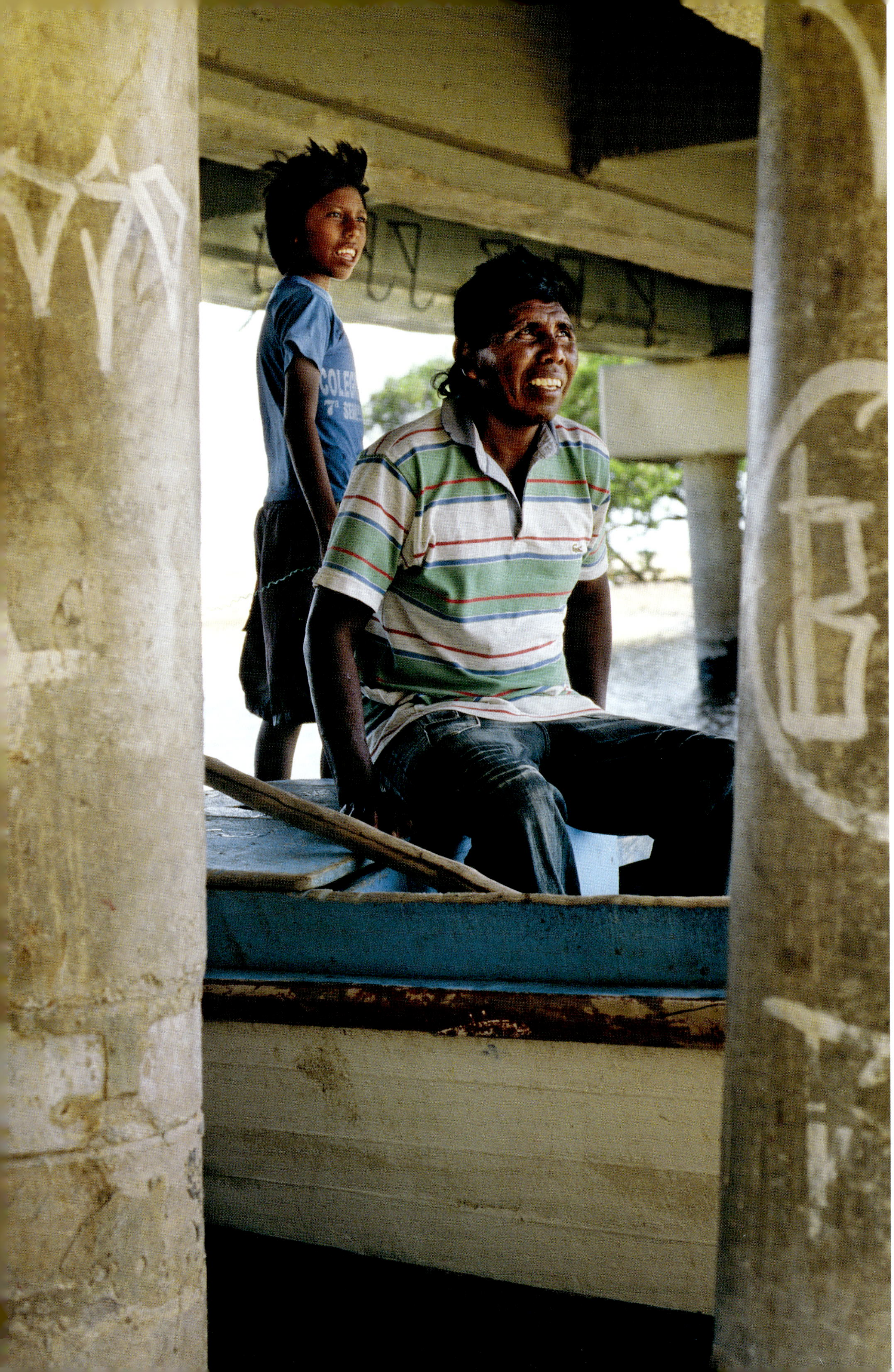

Riohacha

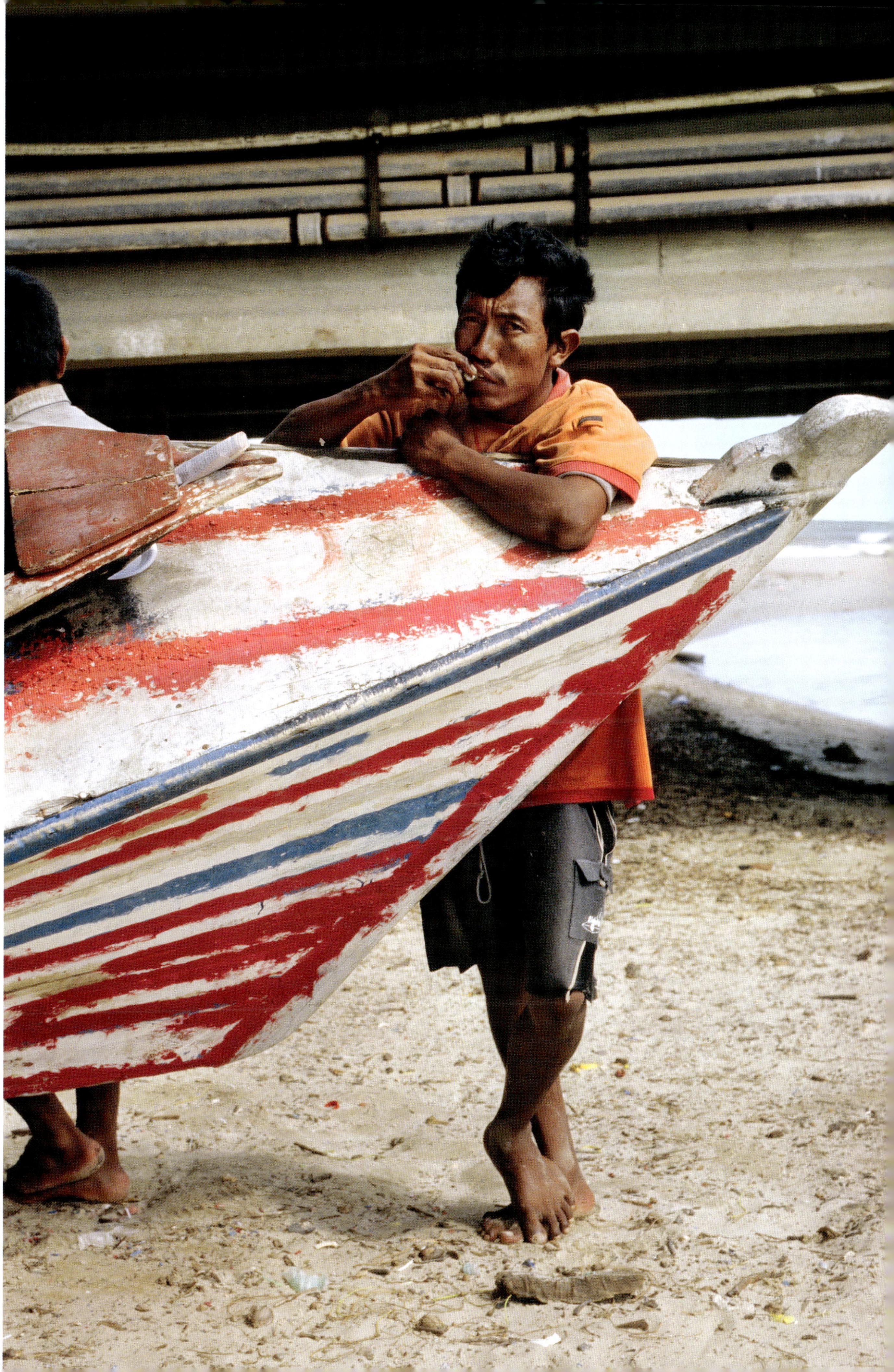

Riohacha

Libro desarrollado
y editado en Colombia por
VILLEGAS ASOCIADOS S. A.
Avenida 82 No. 11-50, Interior 3
Conmutador (57-1) 616 1788 / Fax (57-1) 616 0020
Bogotá D. C., Colombia
e-mail: informacion@VillegasEditores.com

Fotografía
SANTIAGO HARKER

Departamento de arte
ENRIQUE CORONADO

Revisión de estilo
STELLA FEFERBAUM

Mapa
ANDRÉS GÓMEZ POSADA

Primera edición
Noviembre de 2009

ISBN
978-958-8306-53-7

El autor agradece a Lilia y a Conchita Ospina en el Cabo,
a Osman en Puerto Estrella y a Ramiro y Lucho en Nazareth.

El editor agradece a
Chevron Petroleum Company,
el patrocinio institucional de la primera edición de este libro.

VillegasEditores.com

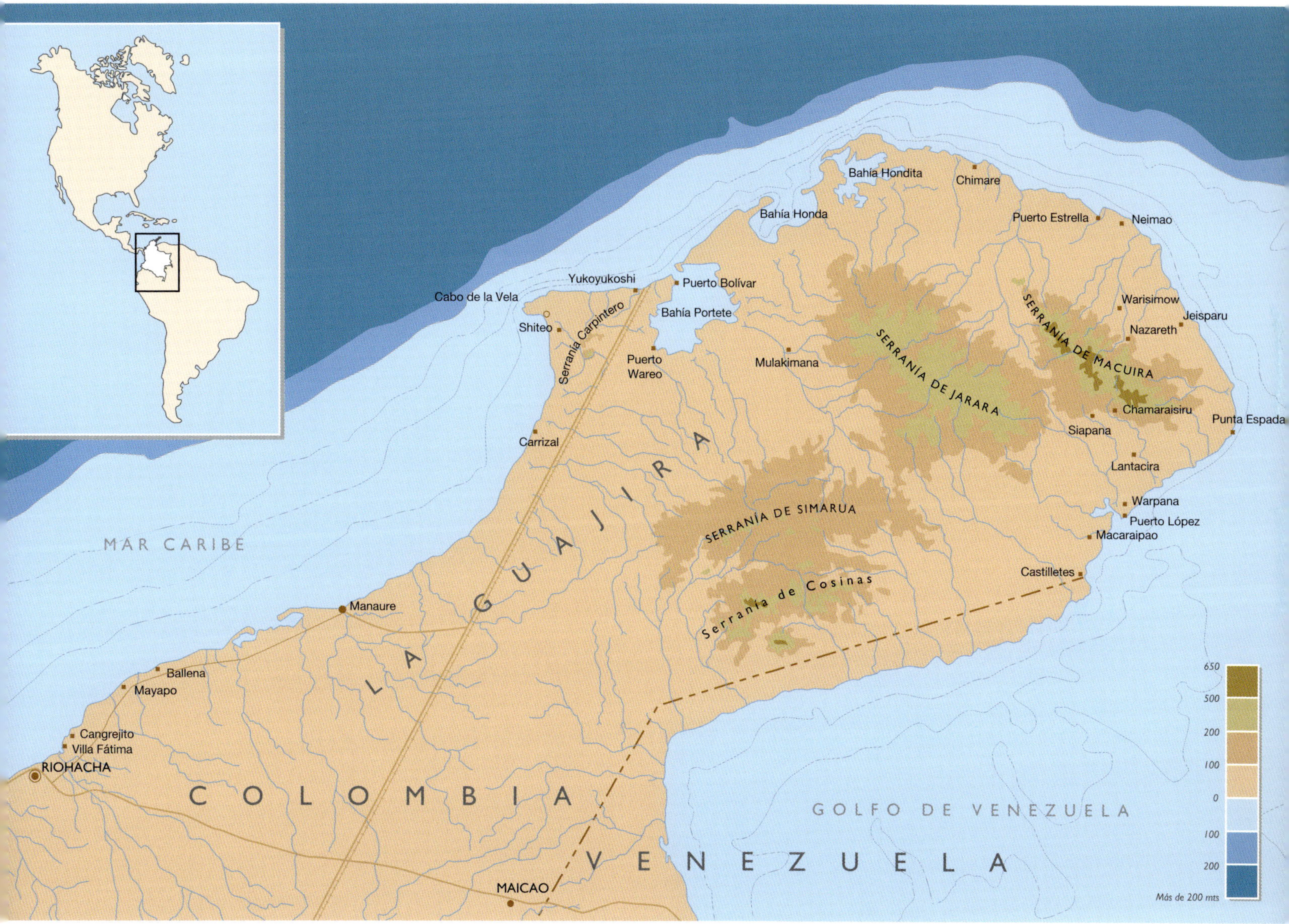

MAR CARIBE
Cabo de la Vela
Yukoyukoshi
Puerto Bolívar
Bahía Portete
Shiteo
Serranía Carpintero
Puerto
Wareo
Carrizal
Bahía Honda
Bahía Hondita
Chimare
Puerto Estrella
Neimao
Mulakimana
SERRANÍA DE JARARA
SERRANÍA DE MACUIRA
Warisimow
Jeisparu
Nazareth
Chamaraisiru
Siapana
Punta Espada
Lantacira
Warpana
Puerto López
Macaraipao
Castilletes
SERRANÍA DE SIMARUA
Serranía de Cosinas
LA GUAJIRA
Manaure
Ballena
Mayapo
Cangrejito
Villa Fátima
RIOHACHA
COLOMBIA
VENEZUELA
MAICAO
GOLFO DE VENEZUELA
650
500
200
100
0
100
200
Más de 200 mts